図解 食の歴史

F FILES No.036

高平鳴海 著

新紀元社

はじめに

食事は誰にとっても必要な事柄であり、それ無しでは生きていけない。しかも、人間は動物と違ってさまざまな物を飲み食いする。あまり食に関心がない人であっても、好きな食べ物くらいはあるだろう。

生活に必要でありながら、私たちは食について知らないことが多い。昔の話となると、日本のことならまだ想像は付くが、外国で何を食べていたのかと聞かれたらどうだろう。エジプト人は？　中世のドイツの修道僧は？　古代ローマの奴隷は？

貴人の食生活は記録に残ることが多いが、庶民の暮らしの様子は時代の変遷とともに忘れ去られがちだ。料理の味や嗜好《しこう》だって時代によって違うし、当時の信仰や戒律が食材や調理方法に影響を与えたこともある。健康についての考え方も時代や地域で違う。普段何気なく使っている調理器具や食事の道具も、いつからどのように使われたのか、興味はないだろうか。

そういった素朴な疑問に答えられないかと思って、こんな本を作ってみた。せっかくやるならばと思い、お菓子や香辛料、飲み物や器具など食の周辺話題も拾っている。しかし、食の世界はあまりに広く、本一冊で全てを語るのは難しかった。本書ではひとまず中世ヨーロッパを中核とし、我々になじみの薄い西洋世界の古代から順にスポットを当て、だいたい18～19世紀までを扱った。

本書は、広大な食の世界の知識のほんの一部を紹介しているに過ぎない。南北アメリカ、アフリカ、それに20世紀以降の食生活については紙面が足りなかった。興味のある方はご自身で調べてみて欲しい。

本書を読んだあなたは明日の朝食時、ローマで焼かれた結婚式の月桂樹パンを思い浮かべながら、いつもよりおいしくトーストを食べられるかも知れない。向かいに座っている人にその話をしてみたら、会話が弾むかも知れない。雑学とはそうした、生活に潤《うるお》いを与えるすてきな知識だと思う。

高平鳴海

目次

第1章
古代文明の食

No.001

人類はいつから料理を始めたか

食材を焼いたりするのは人類だけであり、稚拙《ちせつ》な手段でもそれが原初の調理ということになるだろう。それはいつから行われたのだろうか。

●文明の進歩とともに発達した調理法

旧石器時代のヨーロッパにいた原人は、石焼きにしたパンを食べていたらしい。学術誌『米科学アカデミー紀要』の記事によれば、その痕跡《こんせき》が見られる最古の遺跡は3万年前のもので、時代でいえば旧石器時代中期ごろのことだ。旧石器時代は200万年前から始まっており、パン以外の物を**直《じか》火《び》焼き**にして食べていたと思われるが、遺跡から発見された古代パンの痕跡は料理を行った明確な証拠といえる。ジャガイモに似た植物の根を石器で擦《す》り潰《つぶ》し、水で練って石で焼いていたのである。イタリア、ロシア、チェコ、イスラエル、**日本**など各地でそれらの遺跡は見つかっている。

ちなみに、練った小麦粉をかまどで焼くというパンについて述べている最古の記録は、紀元前4000年ごろの古代エジプトにある。

続く新石器時代になると、人類は栽培や牧畜を始め、**土器**に入れたり干すなどして食材を保存する技術も得る。このころ既に、火力調節のできる炭火や、硬かったり火が通らないために食べにくいという食材を粉ひきにする石臼《いしうす》など、かなり進んだ道具も使っていたようである。

料理の手段も焼くだけだったのが、煮《に》る、ゆでる、**蒸《む》す**などの手法が加わる。揚《あ》げる、炒《いた》めるといった油を使う調理法は手間がかかるし高度でぜいたくな調理法と思いきや、日本の縄文時代にはイノシシの脂《あぶら》で揚げたクッキーが存在していた。

食品をさまざまに加工すると調理しやすくなったり輸送もしやすくなり、料理のバリエーションも増える。それによって人類はますます豊かに栄えていったのである。

食材と調理法は互いに影響を及ぼし合い、世界各地に文明が築かれるのと同時に料理の種類も一気に増加していった。

食材と調理の歴史

始まりは直火焼きと採取・狩猟

石器を使用した狩り。火を使った調理方法は直火焼きのみ。食材は自生している植物や果物・木の実、狩りによる動物の肉や魚・貝など。

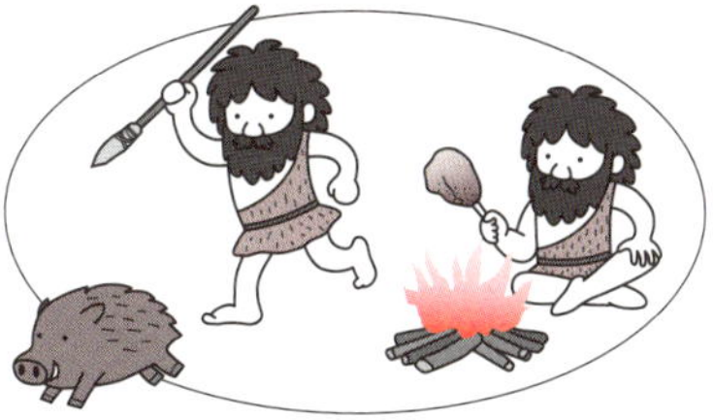

土器の使用と農耕・牧畜

火力調節に優れた炭火の利用が始まる。土器を使用した保存や農耕・牧畜が始まり、土器を調理に用いた調理方法が現れる。

煮る・ゆでる・揚げるの発明

道具の発達に伴い食材の加工が始まる。それに伴い煮る、ゆでる、揚げるといったことが行われ、調理方法が多様化していく。

楽しむ食事で多様性

食事が娯楽に組み込まれて楽しむことに変化する。それにより食材や調理方法にさまざまな工夫が施される。

用語解説

- **直火焼き**→串焼きなど食材を直接に火にさらして焼く方法。他に熱した石で焼くことも行われた。100万年前には直火で肉を焼いており、これがパン以前の最古の調理の痕跡だ(2012年現在)。
- **日本**→縄文時代の遺跡からは、練ったドングリの粉に草の実を混ぜて焼いたパンが見つかっており、俗に「縄文パン」などと呼ばれる。
- **土器**→食材を入れる器の発明によって焼く以外の調理が可能になった。酒や発酵食品も器があってこそ。
- **蒸す**→蒸しは東アジア独特の調理法。西洋には蒸す料理や蒸し器などはかつて存在しなかった。

No.002

かまど登場以前の調理事情

都市の膨大な人口を支える主食を大量生産できてこそ文化が育ち、発明もなされた。かまどは食文化の中では画期的な発明だった。

●直火は原始的だが現代でも未来でも存在し続ける

メソポタミアとエジプトはともに古代文明発祥の地として有名で、食文化も共通点が少なくない。古代食文化の代表格として、本章ではこの2つの地域を多く取り上げている。

どちらの地域でも、かまどが登場する以前は直火か、それに準ずる石焼きや熱い灰に食材を埋める方法のどれかを採っていた。現代では世界中の密林や草原に暮らす原住民の調理法がそれに当たる。もっとも、下から火が当たるという意味ではガスコンロも機能は同じだ。ともかくも火を通すことは世界的な観点でいえば**食文化の原点**なのである。

メソポタミアでは、古代文明以前の住民は遊牧民が多かったので、調理はキャンプでやるように周囲を囲った焚き火を利用することが常だった。

肉類は切り分けるか、丸ごと串に刺してあぶった。丸焼きの肉は最高のごちそうと考えられていたが、この傾向は極限まで栄えた食文化を持つ古代ローマでも同じだったし、丸焼きのごちそうは世界のあちこちで見られる。

鳥や魚、小動物も同様にして羽毛や内臓の処理を行った上で味を付けて丸焼きにしていた。

パンについては初期の材料は大麦が多く、その粉を水で練って平らにした生地を焼いていた。これは旧石器時代の原人が食べていたものと基本的に同じで、現代にあるホットケーキと同じだ。

後に各家庭にかまどが据え付けられ、食文化が煮物に移行していっても、直火焼きは宗教儀式や軍事的事情もあって廃れることはなかった。

例えば遠征する兵士たちは野営場で調理し、パンも昔ながらの平らなパンを食べていた。メソポタミアの軍人は「ぜいたくな町のパンは、灰で焼いたパンに値しない」という言葉を残している。

かまど以外の火を使った調理法

石焼き

熱い石の上で焼く。現代のフライパンと同じ手法。

古代では、平らなパンを石焼きで作ることがあった。旧石器時代の原人が食べていたパンと、古代文明の無発酵パン、そして現代のホットケーキは、見掛けは違っても同じ。

直火焼き

主に肉を焼く時に使うシンプルな手法。肉を切り分けるか、丸ごと串に刺してあぶる。

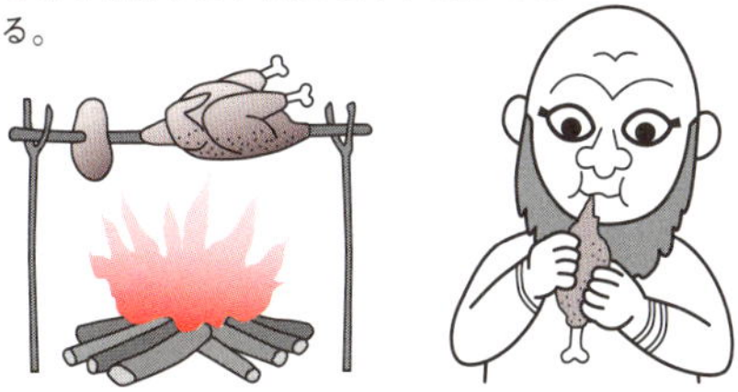

古代社会では、神殿儀式の供物は直火焼きしていた。例えばメソポタミアでは丸焼きの肉、エジプトでは直火焼きした円錐型のパン。

灰焼き

熱い灰の中に食材を埋めて加熱する手法。石焼きに近いが、じっくりと灰焼きにすると中まで火が通り､やりようによっては蒸し効果も得られるだろう。

メソポタミアの遠征兵士たちは野営場で平らなパンを灰焼きにしていた。

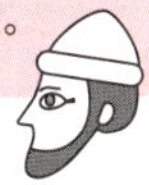

用語解説

●**食文化の原点**→生食を好む日本人はむしろ異端に属するが、素材を生かすという点ではすばらしい食文化だと評価されている。

No.003

かまどの発明

かまどの発明によって人類は文明人となることができた。というのもそれ以前の直火焼きは石器時代から行われていたことだったからだ。

●調整できる火力と料理

大都市の成立は家庭にかまどをもたらした。火力が高く温度調節が可能なかまどの誕生によりメソポタミアの料理文化が開花した。

かまどはアッカド語でティヌールというが、現代のアラビア語ではタヌールという。日本ではインド料理の**タンドゥール**が親しみ深いが、語感から分かる通りその起源は古代文明にある。この型のかまどは西アジア全域に広まり、現代でも使われている。

一般的なかまどは土を固めて円筒形に作られた。下部に吸気孔と灰の取り出し口を兼ねる穴を開け、上部に火の吹き出し口であり、同時に鍋を据《す》えるのに使う穴が設けられる。高さが1メートル強、直径1メートル弱、上部には取り外し可能な蓋《ふた》が被せられていた。

かまどとともに鍋などの調理器具も変化した。以降のメソポタミア料理の基本は肉や野菜の煮込みになるが、長時間煮込むための深底の土鍋はどこの家庭でも見られるようになった。

オーブンと同じ機能を持つ丸天井型のパン焼き窯《がま》もこのころに作られた。丸天井型の窯《かま》の中で火を燃やし、十分に熱くなってから燃えかすを取り出し、中に発酵パンを入れて余熱で加熱する。

これによってメソポタミアの人々はふっくらとしたパンを食べることができるようになった。窯は食材の下からでなく外側から覆《おお》うようにして焼くことができる器具だ。パンはこうしないとおいしく焼けない。

一方、エジプトに目を移すと、紀元前2000年ごろに登場した円錐《えんすい》形パン焼き窯が個性的だ。ナイル川の泥で作られており、高さは90センチほど、円錐頂上の穴から火炎が出るようになっている。これは窯の外側表面にパン生地を貼り付けて焼いたようである。

かまどが発明されて料理が豊かになった

メソポタミアのかまど

土を固めて作ったもので円筒形をしている。
これが後にタヌールやタンドゥールに進化する。タヌールではかまど内にパンや肉を入れて焼く。

鍋は穴にはめ込むようにして使う。
火や煙の吹き出し口（鍋を据える穴でもある）。
吸気孔と灰の取り出し口を兼ねる穴。

メソポタミアの丸天井パン窯

余熱でパンを全体から熱する。ふっくらした発酵パンを焼くための必需品。

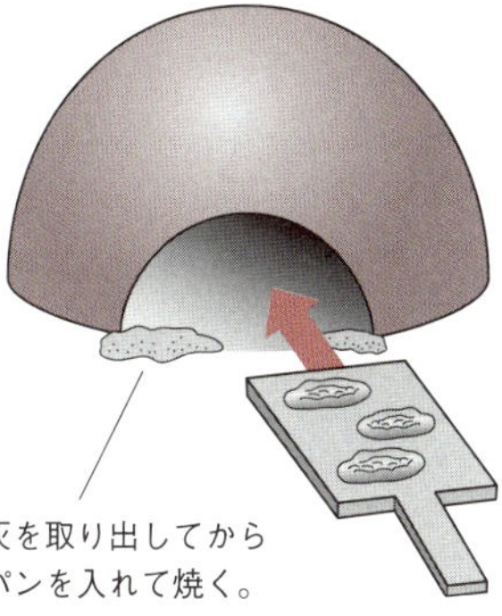
灰を取り出してからパンを入れて焼く。

エジプトの円錐パン窯

タンドゥールなどとは逆で外側にパンを貼って焼く。

パンはかまどの表面に貼り付けて焼く。

用語解説

●**タンドゥール→**タンドリーチキンやナンを焼く粘土製オーブン。内側の壁に食材を貼り付けたり、串焼きを内側に入れて照り焼きにする。

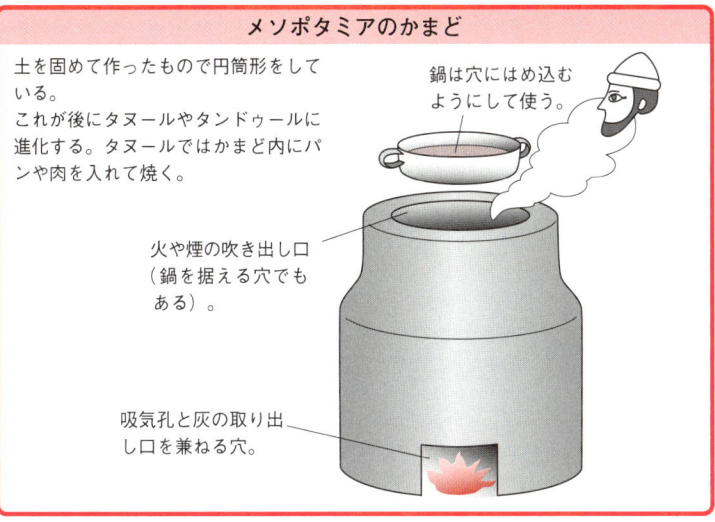

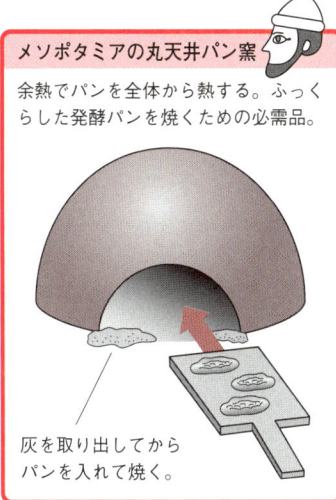

No.004

メソポタミア文明と農地

メソポタミアの湿地帯では最初ナツメヤシが育てられていた。そこが土地改良され、北部山地から麦の栽培が伝播《でんぱ》すると文明が誕生した。

●不毛の地を改良して耕作地へ

チグリス・ユーフラテス川流域は世界4大文明の1つだが、大昔は塩分の多い不毛の湿地帯だった。その上、河川が地上より高いところを流れる天井川であるため、増水期になるとすぐ氾濫《はんらん》し、低湿地帯を飲み込んで荒らしていった。

文明が築かれる以前の人々は川沿いの台地に細々と集落を造り、塩害に強いナツメヤシを栽培し、魚などを食べて生活していた。

生活が激変したのは紀元前5500年ごろからのウバイド期だった。北部の山岳地帯から小麦、大麦、**エンメル麦**などの麦類の栽培が伝わったのである。1粒の麦は、生育条件がよければ60～100倍もの麦を生み出す。特に大麦は塩害に強い上に貯蔵ができたことからメソポタミアの集落は豊かになった。また星の観測によって正確な農事暦も作成された。

そして農地を増やすために土地の灌漑《かんがい》が行われた。堤防を築き、貯水池を造り、そこから水を引いたのである。人口はどんどん増え、労働力の集積が起こり、進んだ文明を持つ都市国家が生まれた。

大河に依存し、麦によって文明が発生したのはエジプトも同様である。

ただメソポタミアの場合、元が塩気の多い湿地帯であったため、無理な連作を行うとすぐに土地が荒れ、洪水も頻繁《ひんぱん》に発生した。豊かではあるがこのように不安定なため、他の大河文明と異なり、メソポタミアでは短命な都市国家が次々と生まれては滅んでいくことになる。

メソポタミアは現在でいえばイラクの辺りだが、その地域が砂漠化している理由のひとつは、上流の樹木を伐採し過ぎたことで大洪水が誘発され、上流からアルカリ性の土砂が流れ込んでしまったからだ。

改良された土地は、ちょっとしたことでバランスを崩してしまう。

大きな川の功罪

チグリス・ユーフラテス川流域

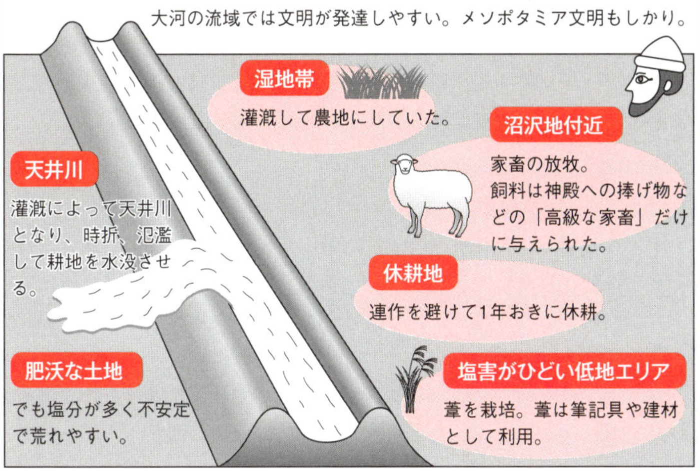

メソポタミア文明発展スゴロク

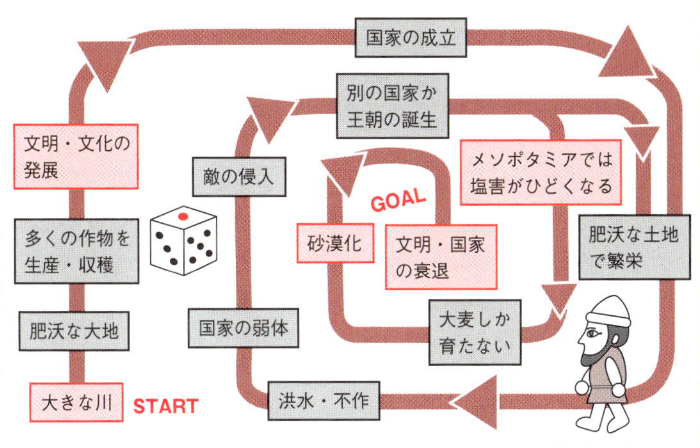

用語解説

●**エンメル麦**→小麦の近似種で古代文明では庶民向けの主食となった。上流階級は小麦を食べた。

No.005

中東の古代人を支えたナツメヤシ

黎明期《れいめいき》からメソポタミアを支えてきたナツメヤシは、都市国家時代以後も民に親しまれて植えられ続けた。木陰では野菜も栽培された。

●ナツメヤシと農業生産

ナツメヤシの実はフルーツの一種であるが、ビタミン豊富で糖分が多く、パン登場以前は貴重な栄養源だった。乾燥して保存食にするが、粉にひいて平らなパンのように焼くこともあった。この平らなパンは神への捧げ物にもなった。

他にも酒の原料にしたり、シロップに加工してパンに塗ったり、薄めて飲料にしたり、湯に浸《ひた》してラクダや羊の飼料にも使われた。

炎天や塩害に強く、樹皮から葉まで利用可能なナツメヤシは、7000年も前から栽培されてきた。豊饒《ほうじょう》の象徴や神聖なものとして彫刻にも残されており、旧約聖書にある「**生命の樹**」とはナツメヤシの樹のことだ。

ナツメヤシは実を付けるまでに5年を要し、成木となるのに10年かかる。春になると大勢の農夫が木に梯子《はしご》をかけて登り、雄樹から花粉を採り、雌樹の花に付けていた。人工授粉のかなり古い例である。

果樹としてかなり優れていることもあってか、ハンムラビ法典を始めとした当時の多くの法律が、ナツメヤシ果樹園を保護していたことが分かっている。成長すると樹高25メートルにも及ぶ巨木になるナツメヤシの木陰が、野菜畑に利用されていたことも保護された理由のひとつだ。

メソポタミアの土地はもともと野菜栽培には適さないのだが、木陰で栽培することで収穫を得ることができた。タマネギ、ネギ、ニンニクが一般的な生産物で、この3種の野菜は刻んで肉のスープに入れるなど、薬味としても人気があった。他にもキュウリ、カボチャ、テンサイ、カブ、チコリー、レタスなどが生産されていた。

またメソポタミアではビタミン摂取不足から眼病を患う貧民も多く、果樹園は目の不自由な者が働く場所として認められていた。

ナツメヤシの実は貴重な栄養源

ナツメヤシの実はビタミン豊富で糖分が多く、メソポタミア人の貴重な栄養源だった。乾燥させて主食にすることが多い。現代でもナツメヤシに親しみ、その実を主食とする民族がいる。

旧約聖書にある「生命の樹」はもともとナツメヤシの樹のこと。

ナツメヤシの特徴

炎天や塩害に強い。
利用可能な部分が多い。

7000年前から栽培され、人工授粉で実を付けさせていた。
ナツメヤシ果樹園はハンムラビ法典などの法律で保護されていた。
眼病を患った貧民はナツメヤシの樹の世話をした。
25メートルもの巨木になり、木陰で野菜が栽培された。

ナツメヤシの実の利用法

生食　　パン　　酒　　家畜の飼料
シロップ(ジャム、ジュース)
ドライフルーツ　　神への捧げ物

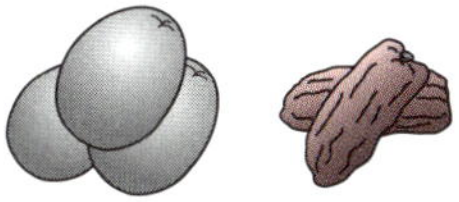

現代では他の部位も利用している。

- 種　　：アクセサリー
- 種子油：石けん、化粧品
- 葉　　：帽子、敷物、カゴ、うちわ
- 幹　　：建材、燃料
- 若芽　：食用

No.006

メソポタミアの型抜きパン

麦の栽培によってメソポタミアでは多種多様なパンが作れるようになった。世界のパンの原型はほとんどこの地で発明されたものである。

●バリエーション豊富なパンの種類

メソポタミアではパンを食べることが文明人の象徴とされ、さまざまな種類のパンが存在していた。発掘された文献によると、主に**7種類のパン**が食べられていたとされ、世界中にそれらのパンの子孫が残っている。

最も一般的なのは陶器製の型に生地を詰め込み、かまどの上に並べて焼き上げるパンだ。現代の食パンの祖先に当たるが、当時は丸い皿型が主流で、魚や獅子などを象《かたど》ったものもあった。外見を楽しむという意味では、タイヤキに似ているかも知れない。

無発酵《むはっこう》のパン生地《きじ》を平たく延ばしてかまどの内側に貼り付けて焼くタイプはインドのナンに受け継がれている。

何度も生地を折り返し、パイのようにしたパンも作られた。広い皿に生地を敷き詰めて焼き、肉料理の土台として使う料理法があったことが記録から分かる。下敷きパンの他に上蓋のパンも用意されており、肉料理をスープごと包み込み、温かさや肉汁を外に漏らさないようになっていた。現代でいえばパイの包み焼きのようなものである。

そして、パン生地に酵母《こうぼ》を加えた**発酵パン**も食べられていた。ビールかスープの残りを生地に加えると、酵母の働きでふくらみ、現代のものに近いパンになる。これを丸天井型の窯《かま》に入れて焼き上げると外はカリカリ、中身はフワフワ、そしてアルコールの風味が付いた絶品が出来上がる。

生地に乳製品やネギなどの野菜を練り込んで焼くこともあった。現代の調理パンに似た物である。

パンはそのまま食べるが、シロップやヨーグルトを塗って食べたりもしていた。その他、肉と一緒に皿に散らしたり、砕《くだ》いてスープに浸《ひた》すこともあった。これは現代のマッシュポテト、クルトンなどに当たる。

いろいろな古代パン

型抜きパン

陶器の型に生地を詰め込み、かまどの上に並べて焼き上げるパン。食パンの祖先に当たるが、当時は丸い皿型が主流で、表面にさまざまなシンボルや模様が描かれていることもあった。

パイ型パン

何度も生地を折り返してパイのようにしたパン。
料理を下敷きと上蓋で包み込んで、パイの包み焼きのような料理に使われた。

発酵パン

パン生地に酵母を加えた柔らかいパン。
ビールかスープの残りを生地に加え、丸天井型の窯に入れて焼き上げる。
外はカリカリ、中身はフワフワ、そしてアルコールの風味がついた絶品である。

無発酵パン

パン生地を平たく延ばし、かまどの内側に貼り付けて焼くもの。
インドのナンのように世界中に受け継がれている。

変わり型抜きパン

紀元前2200～1750年ごろの物と思われる出土品に、鱗のついた魚、うずくまるライオンなどを象ったパン型がある。他に女性の裸身のパン型も見つかっている。型の断面はU字型で、へこんだ部分に生地を押し込んで焼くので、飾りは片面にしかできない。ルーヴル美術館にはこれら出土品と一緒に焼き上がり見本も展示されており、人気が高い。

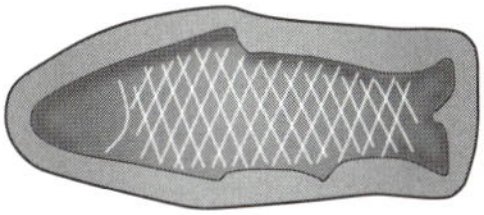

古代エジプトの油事情

油はぜいたく品だったが、各階層に行きわたっていた。
ゴマ、亜麻、綿やオリーブなどの植物性の油と、豚やガチョウ、牛や羊の脂など動物性の油もあった。

油はまず照明、次に料理に、時には医薬品、美容や化粧用品、それにまじないに用いられることもあった。香料を混ぜて香油としたものはミイラの表面に塗られたりした。

用語解説

● **7種類のパン**→全種の詳細が明らかになっているわけではない。

No.007

メソポタミアの肉料理

メソポタミアでは肉類がふんだんに食べられていた。家畜だけでなく野生動物や野鳥などもしばしば高級料理として皿に載せられた。

●花形料理のメイン食材

　メソポタミアは農業が盛んではあったが、実は塩分が多くて農地に適さない荒れ地や休耕地が多くあった。そういう場所を利用して放牧が行われ、羊やヤギが飼育されていた。当時は肉といえば出てくるのはヤギか羊で、羊が最も美味な肉と考えられていた。

　牛は土地を耕すのに用いられるのが主だが、肉を食べることもあった。豚も食べはするが卑しい食べ物と考えられていた。馬、犬、蛇はそれぞれタブーがあって食べなかった。

　鳥肉は初期にはウズラなどの野鳥や卵を狩っていたが、文明が発達するころには鶏が伝わってきて、食べるようになった。ガチョウやアヒルなどの水鳥、野鳩やキジバトなどもごちそうとして食卓に上った。

　その他、狩りで得られた肉には鹿、トビネズミ、野ウサギなどがある。

　都市は川に面して造られていたため、川魚もまた重要なタンパク源となっていたが、魚は貧しい者向けで記録が少ない。他の水産資源としてはエビ、カメ、カメの卵なども食べられていた。また、海の民との交易で得た**マグロなどの海産物**も食卓を賑《にぎ》わしていたという。

　肉は初期には焼いて食べていたが、都市国家時代には煮込み料理が主流となっていく。肉を使う場合、脂肪をたっぷり溶かしたスープやシチューが人々に好まれた。それに野菜や薬味を加え、時には麦粉を練ってゆでた団子を入れたりもする。日本食にもある「すいとん」である。

　暑いメソポタミアでは、乾燥、塩漬け、油漬けなどの保存方法が考案された。中でも塩漬け肉はよく記録に登場する。

　煮込みの味のアクセントとして獣の血をスープに混ぜることもよく行われ、乳や乳製品、ビールなども料理によく使われた。

肉の煮込み料理と肉の保存方法

肉入りスープ

初期は焼き肉が多かった。

都市国家時代は煮込み料理が主流。

好まれたのは脂肪をたっぷりと溶かしたスープやシチュー。

野菜や薬味、麦粉を練ってゆでた団子を入れたりする。

獣の血、乳や乳製品、ビールを混ぜることも行われた。

肉のタブー

豚は食べはするが、卑しい食べ物と考えられていた。馬、犬、蛇はそれぞれ別のタブーがあって食べなかった。

メソポタミアの肉保存方法

乾燥肉

薄くスライスして、天日、かまどの熱で乾燥させる。

塩漬け肉

肉に切り込みを入れて岩塩を挟み込んだり、塩を擦り込んだり塩液に漬ける。

魚の油漬け

動物の脂肪に魚を浸していたと推測されている。

用語解説

●**マグロなどの海産物**→マグロの骨が都市遺跡から出土している。しかし生の海産物が届くとは考えられないので干物（ひもの）か塩漬けだっただろう。

No.008

メソポタミアの野菜と香辛料

メソポタミアで愛された野菜はネギやタマネギ、ニンニクだが、それらは薬味としての役割も果たし、多くの料理に加えられた。

●主要な野菜は意外に高価？

ネギにタマネギ、ニンニクは、高級料理では肉の味を引き立てるために煮込み料理に入れられ、野菜中心の煮込み料理では主役となった。

現存する世界最古のレシピ粘土板、すなわちイェール大学に所蔵される3枚の粘土板の中で、1番目の粘土板にある20種の料理全てに、この3種の野菜のどれかが使われている。さまざまな交易記録によれば、3種の野菜が都市から都市へ大量に流通していたことが記されている。どうやらメソポタミアの人々はネギ、タマネギ、ニンニクがたいそう好きだったようで、**シュ・スエン**の王女は他国への旅のために、35キロずつのタマネギとニンニクを持参したという。

他にレタス、カブ、カボチャなども好まれたが、やはり多くは煮込み料理に用いられた。煮込み料理の研究はかなり進んでいて、野菜を煮崩したり、パンくずでとろみを付けてポタージュのようにすることも流行った。

一方、貧困層の野菜としては豆類がある。メソポタミアではヒヨコマメが主流で、潰《つぶ》してまとめ、パンのようにして食べていた。しかし都市の貧者はビタミン不足から病気になる者が多かったという。野菜を生産する農村ならともかく、都市に届く野菜は高価だった。ニンニクやカブなどの根野菜、豆類は長期保存できるが、ビタミンは失われる。

メソポタミアで食べられた野菜は他にもあるのだが、記録の解読が進んでいなくて、現代のどの野菜に相当するのか特定できていない。

本格的な香辛料も料理に利用されていた。地元で採れる香辛料としてはコリアンダー、クミン、ミントなどがあり、これらは乾燥したものを粉末にして用いた。香辛料や調味料は調理前に加える、または肉と一緒に煮込む、料理の仕上げ直前に加えるなど、いくつかのタイミングがあった。

メソポタミアの3大野菜

ネギ・タマネギ・ニンニク

野菜中心の煮込み料理では主役。

王女も旅のために大量のタマネギとニンニクを持参した。

高級な煮込み料理では肉の引き立て役、薬味として。

世界最古のレシピとされる粘土板では多くの料理にどれかが使われている。

都市から都市へ大量に流通していた。

都市に届く野菜は高価で、ビタミン不足から貧者は病気になる者が多かった。

キュウリ　カボチャ　テンサイ　カブ
チコリー　レタス　ヒヨコマメ

3大野菜以外の野菜もほとんどが煮込み料理に使われた。
ヒヨコマメは貧困層向けで、潰してまとめパンを作った。

不死の薬草とビタミン

野菜や果物の不足がもたらすビタミン欠乏症は、昔から経験則によって知られていた。健康のために野菜を取る教訓が転じたのか、メソポタミアにおける神話『ギルガメシュ叙事詩』は幻の薬草を採って戻る話である。

不老不死の探索に出かけた英雄王ギルガメシュは長い旅の果てに、大昔の大洪水を生き延びた賢人ウトゥナピシュティムに出会い、最終的には若返りの「草」を手に入れる。しかし、彼は帰路でその草を失ってしまい、若返ることができなかった。

実はアッカド語で「草」と「野菜」は同義である。つまり野菜は草の一種で、野菜は健康を維持する薬草、または回春の薬と考えられていた。

用語解説

●**シュ・スエン**→ウル第３王朝の王。在位紀元前2037-2029。

No.009

ビールはメソポタミアで生まれた

ビールは現代日本で最も親しまれている酒のひとつだが、古代から存在する麦由来の飲料であり、実はメソポタミアやエジプトで盛んに造られた。

●全ての古代人に愛されたビール

ビールの発祥地は大麦やエンメル麦がたくさん収穫できたメソポタミアやエジプトだが、メソポタミアが一番早かったと言われている。

その昔、ビールは国王から庶民まで広く愛された。

メソポタミア人は三度の食事と一緒にビールを飲み、多種多様のビールを生産した。さらには旅行にビールパンを携行するほどで、それを水に溶かして簡易ビールにして飲んでいた。

エジプトではピラミッド労働者の疲れを癒《いや》し、子供の弁当にさえビールが付いていた。

最初は麦粥《むぎがゆ》が発酵《はっこう》してビールになったのを飲んでいただろう。やがて人々は麦から**バッピア**というビールパン（醸造《じょうぞう》用パン、麦芽《ばくが》パン）を作り、砕いて瓶《かめ》に入れ、水を加えて自然発酵を待ってビールを醸造した。

発酵を助けるナツメヤシや蜂蜜を加えることもあった。また、発酵過程で小麦粉を加えてとろみを付けることもあった。

古代人は菌の働きでビールが出来ることは知らなかったが、経験的に醸造容器を使い回していた。こうすると容器に残った菌が次の発酵を助ける。ビールと同じように発酵パンも次のパン作りのために、（イースト菌が付いた）生地を少し残しておくのが常識だった。

なお、古代のビールは現代のものとは全く違う。アクの強い濁《にご》り酒で**アルコール度は低く**、上層に麦の殻《から》が浮いていた。そういったゴミを避けるため、発酵させた瓶に直にストローを挿し入れて飲んでいた。やがて濾《こ》し器が発明され、殻は濾してコップに移して飲むようになった。

ビールは初め自宅で主婦が造っていたが、やがては居酒屋という一大産業を生み出すほどになった。

古代のビールはストローで飲む

現代のものとは全く違う古代のビール

アクが強い
濁り酒
アルコール度は低い
上層に麦の殻が浮いている

エジプト人のビール好き度

・ピラミッド労働者にビールが配給される。
・子供の弁当にもビールが付く。

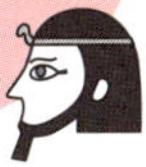

古代ビールの飲み方

浮いたゴミを避けるため、発酵させた瓶に直にストローを挿し入れて飲んでいた。

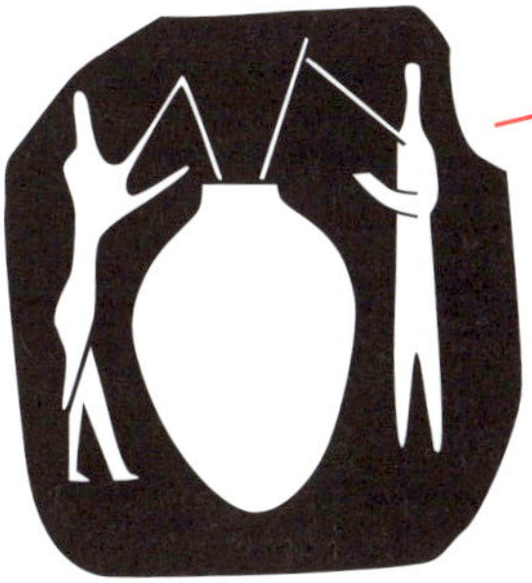

メソポタミアの遺跡で見つかった印章の絵文字。2人の人物が瓶からストローでビールを飲んでいる。

メソポタミア人のビール好き度

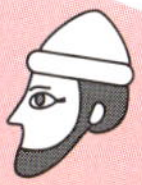

・三度の食事と一緒にビールを飲む。
・多種多様のビールを生産する。
・旅行にビールパンを携行し、それを水に溶かして簡易ビールにして飲む。

やがて濾し器が発明され、ゴミを濾してカップで飲むようになった。

原始的なビールの製法

1 水に浸して乾かした麦を挽き、バッピアというビールパンを作る。
→
2 ビールパンを砕いて瓶に入れ、水を加えて自然発酵を待つ。
→
3 完成。夏場は保存できないので出来たらすぐに飲んだ。

用語解説

●**アルコール度は低く**→暑い地方の醸造では度数は高くならない。が、濾過と熟成を繰り返して貯蔵したビールはいくぶんアルコール度が高くなる。そういったビールは高価だった。

No.010

ビールは必需品で薬

世界的に有名な叙事詩にも登場するビールは古代人に讃えられたが、現実に人々の健康も守っていた。薬としても使われていたのである。

●神からの贈り物は薬でもある

ビールとパンは麦から作られ、製法も似ていることから、古代世界では人間が生きていくのに最低限必要なものとされた。それで、ビールやパンが通貨の代わりに使われることもあった。

メソポタミアではビールは文明の証《あかし》とも考えられていた。**『ギルガメシュ叙事詩』**では、ギルガメシュの親友となる野人エンキドゥが「当初はパンの食べ方やビールの飲み方を知らず」と未開人ぶりを描写されている。生水を飲むのかビールを飲むのかが未開人と文明人の差だったのである。

また人々の間ではビールは神からの贈り物と言い伝えられていた。放置したはずの液体が美味な飲み物に変わり、飲めば(酔って)陽気になるという二重の奇跡が、そうした伝承を生んだのであろう。

ビールは薬としても用いられた。エジプトで薬用パンの利用が盛んだったことは他の項目(No.015)で解説しているが、ビールも薬となった。ビール単独だけでも鎮静剤、胃腸薬、強壮剤、腫《は》れ物を治す塗り薬になった。特定の薬草や香辛料を混ぜて、特定の病気にかかった病人に飲ませてもいた。エジプトの医学書によれば、そうした薬用ビールの種類は3桁はあったという。

メソポタミアでも、紀元前2100年ごろの粘土板にビールを使った薬の配合表が刻まれている。ビールそのものに薬効があるかは疑問だが、水を沸かして醸造《じょうぞう》するので生水を飲むよりは、はるかに健康によかった。

その他、エジプトでは美容液やシャンプーとしても使われていた。ちなみに現代ではビールに漬けた髪が色落ちすることが知られているが、古代にその方法が用いられたかは分からない。

ビール万歳

ビールは神からの贈り物

放置したはずの液体が → 自然に美味な飲み物に変わり → 飲めば陽気になる

だからメソポタミアではビールは神からの贈り物とされた。

ビールは文明の証

生水を飲むかビールを飲むか、それが未開人と文明人の違い。ビールは人間が生きていくのに最低限必要なものとされた。

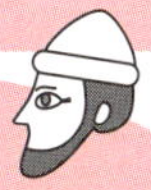

メソポタミアでは

ビールは シカル と呼ばれ、農業の女神ニン・ハラに捧げられた。

種類いろいろ、飲み方いろいろ

メソポタミアではビールが数十種類あった。材料、製法や発酵期間で呼び名が変わる。水割りにするなど飲み方でも変わった。

MESOPOTAMIAN BEER MENU

白ビール	甘いビール
赤ビール	とても甘いビール
黒ビール	古いビール
茶色ビール	古臭いビール
強精ビール	洗練された味のビール
etc.	

ビールは薬にもなる？

効果のほどは知らないが、古代ではビールが薬とされていた。

ビール単体

鎮静剤・胃腸薬・強壮剤・腫れ物を治す塗り薬

薬用ビール

薬草を混ぜて別な効果を生ませる。
ビール＋タマネギで便秘薬（？）
ビールと干して粉末にしたオリーブで胃腸薬（？）

エジプトでは美容液やシャンプーとしても使われた。

用語解説

●**『ギルガメシュ叙事詩』**→楔形文字で記された最古の文書。古代メソポタミアの神話。シュメールの都市国家ウルクに実在したギルガメシュ王をモデルにしている。

No.011

居酒屋の主人は女性

居酒屋の起源はメソポタミアにある。そこでは居酒屋が社会に大きな影響を与え、ハンムラビ法典でも居酒屋に関する法律が定められていた。

●さまざまな理由でさまざまな人が集まる居酒屋

メソポタミアではビールが庶民の友となったために、ビール(他にナツメヤシ酒もある)とつまみを出す店が流行した。『酒売り女の館』と呼ばれた居酒屋は酒造蔵でもあり、その店の主人は女性だった。家庭で酒を造っていたのが女性だったことから、その延長で女主人が据えられたのだろう。

メソポタミアには「お祓いの儀式を受けた者は居酒屋に立ち寄ってから帰宅すべし」という独自の風習があった。そうしなければ不吉だというのだから現代以上に特別の意義が**居酒屋**にはあったようだ。

居酒屋は語らいの場でもある。そこには酒を飲みつつ語り合いたい町人が集まってくる。また宿屋も兼ねていたので宿泊する旅の商人たちによる商談も行われた。さらには無法者が犯罪の相談を、あるいは反乱者が政治的謀議を行うなどといったことも度々あった。もちろん歓楽の場なので仕事もせずに昼間から居酒屋に入り浸る者も結構いたし、酔っぱらった女が騒ぎを起こすこともあったようだ。

そうしたことから居酒屋は代々の権力者に批判され注視もされ、社会に大きな影響を及ぼす施設だと認識されていた。ハンムラビ法典では居酒屋の女主人に関する規定に4項目も割いている。その最たるものが無法者の謀議の通報を義務付けるというものである。違反した場合、その女主人は死罪となった。また居酒屋は自由な場所だったが、別の規定によれば神殿の女官だけは入店禁止だった。こちらの罰則は火刑である。女官は居酒屋を開店することもできないのだが、シッパルという町の記録によると、女官がオーナーとなり人に貸して営業させていたケースもある。

居酒屋は女主人が代表者ではあるが、時代が進むと実際の経営をその夫がするようになっていったようである。

勘定をごまかすと川に投げ込まれる

居酒屋に関するメソポタミアの法律と罰則

店内での謀議の通報義務	違反したら死罪
神殿に仕える女官は入店・飲酒禁止	違反したら火あぶり
女主人が勘定をごまかしたら	川に投げ込まれる（生き残れば無罪）

酒と大麦の価格は変動し、ごまかしが発生しやすいので罰則が定められた。

酒場の支払い

- 銀で酒代を払えない場合
  (ビールを造る)大麦で支払ってもよい。
- ツケで酒を飲んだ場合
  収穫期に大麦で払うことができる。

❖メソポタミアの居酒屋3つの夜話

●居酒屋のルーツは屋台

居酒屋が登場する以前には屋台が存在していたことが知られている。つまり、ちょっと気の利いた主婦が露店を出して自家製のビールやつまみを売って小銭を稼いでいたのである。それが後に居酒屋となった。居酒屋と同じく屋台の起源もメソポタミアにあったということになる。

●居酒屋はラブホテルや娼館でもあった

居酒屋はその性格上、カップルで飲酒した後で泊まるホテルともなり、また娼館を兼ねることもあった。世俗の楽しみとして酒を提供して宿も営んでいるとなれば体を提供する女主人がいても不思議ではない。その道の女性を店に置くことも多かったはずだ。

●『ギルガメシュ叙事詩』にも登場する居酒屋の女主人？

『ギルガメシュ叙事詩』にはエンキドゥを誘惑する娼婦シャムハトなる人物が登場する。彼女もまた居酒屋の女主人だったという説がある。ちなみに古代メソポタミアでは神殿の巫女が娼婦を兼ねていた時代もあった。

用語解説

●**居酒屋**→庶民文化が開花したメソポタミアには、酒に関する諺（ことわざ）も多数生まれた。その多くが現代にまで伝わっている。

No.012

古代セレブを熱狂させたワイン

ワインもビールと並んで古代文明で親しまれた酒だ。ビールよりも一段高級な酒と認識され、両文明では神殿にもよく奉納された。

●メソポタミア発祥のワインは上流階級向け

ワインは生命の水と讃《たたえ》えられることもあり、メソポタミアで「ゲシュティン」、エジプトでは「イルプ」という呼び名だった。自国で生産する他、よいワインを求めて周辺諸国からも積極的に輸入している。

果実が自然発酵《はっこう》したいわゆる猿酒《さるざけ》を除くとして、世界で初めてきちんとワインを醸造したのはメソポタミアである。その証拠として、紀元前4000年ごろのシュメール遺跡からは貯蔵壷《つぼ》の蓋《ふた》が出土している。柔らかい粘土に刻印をし、それで壷に封をして熟成させていた。実際には紀元前6000年ごろから北部の山地で醸造されていたらしい。最初は潰《つぶ》れたブドウの実が含まれた濁《にご》り酒だったが、布でカスを濾《こ》し取ったり、蜂蜜を加えて発酵を促すようになった。

ワインがブームとなり絶頂期を迎えたのは紀元前2000年ごろである。北部と違いメソポタミア南部ではブドウが育たなかったので、しばらくはセレブ向けのぜいたく品の地位にあった。町には貯蔵庫や交易所が造られて数多くの銘柄《めいがら》や等級が設定された。

メソポタミアから伝わったエジプトでも同様で、王族や貴族といったセレブたちがこぞってワインのためのブドウ園を設営した。**トトメス3世**は高官に毎日ワインを飲ませ、**セティ1世**は家臣への給与としてワインを与えた。エジプトでワインが広く知られるようになったのは紀元前1800年ごろのことのようである。

なお、メソポタミアではビール以上ワイン以下の酒として、ナツメヤシ酒も盛んに造られた。日本で酒類全般を「さけ」と呼ぶように、ナツメヤシ酒も「ビール」と呼称されることがあった。広く大衆に飲まれたビールと同一視されたのだから庶民にもよく飲まれていたと思われる。

古代メソポタミア・ワインの歴史

メソポタミアが発祥で**ゲシュティン**と呼ばれる。
生命の水と讃えられることもあった。

紀元前6000年ごろ	北部の山地で醸造された。 最初は濁り酒。 やがて布でカスを濾し取るようになる。 蜂蜜を加えて発酵を促すようになる。
紀元前4000年ごろ	当時のシュメール遺跡から貯蔵壷の蓋が出土。 刻印した柔らかい粘土の壷で封をして熟成。
紀元前2000年ごろ	ワインブーム絶頂期を迎えた。 町に貯蔵庫や交易所が造られる。 数多くの銘柄や等級のあるぜいたく品となる。 エジプトに伝わり**イルプ**と呼ばれる。
紀元前1800年ごろ	広く知られるようになる。 王族や貴族がワインのためのブドウ園を設営。 給与としてワインを与える王もいた。

メソポタミアでは自国産の他、周辺諸国からも積極的に輸入をした。

ナツメヤシ酒

メソポタミアでは盛んに作られた。ビール以上ワイン以下の酒。酒の代名詞として庶民によく飲まれた。

◆ 世界最古のワイン描写

メソポタミアで有名な『ギルガメシュ叙事詩』の物語終盤では、ギルガメシュが不老不死の方策を求めて賢人ウトゥナピシュティムを訪問する。この賢人がかつて方舟《はこぶね》を建設したさい、大工たちにさまざまな報酬とともにワインを振る舞ったことが記されている。これが物語中で語られる世界最古のワイン描写である。

用語解説

- **トトメス3世**→在位紀元前1479-1425。周辺諸国に遠征しエジプト史上最大の帝国を築いた。エジプトのナポレオンと呼ばれることもある。
- **セティ1世**→在位紀元前1294-1279。芸術や文化に造詣（ぞうけい）が深く、伝統の復興に力を注いだ。また低下したエジプトの国威を回復させた。

No.013

メソポタミアの煮出しドリンク

メソポタミアでは酒や乳製品ばかりでなくフルーツ飲料も人々に親しまれていた。工夫によっては冷たい飲み物を得ることもできた。

●煮出しジュースと冷たい飲み物

メソポタミア地方は雨が少なく日差しも強い。日中の気温が40度を超えることも少なくなく、水分と涼を得るために飲み物にもいろいろと工夫がなされた。レモンやザクロ、イチジク、リンゴなどを搾《しぼ》って生ジュースにしたり、果汁を入れて飲料水に香りと味を付けるといったことは昔から行われていた。他にナツメヤシやレモンなどの乾燥果実を煮出して飲料を作ることもあった。乾燥果物はケーキの材料や甘味料として出回っており、各家庭で利用しやすかったからである。現代のイラクにも、熱して潰し乾燥させたレモンの煮出汁「ハーモズ」がある。古代から受け継がれた文化遺産のひとつだ。

飲み物を冷たくする方法も工夫された。冷たい飲み物を飲むために、メソポタミアでは飲み物を冷暗所の素焼《すや》きの瓶《かめ》に入れて保存した。移動の際には革袋《かわぶくろ》に移して携行《けいこう》する。

瓶や革袋は少しずつ表面に水分が滲み出てくる性質がある。滲み出した水は乾燥した気候によって蒸発(気化)し、その気化熱によって容器と中身が冷却される。それだけで誰もが冷たい飲み物を手に入れることができた。

また雹《ひょう》や雪を利用する手もある。メソポタミアでは雪はめったに降らないが、夏期には雹を伴う雷雨が度々あった。大粒なもので数センチもあり、農作物に被害が出ることもあったという。屋敷の使用人はこの雹を集めて地下室に運び、藁《わら》でくるんで長期間保存した。

冬期には、北部の山岳地帯や北東地方から雪や氷を輸入していたことも記録に残っている。これを地下に保管して、必要なだけ使うのである。運ばせた氷を食べて涼を取ったという記録はあちこちにある。しかしそんなことができたのは大きな地下室を持つ上流階級だけであった。

冷たいドリンク

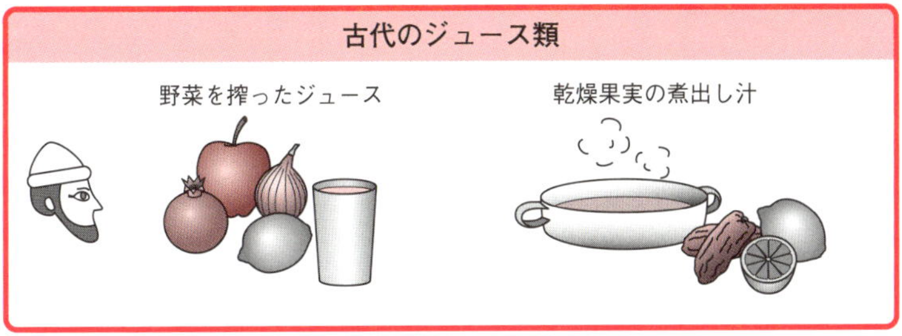
古代のジュース類
野菜を搾ったジュース
乾燥果実の煮出し汁

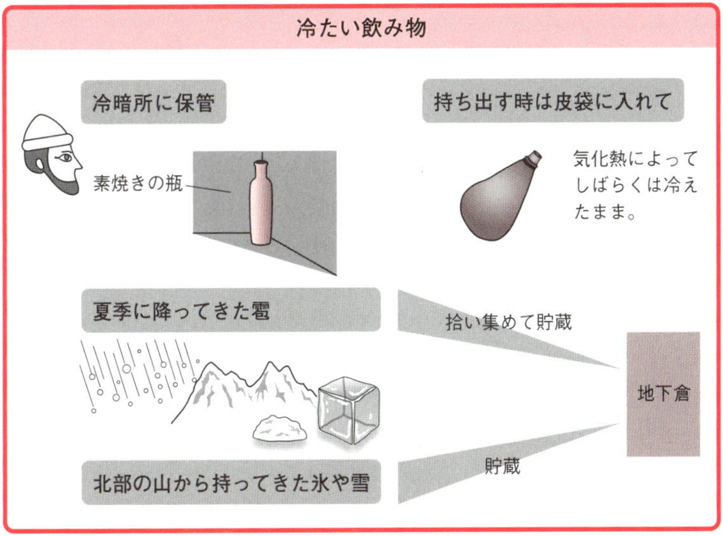
冷たい飲み物
冷暗所に保管
素焼きの瓶
持ち出す時は皮袋に入れて
気化熱によって
しばらくは冷え
たまま。
夏季に降ってきた雹
拾い集めて貯蔵
地下倉
貯蔵
北部の山から持ってきた氷や雪

❖乳搾りはいつ始まったのか？

メソポタミアをはじめ、中東から西洋世界では乳製品は古くからある食材だった。家畜からの乳の採取がいつから始まったかというと、紀元前5000年くらいからだとされている。

かつて雄雌ともに若いうちに食肉にされていた家畜が、雌だけがこのころから成体まで生き長らえるようになった。それで、このころを境に乳や乳製品が利用されるようになったと推測されている。

No.014

古代の料理人と最古のレシピ

文明が成熟した時代では料理人が社会的に高い地位に置かれることがある。メソポタミアの神殿に仕える料理長は神官の肩書きを与えられていた。

●メソポタミアの料理人

メソポタミアの一般家庭において、料理は専ら主婦が作るものだった。食材を持ち帰るのは夫の役目、そして料理が妻の役目である。調理器具を嫁入り道具として妻が持参したという例が当時の婚姻記録に残されている。

ところが、メソポタミアの人々はグルメで味にうるさく、公の場での料理やハレの日の料理となるとプロの料理人が呼ばれることが多かった。裕福な家では常時料理人の一団を住み込みで雇っていた。

メソポタミアの最盛期には職人が細分化・専門化したが、料理人もまた例外ではなく、分業されて持ち場が細かく分かれた。パン焼き職人はパンだけを焼き、菓子職人は菓子だけを作り、装飾家と呼ばれた職人が料理のレイアウトを考えて配膳するといった具合である。

これら全ての関係者(料理人だけでなく生産者や粉ひき職人まで)を統括する料理長は、名声を伴う誇り高い職業と認められていた。特に神殿に仕える料理長は超エリートで神官の肩書きを与えられていた。

神に捧げる料理を司るのだから、それもまた当然かも知れないが、メソポタミア人の神話観によれば、神々の世界にも料理人がいたくらいである。彼らがいかに“食”を重要視していたかが分かる。

料理人になるためには、師匠に付いて長く修行しなければならなかった。口伝でさまざまな技術の伝承が行われたが、現在ではそれら技術のほとんどが失われている。

わずかに残されたもののひとつとしてイェール大学が保管する3枚の粘土板がある。紀元前1600年ごろに作られたもので、20世紀末に高級料理のレシピであることが分かり、当時の料理の再現が一応可能になった。今のところ、これが現存する世界**最古のレシピ**集である。

料理人とレシピ

メソポタミアの料理人

メソポタミアの最盛期、職人は細分化・専門化した。

料理長
全ての職人の統括者。神殿の料理長は神官の肩書きを持つ。

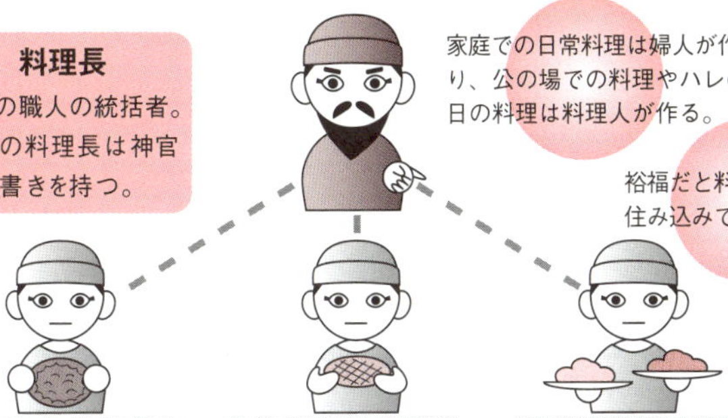

家庭での日常料理は婦人が作り、公の場での料理やハレの日の料理は料理人が作る。

裕福だと料理人の一団を住み込みで雇っていた。

パン焼き職人
パンだけを焼く。

菓子職人
菓子だけ作る。

装飾家
レイアウトを考えて配膳する。

見習い
料理人になるには師匠に付いて長く修行。

料理人には口伝でさまざまな技術が伝承されたが、現在ではほとんど失われている。

各地に残る最古のレシピ

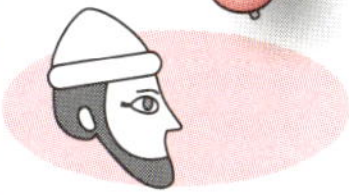

メソポタミア
3枚の粘土板。
肉や野菜の煮込み料理40種類ほど。

ギリシャ
紀元前4世紀ごろにミタイコスという人物が書いたもの。2世紀に本で紹介されて有名になった。

エジプト
象形文字による料理手順。

ローマ
紀元前2世紀ごろの大カトーの『農業論』が有名。美食家アピキウスの『料理書』は完全な形で残る最古のレシピ集。内容はフルコース料理。

No.015

医療にも使われたエジプトのパン

エジプト人はメソポタミア人以上にパンを愛した民族だった。食用の他、薬用パンや聖牛用の飼料パン、生け贄代わりの動物形パンまで作られた。

●薬用パンで骨折まで治る！？

かまどが発明される以前、紀元前2500年ごろのエジプトでは、円錐《えんすい》の型に入れて作った無酵母《むこうぼ》パンが主流だった。その後、かまどに貼り付けて焼く平らなパンに変わっていくが、家庭で焼かれるパンはこうした無発酵《むはっこう》のパンだった。発酵パンは手間がかかるので、王宮ややがて出来るパン工房でだけ作られた。香料やハーブ、蜂蜜入りのパンもあった。

紀元前1560年ごろ新王国時代にエジプトは絶頂期を迎え、食文化も華やかになった。原料は大麦からおいしい小麦に変わり、酵母を加えると発酵パンが出来ることが理解されるようになった。また形に凝る余裕が出来、螺旋《らせん》状のパン、ガチョウや牛に似せた型抜きパンが作られた。小麦でなくトウモロコシに似た植物や栗を原料とすることもあった。

神殿では何種類ものパンが用いられた。それぞれの神が好物とする材料を含んだ祭祀用のパン、魔術に使われるパン人形などだ。パンではなく儀式・埋葬用に**パンの模型**も作られた。宗教用のパンは神殿内の製パン・製菓所で作られることもあった。ちなみに当時は三角形が神聖な形として尊ばれ、三角型のパンが庶民の間で人気だったという。また貧民は、祭の時に生け贄の代用品として動物形のパンを供え物とした。

やがてエジプト最後期の紀元前300年ごろには、卵やミルク、バター入りのパンが出来、神殿で飼う聖牛の飼料としてわざわざパンが供された。

ビールの原料にパンが使われたのもメソポタミアと同じだが、エジプトではいろいろな薬草や素材を混ぜて作った薬用パンを医療に利用していた。

医食を合わせる薬用パンは、古代ギリシャに端を発して中世ヨーロッパで流行した四体液説、また中国の漢方などと同じ発想の産物だろう。エジプトでは薬用パンを食べることで病気やケガが治ると信じられていた。

エジプトのパンの歴史

紀元前2500年以降	円錐の型に入れて作る無酵母パンが普及。 パン窯が発明され、貼り付けて焼く平らなパンが登場。 工房や王宮では発酵パンが作られる。 香料やハーブ、蜂蜜入りのパンも見られる。
紀元前1560年以降	パンの原料が大麦から小麦に変わる。 トウモロコシに似た植物や栗を使ったパンが作られた。 螺旋状や、ガチョウや牛に似せた型抜きパンが作られた。 神殿では祭祀パン、パン人形が作られた。 貧民は生け贄の代用品として動物形のパンを供えた。
紀元前300年以降	卵やミルクやバター入りのパンが出来る。 神殿の聖牛の飼料としてパンが供された。

薬用パン

エジプト人は薬草を中心とした優れた医術を持っていたが、飲み薬だけでなく、パンや料理にも応用していた。紀元前２世紀ごろに記された『医術の本』にはさまざまな処方が記されている。

薬用パンが効くというより、処方された各種の薬草が病を治す。もちろん食べ物なのだから、食欲をそそるよい香りや味、栄養のあることも重要である。

・痛み止め：ネズの樹脂＋新しいビールか甘いビール
・下剤：ガチョウの脂肪＋蜂蜜＋ウリ科の植物
・食欲増進：マナ＋蜂蜜
・虫下し：黄土か石油＋甘いビール
・ヤケド：塩＋油＋大麦
（成分詳細不明）
・骨折：ある種のパン＋ある種の野菜や果物
・抜け毛やフケ：すっぱい小麦のパン
・黄疸治療：ストというパン
・体の内部から生じる病気：チリィスティというパン

用語解説

●**パンの模型→**長期の儀式の時に使ったり死者と一緒に埋葬する。模型であれば腐らないし盗人に盗られることもない。
●**マナ→**幻の食物。カイガラムシの排泄物である甘い霜状物質がマナの正体だという説がある。

No.016

ハイエナはごちそう

エジプトの上流階級はさまざまな動物の肉を食べ、乳製品も味わっていた。特に乳製品は薬品としても重宝された。

●古代エジプトで食べられた肉

土地に恵まれたエジプトでは、牛、羊、ヤギなどの家畜、それに狩猟で得られるさまざまな鳥獣の肉が食卓に上った。肉はごちそうであって、神への捧げ物とされたり、客へのもてなしとして出される。生け贄にされた牛などは儀式の後、列席者の腹に収まることになっていた。

エジプトのタブーは豚と牡ヤギで、ともに不浄とされた。神殿ではこれらの動物を生け贄として持ち込むことを禁止していた。特に豚への偏見は強かったが、地方では養豚が行われ、庶民は気にせず食べていたようだ。

一度に食べ切れなかった肉は塩漬けや油漬けにした。牛の血を腸に詰めてブラッドソーセージなども作っていたようである。

飼育された鳥にはガチョウ、ウズラ、カモ、鳩、ペリカンなどがあり、肉はもちろん卵も食べた。狩った肉で食用にされたのは主にカモシカなどの草食獣だが、エジプトではハイエナも食べた。王族などは儀式の一環としてライオンやカバも狩ったが、恐らく食べたわけではない。

●古代エジプトの乳製品

乳製品はエジプトでは牛、ヤギ、ロバなどから得られた。生乳はすぐに腐ってしまうが、身分の高い者の乳児であれば生乳で育てられたようだ。当時は哺乳瓶はなく、匙《さじ》で生乳を飲ませた。

乳から出来る加工品にはチーズがあり、紀元前245年ごろの史料にはその品目が登場している。バターは暑い地方では変質してしまうので作るのが難しい。代わりに凝乳(濃縮ミルク)が使われた。

また、母乳も動物の乳と同様に扱われた。加工品となったり、乳に混ぜ物をして薬品とし、各種の病気に処方された。

古代エジプトの食用肉

食用肉

神への捧げ物
客へのもてなし

日常的に食べるというより、生け贄にされた動物の肉を、儀式の後で食べることが多かった。

家畜

牛　羊　ヤギ
ガチョウ　ウズラ　カモ
鳩　ペリカン　卵

野生鳥獣

カモシカなどの草食獣
ハイエナ　その他の鳥類

神殿の生け贄にできなかった獣

豚
牡ヤギ

不浄とされて神殿内持ち込み禁止。
特に豚。
ただし豚は食材としては人気。
地方では養豚も行われた。

乳製品

牛、ヤギ、ロバなどの乳
チーズ：紀元前245年ごろの史料に出ており、広く親しまれた。
バター：暑い地方では変質するので、代わりに凝乳(濃縮ミルク)が使われた。
母乳　：ヒトの母乳も動物の乳と同等に扱われ、薬品にも加工された。

モ～
メェ～

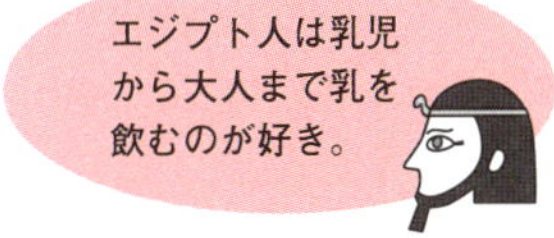
エジプト人は乳児から大人まで乳を飲むのが好き。

No.017

エジプトの魚と信仰

ナイル川と地中海を擁するエジプトでは、海産物も盛んに食卓に上ったと思われる。庶民も豊かな食生活を送っていたのである。

●豊かなナイルの恵み

肉類がぜいたく品だったために、魚介類は主に庶民のタンパク源として広く親しまれていた。

上流階級では魚類は肉類ほどには食べなかったらしい。敬遠されていたというほどではないだろうが、記録にはあまり残っていない。

神官などは神話上のタブーがあって魚を全く食べなかったようだ。あるいは生臭さが嫌われたという説もある。

地中海を臨む沿岸部では古くから海産物を主食としていたため、地引き網などの漁業技術が発達していた。調理は焼くのが主流で、そうでなければ日干しか塩漬けにした。魚は簡単に捕れるためか市場価値は低く、保存や加工の方法もあまり研究されなかったと推測されている。

よく捕れる魚としてスズキ、ボラがあり、エビやカニの他、フグも好まれた。貝やタコ、イカはあまり好まれなかった。

ボラの卵巣を塩漬けにしたものは「バターレック」と呼ばれる加工品になり、古来から親しまれてきたが、日本では同じ物がカラスミとして珍重されている。

ナイル川も水産資源が豊富で、コイ、ナマズ、カワハゼ、ウナギなどが捕れる。変わったところではサカサナマズも食用にした。

魚は重要なタンパク源ではあったが、ナイル川が信仰と深い関係にあったために、神々と由縁のある特定の魚は禁漁期間が細かく定められていた。ただし食べていくのがやっとの階層の人々までが決まりをきちんと守っていたかどうかは定かではない。

灌漑用の溜池を利用して魚の養殖も行われていた。貴族が川や溜池でのんびり釣りを楽しむこともあったという。

庶民が食べるのは魚

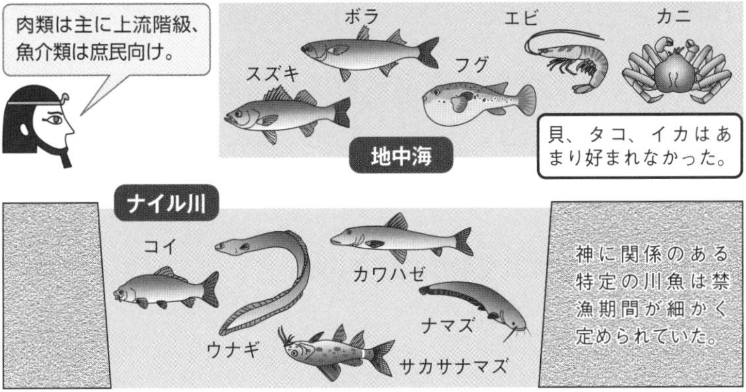
肉類は主に上流階級、
魚介類は庶民向け。
ボラ
エビ
カニ
スズキ
フグ
貝、タコ、イカはあまり好まれなかった。
地中海
ナイル川
コイ
カワハゼ
ウナギ
ナマズ
サカサナマズ
神に関係のある特定の川魚は禁漁期間が細かく定められていた。

◆特別視される魚オクシリンコス

エジプトの神官は魚を全く食べなかった。生臭さを嫌ったという説もあるが、宗教的タブーがあったからだ。

昔、善神オシリスは悪神セトに全身を刻まれ、ナイル川に肉片をばらまかれた。肉片を集めて復活させようとしたが、いくつかが魚に食われて回収できなかった。こういう故事があって神官は魚を嫌ったのである。

特にオクシリンコスという魚は、頭部がセト神に似ているとされ、一般人からも忌み嫌われた。だが別の地域では、オシリスの血が固まってオクシリンコスになったと考えられており神の化身として崇拝されていた。

猟師はこの魚を釣ると漁具が汚《けが》れると言い、何も捕れない方がましと考えた。逆に崇拝している地域では、釣ってもおそれ多くて食べなかっただろう。

オクシリンコスが現代のどの魚なのか確定していないが、エレファントノーズ・フィッシュという変わった形の川魚のことではないかと言われる。

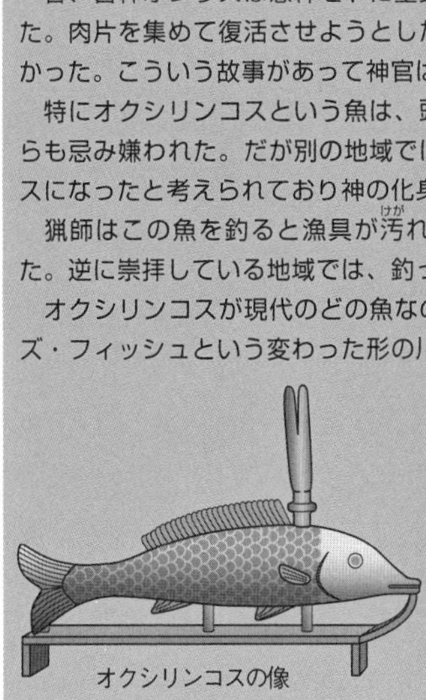
オクシリンコスの像

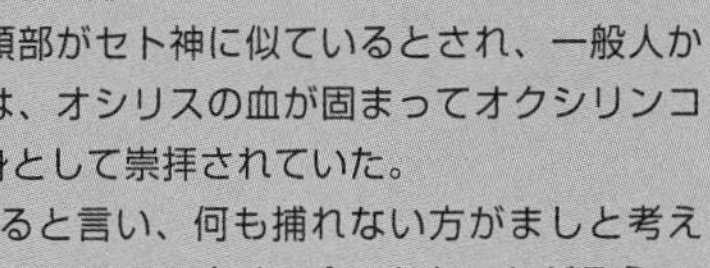
エレファントノーズ・フィッシュ

No.018

ピラミッドを造り上げたタマネギ

エジプトのピラミッド建設には延べ1億人もの人の力が関わっているという。その人々を支えたのが国家から配給された食料や飲料だ。

●タマネギをこよなく愛したエジプト人

ヘロドトスの著書や紀元前2500年ごろの現地の史料によれば、エジプトのピラミッド建設に駆り出された労働者には、報酬としてパンとビール、それにタマネギ、**ニンニク**、ニラ、ラディッシュなどが与えられた。ピラミッド建設は国家事業で、労働者は正当な報酬を受け取っていた。

タマネギやニラはエジプトで最も広く食された野菜である。特にタマネギは魔力のある特別な野菜だと認識されており、時と場合によっては神聖視されることもあれば、禁忌とされることもあった。

大量のタマネギがファラオによって神殿に奉納されたり、王のミイラと一緒に葬られることはよくあった。庶民レベルでも祭の時に、首にタマネギをぶら下げてその臭いを嗅いだ。また誓いを立てる時に**タマネギ断ち**をしたという。薬効も信じられ、目薬や睡眠薬を始めとしたさまざまな症状に用いられた。

その反面、神官たちがタマネギを退けることがあった。タマネギは神話によく登場するが、その解釈によって不吉な野菜と見なされたのである。とは言え、おおむねタマネギはエジプトの人々に親しまれ続けた。

信仰と関わりの深いものとしては他に、レタスが聖なる野菜とされた。みずみずしく、神が口にするのにふさわしいと考えられたからである。また切り口から白い液が出ることから連想されて、男性を好色にし、女性を妊娠しやすくすると考えられた。こうした媚薬としての効能の他、内臓の薬、また筋肉痛・頭痛に効果があるとされた。

ちなみにもっとあからさまな媚薬としてはマンドラゴラがある。黄色い実の皮には強い催眠幻覚作用があることが古くから知られており、性の象徴とされていた。

タマネギには魔力がある

タマネギ　魔力のある特別な野菜で、神聖視されたり禁忌とされた。

タマネギは信仰の道具

- ラムセス3世は1万2712籠分のタマネギを神殿に納めた。
- ミイラの目のくぼみに入れたり脇にはさんだり、皮膚と包帯の間に入れた。
- 祭で首からぶら下げて臭いを嗅ぐ。
- 誓いの際にタマネギ断ちすることも。

タマネギは不吉

- 地方神話では、ホルス神がタマネギの茂みに近づこうとして川に落ちて溺れ死んだ。
- 月の光で繁殖すると言われる。月は善神ホルスの目の象徴だが、悪神セトはホルスの目をくりぬいて食べたという逸話がある。

タマネギはクスリになる?

タマネギは内服、軟膏、貼り薬、水薬に加工された。

・匂いを嗅ぐ	→	視力回復、導眠効果
・パンと一緒に食べる	→	口内炎に
・酢、蜂蜜、ワインと混ぜる	→	歯痛、犬に噛まれた傷に
・ゆでたタマネギ	→	赤痢、腰痛に
・座薬として使う	→	痔に
・空腹時に食べる	→	整腸に
・女性に食べさせる	→	不妊かどうかの判別ができる

用語解説

●**ヘロドトス**→紀元前485？-420？　古代ギリシャの歴史家。現存する最古の歴史書『歴史』を著し、歴史の父とも呼ばれる。
●**ニンニク**→タマネギと似てはいるが宗教的な意味は持たない。食材として愛され、薬効も認められた。
●**タマネギ断ち**→タマネギを一定期間食べないという誓い。身近な食材であり、しかも重要な栄養源だったことがしのばれる。同じくニラ断ちする人もいた。

No.019

エジプトで食べられていた野菜と果物

メソポタミア地方は農作に向かない土地だったが、エジプトのナイル川下流域は肥沃だった。デルタ（三角州）地帯では農作が盛んに行われた。

●瓜と豆とナツメヤシが主要な農産物

エジプトでは現代と同じように多くの種類の野菜が採れていた。

主要な野菜はタマネギ、ニラ、ニンニク、ラディッシュで、それ以外にキャベツ、スイカ、キュウリ、カボチャ、メロン、セロリ、ヒョウタン、スベリヒユなどを栽培していたと分かっている。豆類ではヒヨコマメやソラマメがあり、デルタ地帯のレンズマメは国外にも輸出されるほどだった。

これらの野菜のうちいくつかはタマネギなどと同じように薬効成分を認められ、薬草としても用いられた。特にキャベツは、胃腸の調子を整え、二日酔いに効くということで人気があった。エジプト原産という説もあるが、当地のキャベツは味がよくなかったということである。

上流階級は庭園でさまざまな野菜を栽培し、大雑把に瓜《うり》類は中流向け、豆類は貧民向けの食材だったようである。

栽培物以外では、郊外に自生するパセリを「砂漠のセロリ」と称し、盛んに採って食べていた。

変わった野菜を挙げるなら、エジプト人は**レンコン**も好み、ゆでるか焼いて食べた。紙の原料として有名なパピルスは糖分と油分が豊富で、これも生のままか加熱して食卓に供された。

果物は野菜よりは高級品で、ナツメヤシに代表されるヤシ類や**イチジク**などが古くからあった。ザクロ、リンゴ、オリーブ、それにブドウなどは外国から入ってきた農産物である。これらのうち、イチジクとザクロはブドウとともにワインの原料ともなった。

他にアボカドの仲間もあり、生食するか、乾燥後に粉にして食材とした。

柑橘《かんきつ》類、桃、梨などは紀元前のエジプトでは知られておらず、後になって伝来する。

パピルスはおいしい？　古代エジプトの野菜と果物

豊饒なナイル・デルタ（三角州地帯）

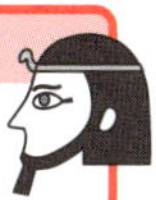

ナイル川の下流域は農作に適しており、豆類など農産物の輸出も盛んだった。

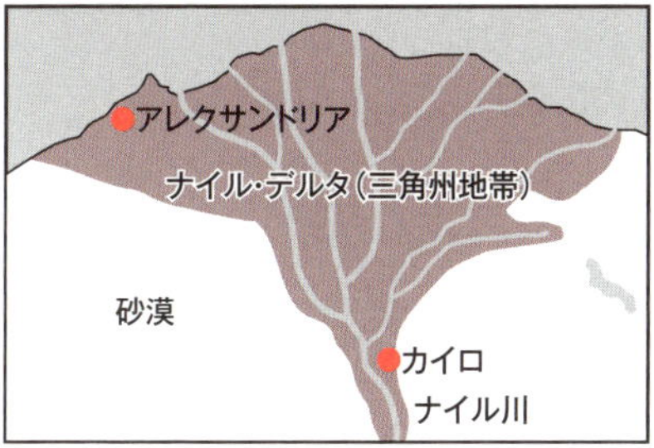
アレクサンドリア
ナイル・デルタ（三角州地帯）
砂漠
カイロ
ナイル川

古代エジプトで産した主な野菜

タマネギ	ニラ	ニンニク	ラディッシュ
キャベツ	スイカ	キュウリ	カボチャ
メロン	セロリ	ヒョウタン	スベリヒユ
ヒヨコマメ	ソラマメ	レンズマメ	など

野菜より高級品だった果物

ナツメヤシなどのヤシ類、イチジク

古くからあった。

ザクロ、リンゴ、ブドウ

外国から入ってきた。

柑橘類、桃、梨

紀元前の時代にはまだ知られておらず、後に伝来。

パセリ

郊外に自生。「砂漠のセロリ」と呼ばれていた。

レンコン

とってもポピュラー。ゆでたり焼いたり。

食べてよし
紙にしてよし
紙
パピルス

糖分と油分が豊富。紙の原料で有名だが、生や加熱して食べもした。

用語解説

●**レンコン→**ハスはエジプトでは生命の象徴であり太陽を生むと考えられていた。
●**イチジク→**エジプトでもイチジクは聖なる樹として扱われた。

No.020

岩塩の方が海の塩より高級品

エジプトでは宗教上の理由から岩塩が他の塩より高級品とされた。神官の力が強く、生活の細部にまで影響を与えていたのである。

●塩が豊富に採れるエジプト

塩は生活必需品だが、エジプトでは海や塩湖から塩を採り、リビア方面の鉱脈から岩塩を切り出していた。これらは質のよい塩として知られており、調味料、保存料、輸出品、税として重宝された。

メソポタミアも塩害に悩まされるほどの土地だったので、塩に困ることはなかっただろう。

ところで、エジプトの神官は海の塩を忌《い》み嫌った。というのも悪神セトが海に関連する神だったからだ。他にも神官は魚も食べないし、漁師と口をきくことも憚《はばか》ったという。また別な理由もあって普段から塩分を口にしないよう心がけていたようだ。塩を摂取すると食欲が増してのどが渇いて飲み物も求めるということで、神話に関連するというよりも禁欲のためにやっていたことだった。

塩はミイラの製造にも不可欠なのだが、上記の理由で海の塩は不浄とされた。それでミイラ製造や儀式で必要な場合は岩塩が用いられた。こうした背景から、エジプトでは岩塩がより高級品となった。

●エジプトの甘味と代用品

砂糖が伝わる以前の古代エジプト（に限らず世界各地）では、甘味としては蜂蜜が知られ、原始的な養蜂も行われていた。

蜜蝋《みつろう》からは蜂蜜酒も造れるし、蜂蜜生成の副産物である蜜蝋はミイラ製造の際、遺体の穴や傷口をふさぐ糊《のり》として使用された。

蜂蜜は特権階級が独占する貴重品で、庶民が口にするのは無理だ。そこでエジプトで代用品として選ばれたのが、イナゴ豆という糖度の高い豆だった。この豆には薬効も認められ、他の食材と混ぜて服用していた。

塩を口にしないエジプト神官

2種類の塩

岩塩

リビア方面の鉱脈から採取。
高価で宗教的には清浄。

海塩

海や塩湖から採取。
一般向けで宗教的には不浄。

神官は海塩がタブー

海塩を神官は口にしない。また儀式やミイラにも用いない。海を司る神が悪神セトだったからだ。

セト神

◆蜂蜜は最古の甘味料

蜂蜜は最古の甘味料で、１万年前の壁画にも描かれている。砂糖登場以前の甘味は、果実由来のものを除けば蜂蜜しかない。蜂蜜よりあっさりした甘みの蜜蝋もそのまま食べることができる。

蜂蜜は古代から珍重され、神からの贈り物とされた。不死と祝福の象徴であり、エジプトではミイラに蜜蝋を使ったが、メソポタミアやクレタ文明では、貴人の遺体を蜂蜜漬けにしていた。

エジプトでは蜂蜜を採ってくる作業者の護衛に弓兵が随伴した。

実際、蜂蜜採取は危険な仕事で、ハチに刺されて死ぬことも多かった。しかし、弓兵が採取者をどう守ったかは分からない。縁起担ぎのような宗教的理由か、貴重な蜂蜜が強盗に奪われないようにとの配慮だろうか。

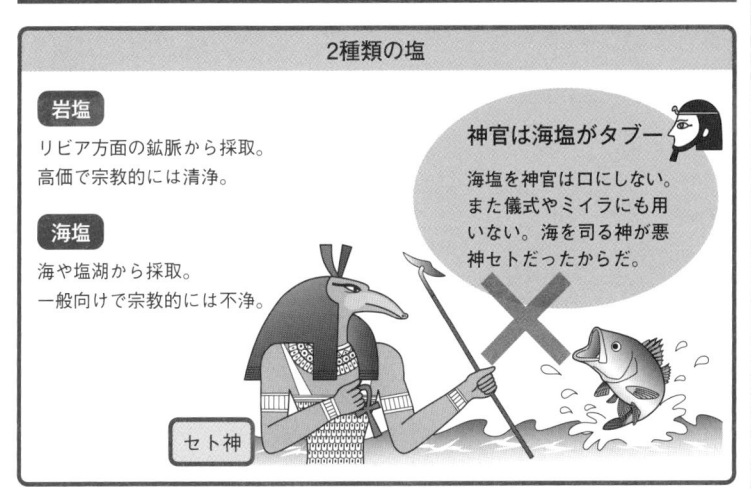

No.021

戦争とカロリー

古代から現代に至るまで、戦争で最も重要で困難な問題は兵士に食糧を供給することだった。食糧の確保なしに戦争はできないのである。

●戦場で第一に必要なのは兵への食糧供給

兵士は武器や防具など重装備を持って長期間行軍し、敵と戦う。兵士の仕事はかなりの重労働だった。戦闘行動中の兵士には、1日当たり最低でも3000キロカロリーが必要とされる。非戦闘時であっても、場所が寒冷地であれば多くのエネルギーが必要になる。じっとしていても体温が奪われるためだ。現代のノルウェー軍の寒冷地糧食には、1日で5000キロカロリーに達するものがある。

カロリーを補給する手っ取り早い方法は炭水化物を摂取することだ。古代から近代まで、兵士の糧食は麦が中心だった。可能であればパンを焼き、無理なら水で練って焼くか粥にして食べた。この場合、1日1人当たり700～800グラムが必要となる。

その昔、糧食はカロリー摂取が第一で栄養バランスは二の次だったため、戦争が長引けば、兵士は病気にかかりやすくなった。例えば日清戦争で、白米ばかり食べていた日本陸軍の兵士はビタミン欠乏で脚気《かっけ》になる者が多く、コレラや赤痢を含む病死者は戦死者の10倍近い1万2000人にもなった。

栄養バランスを無視しても、1万人の兵士の食糧は1日当たり麦で7トンになる。さらに兵士1人当たり水4リットル、馬がいれば1頭当たり麦を混ぜた秣《まぐさ》5キロと水20リットルが必要になる。インフラや官僚制度の整っていない時代、これらを毎日絶やさずに供給し続けるのは難しいことだった。

兵士が自分で運搬できる量は数日分に限られるし、馬車などを利用した場合はその輸送車の馬が食べる分まで用意しなくてはならない。物資輸送に関する例外は水運で、川沿いであれば高速かつ大量に物資を運ぶことができた。後に普及する鉄道も輸送にはうってつけだったが、川や線路がないところへ大量の物資を運ぶのは現代に至っても容易ではない。

戦争に必要なカロリーは3000kcal

兵士1人当たりに必要なカロリー＝ **3000キロカロリー**

兵士

1日あたり、
麦700グラム

×1万人いると…

1日当たり
7トンが必要

馬

1日当たり、
麦と秣《まぐさ》 5キロ

×1万頭いると…

1日当たり
50トンが必要

馬と馬車で運ぶと馬のための秣も必要に

船ならば一度に大量の物資を運べるが水路から離れられない

兵士自身で携行するのは数日分が限度

人足に運ばせる場合には盗みや逃亡の恐れも

備蓄食糧には限りがあるし市場で買うにはお金がかかる

敵地で略奪できればよいが、焦土戦術（※）で焼かれればその場で軍が飢えることに

戦争のために税を取り立てたら内乱の恐れも

※焦土戦術：敵に占領されそうな村や町をきれいに焼き払い、食料などの物資を敵に与えない戦術。

メソポタミア文明の食文化の終焉と残滓

メソポタミア文明は数千年にわたって栄えたが、最後には滅びた。

その後、新たな文化の流入によって古来の文化は失われ、現代ではすっかり忘れ去られた。位置的にはイラクがメソポタミア文明の中心地に違いないが、その雰囲気は今と昔では全く違う。

メソポタミアは紀元前330年、アレクサンダー大王の遠征で滅ぼされた。以後はギリシャ的文化のヘレニズム文化圏に統合されていき、建築様式や食文化などの独自性が失われた。やがてメソポタミア人はローマ式の生活を送るようになった。逆にローマではメソポタミアの郷土料理や食材が珍しがられ、一部が紹介されたり輸入された。

その後、129年のパルティア人による侵略によってメソポタミアは破壊される。この時点で、それなりに存続していた都市国家は政治的にも文化的にも重要性を失い、急速に廃れていく。

灌漑《かんがい》によって開かれたメソポタミアの都市は、人の手で定期的に管理を続けないと存続できない性質を持っていた。人手が減ったために畑に塩が浮かび、作物が育てられなくなった。最後に機能を失った都市はゴーストタウンとなり、洪水や厳しい気候により朽ち果てていった。

これにより、さまざまな煮込み料理やパンなど華やかな都市の食文化は失われた。住民は遊牧民が中心となり、彼らがこの地域の担い手となるが、きちんとしたかまどを持たず耕作もしない遊牧民には、洗練された都市の料理を受け継ぐことはできなかった。

さらにイスラム教が主要な宗教となったために、多種多様なアルコール飲料の製造や飲用が禁じられる。これで醸造に関する文化が失われた。

また豚肉は地位が低いにしてもよく使われる食材だったが、これもイスラム文化の下ではタブーとなった。

こうして、メソポタミアの食文化は文明とともに滅んだ。

途絶期間が長く、口伝による伝承も多くはなされなかったため、当時の様子は出土品を基に推測したり、断片的にしか知ることができない。

ただ、文明以前からこの地を支えたナツメヤシは、変わらずユーフラテスのほとりに実り続けた。干しナツメヤシ、ナツメヤシ・シロップなどはイラクの重要な輸出品で、中東では常食にしている人々も多い。日本もソースのとろみを出す重要な食材として毎年大量に輸入している。

一方、エジプトも紀元前30年ごろにクレオパトラ女王の死によって滅亡し、ローマに征服された。その後にイスラム化が進んで現代に至る。エジプトもメソポタミアと同じような運命をたどり、イスラム文化の薫陶《くんとう》を受けて、かつての雰囲気や風習はすっかり変化した。ただ、こちらは都市が廃墟化するようなことはなく、住民の多くは古代人の末裔《まつえい》である。

第2章
ギリシャ・ローマの食

No.022

初期ギリシャ食文化は意外と質素

古代ギリシャでは、現代人から見ても優雅に思える文化が開花していた。しかし食べ物は植民地を持つまでは意外と質素なものだった。

●交易が発展するまでは乾燥果実と大麦が中心

メソポタミアやエジプトでは食文化の基礎が育まれたが、それらに遅れて発祥したギリシャで食べられたものもそれほど変わるものではない。

黎明《れいめい》期には地元で採れるブドウやイチジクの乾燥果実、ナッツなどで生き延びていた。果物を主食とする場合、そのままでは水分が多過ぎて必要カロリーを得る前に腹を壊してしまう。それで干してから食べていた。

穀物が入手できるようになってからは大麦のひき割り粉の粥《かゆ》、それに豆類やゴマを食べた。農民などはこの大麦のひき割り粉にミントを混ぜた「**キュケオン**」という清涼飲料水を飲んでいた。キュケオンは聖域での儀式の時にも飲まれたという。大麦を煎じた「**プティサネー**」という飲料、「**メリドラトン**」という水で薄めた蜂蜜も人気があった。

肉は放牧地の余裕がなく、家畜がいても牛は労働力、羊は毛を刈るのに使うので食用にされにくかった。魚貝はよく食べたが、獣肉は儀式で生け贄として殺された動物を食べるのがせいぜいだったようである。

ギリシャは狭いだけでなく、土も痩せていたので、主食となる麦類は輸入しなければならなかった。それで交易が発達し、紀元前1000年くらいからオリーブやワインを輸出するようになる。おかげで豊かになり、肉を食べるなど生活習慣が変わっていった。

ギリシャにおいて食べられた野菜は、ニンニク、タマネギ、クレソン、カブなどである。野菜でポタージュスープを作ることが多かった。

また、ギリシャ人は故郷と気候が似たシチリアやイタリア半島にも移住をしていく。現在のシチリアは岩や砂丘ばかりの不毛の地だが、**ストラボン**によれば、紀元前100年ごろは緑の楽園で穀倉地帯だった。

古代ギリシャの主食

初期の主食 ▶ **中期の主食** ▶ **紀元前5世紀以降の主食**

初期の主食

ブドウ、イチジク、ナツメヤシなどの乾燥果実、ナッツ類。

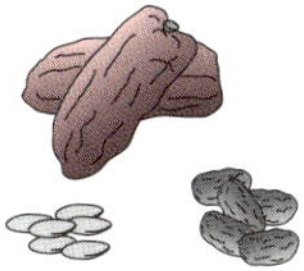

生のまま食べ過ぎると腹を壊してしまうので乾燥させた。

中期の主食

豆類やゴマ。ひき割り大麦の粥。

麦粥はギリシャ人に好まれ、後世まで食べ続けられた。

紀元前5世紀以降の主食

各種の麦でより美味なパンが作られた。70種類以上が確認されている。

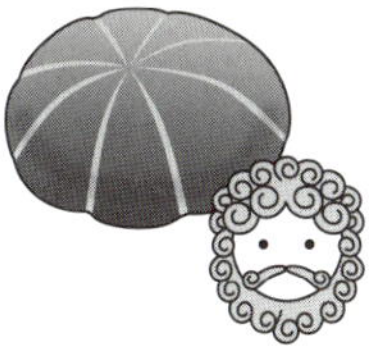

古代ギリシャの農産物

野菜

豆類、ゴマ、ニンニク、タマネギ、クレソン、カブ、レタスなど。

果物

メロン、ブドウ、リンゴ、梨、ザクロなど。

魚肉・獣肉

魚介類はよく食べ、獣肉はあまり食べない。

菜食主義者

数学者や哲学者として有名なピタゴラスは菜食主義を唱えた。
1日に2食だけ食べ、そのメニューは黒パン、野菜、果物、蜂蜜などだった。
ちなみに彼の好物はレタスだった。

古代ギリシャの飲み物

キュケオン

農民の間で親しまれた清涼飲料水。
大麦のひき割り粉にミントを混ぜたもの。
聖域での儀式の時にも飲まれた。

プティサネー

大麦を煎じた飲料。

メリドラトン

水で薄めた蜂蜜。

これらも人気があった。

用語解説

●**ストラボン→**紀元前63？-後23？。古代ローマ時代のギリシャ系地理学者、歴史家、哲学者。ローマやギリシャなど地中海沿岸各地に旅行し、見聞を基に『地理書』『歴史』を著した。

No.023

花開いたギリシャ料理

ギリシャで育まれた文化は周辺国の憧れの的であり、後のローマに継承されていく。ギリシャ文明はローマ文明の父と言ってもよい。

●うまくしたり、まずくしたりのギリシャ人

ギリシャでは紀元前5世紀にパン屋が誕生し、粥《かゆ》とパンの両方が食べられるようになる。パン屋は同時に製粉屋でもあった。

料理に幅や種類が出て、オリーブ油の揚《あ》げ物、肉類もよく食べるようになった。ギリシャの肉料理は牛などの家畜の串焼き、血入りソーセージ、臓物焼きなどだ。これらの料理は後世のローマ庶民も食堂で食べていた。

ギリシャでは食事は素手で食べ、汁物用にスプーンを使っていた。肉は食べやすいサイズに切って出されることが多いので、ナイフは付いていなかった。食事で汚れた手は「**アミロン**」という小麦粉の練り玉で拭き取る。使ったアミロンは床に捨てられ、犬や猫が食べた。

『食卓の賢人たち』という史料には、「マグロの塩焼き」「ウナギ蒸し焼き」「ブダイのチーズとオリーブ油焼き」など素朴でオシャレな魚料理レシピが載っている。魚は鮮度と産地が重要とされた。陶芸家で美食家の**デ・シモーネ**によれば、植民地シラクサにはラブドゥーゴという美食家が世界初の料理学校を開いたという。

穀物、肉類、野菜以外の食材としてはチーズや蜂蜜も食卓に上った。蜂蜜は甘味料だが、肉を漬ける保存料や料理の煮汁としても用いられた。

ちなみに勇猛で知られるスパルタ人もまたチーズと蜂蜜、他にイチジクが好物だったが、普段は食べなかった。というのも映画『**300**』で描かれたように、士気を保つためスパルタの男子は食うや食わずの過酷な環境にわざと置かれていた。平時の食事は動物の肉、血、水、野菜を入れたブラックスープだった。このスープはギリシャの郷土料理でもあるが、スパルタではわざわざ胆汁を混ぜて苦くした。戦時にはまともなものが食べられるため、人々は皆戦争を待ち望み、平和は不愉快と自己暗示をかけた。

古代ギリシャ繁栄期の食事情

海外交易やシチリアなど植民地が増えたので豊かになった。

・豚、羊、ヤギ、鶏などの家畜を、

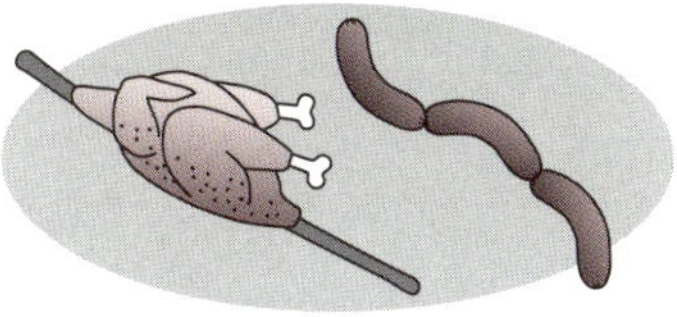

串焼き、血入りソーセージ、臓物焼きにして食べるようになった。

・食事の際には、アミロンという小麦粉の練り玉で手を拭いた。

・汁物用のスプーンを使うようになった。

平和は敵だ！　スパルタの恐るべき食習慣

平時の戦士は胆汁入りの苦いブラックスープを飲み、過酷な環境で士気を養った。
戦争になるとよい食事がたらふく食べられるので、誰もが戦争を待ち望んだ。

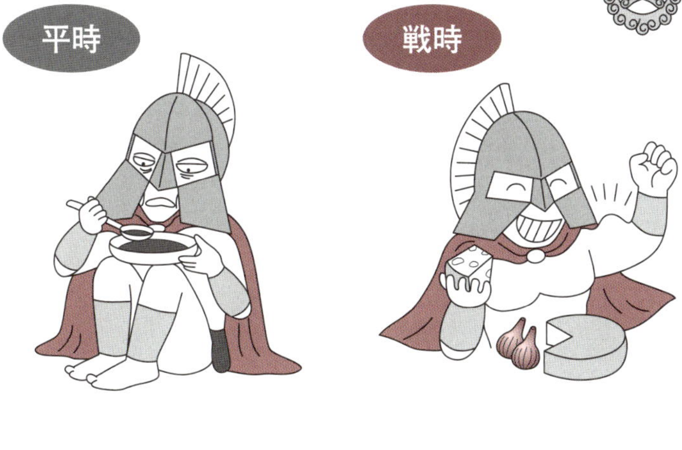

用語解説

●**ジョバンニ・デ・シモーネ→** 1930-1991。シラクサの陶芸家、美食家。1951年からプロ活動を開始し、デ・シモーネブランドを立ち上げる。色彩豊かな作品で知られ、ピカソと親交が深かった。

●**『300』→**スリーハンドレッド。2007年アメリカ映画。ペルシャ戦争のテルモピュライの戦いを描いた作品で、スパルタ側は300人でペルシャ軍100万に挑んだ。

No.024

料理に音楽を聞かせたエトルリア人

エトルリア自体は滅んだがその文化はローマに浸透した。後のローマの繁栄は、穏やかで華奢《かしゃ》なエトルリア文化に由来する。

●ローマが取り入れたエトルリアを始めとする他国の食文化

エトルリア(北イタリアのトスカーナ地方)はギリシャ同様ローマに滅ぼされたが、両者はローマ文化の基礎をなしている。

エトルリアは当時の最先端文明地で、青銅加工を得意とし、優れた調理器具や食器を持っていた。焼き肉用の回転串を発明したのも彼らだし、エトルリアのパン焼き窯は現代でも使われるピザ焼き石窯の先祖である。紀元前6世紀からは寝椅子で食事をする習慣が始まり、ローマ人は(軟弱と批判しつつも)この異国の習慣を採り入れた。

エトルリア人は肉をよく食べた。全ての家畜の他、イノシシや鳩など野獣肉も大好きで、ハーブで香りを付けて焼いたりした。ちなみに家畜の中でも、中国原産の鶏《にわとり》は紀元前7世紀ごろに地中海に伝わってきたが当時はまだ珍しかった。それどころかずっと後の18世紀まではぜいたく品だった。

エトルリア人はまた宴会を開く習慣を持っていた。音楽には魔力があると考え、楽士が厨房に入って楽器を奏でた。こうすると料理がうまくなるとされた。もちろん宴会時も楽士を置き、食べながら音楽を楽しんだ。

そのころのローマ人は「粥《かゆ》を食べる未開人」に過ぎなかった。食べていたのはソラマメ入りの麦粥、オリーブ油をかけた生野菜サラダなどだ。自由市民は畑を耕しつつ周辺に戦争を仕掛け、領土を広げていった。

ローマは**シチリア征服後**に豊かになり社会や食生活が変化した。戦後に連行されたシチリアの料理人は、新しいぜいたくな料理をローマで披露し、腕を認められて捕虜の身から解放された。

やがてローマはエジプトから中近東まで支配するようになり、オリエント文化が流入した。こうして以前は質素な食事をしていたのが、ローマは急速にグルメ化していったのである。

豊かになる前のローマ人の食生活

昔はローマ人も「粥を食べる未開人」と呼ばれていた。

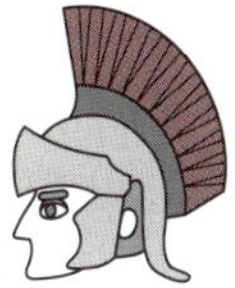

ソラマメ入りの麦粥とオリーブ油をかけた生野菜サラダを常食にしていた。

でもこれは → 実は…

質素ではあるが、栄養バランスが取れていて理想的なメニューだった。

↓

ソラマメ → 植物性タンパク質
麦粥 → 炭水化物
サラダ → ビタミン＋食物繊維

初期のローマ人はオリーブの実とその他の果実、チーズも好んだ。時々は野生の鳥獣を狩って食べた。

料理に音楽を聴かせたエトルリア

エトルリア人は音楽には魔力があると考え、料理を美味にしてくれると考えていた。

エトルリアの食文化を、ローマ人は時に批判しながらも全て採り入れていった

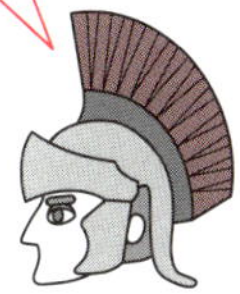

厨房で料理をしている間、

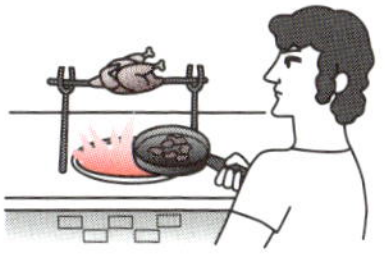

料理が食堂に運ばれた後も食べ終わるまで、

楽士の一団が楽器を奏でた。

エトルリア文化

- 青銅加工。
- 優れた調理器具や食器（回転串やパン焼き窯）。
- 寝椅子で食事する習慣。
- 家畜の肉をよく食べる。

用語解説

●**シチリア征服後**→紀元前150年前後のこと。何度か発生したポエニ戦争の終了がターニングポイントになっている。

No.025

ローマでタダの朝食にありつく方法

ローマの食といえば吐いてまた食べる饗宴が思い浮かぶ。それは誇張ではないが、宴会の時間以外には適当なものを食べていた。

●朝の挨拶で朝飯ゲット！

ローマは長い期間存在した国である。伝説の中で語られる初期の王政期、繁栄を欲しいままにした共和制期と帝政期、その後はキリスト教を国教とし、東西ローマに分裂していく。本章で主に語るのは、共和制期と帝政期のローマ——紀元前509年から紀元後の395年まで辺りである。ローマ人という概念もこの時期のローマ人のことだ。

それでも計900年以上という途方もない期間で、その中で生活習慣、例えば食事の回数や内容もだいぶ変化していった。

朝起きて最初にする朝食を「**イエンタクルム**」と呼んだ。彼らが朝食を取る場合、ごく軽く済ませた。朝食をガツガツ食べる者は育ちが悪いとさえ言われた。食べる前に同じ物を祭壇に供え、朝の祈りを捧げていた。

内容はパンとチーズ、それに果物が少々だ。ミルクかワインにパンを浸して食べることもあった。朝によく出てくるパンとして、蜂蜜入りロールパンや平らなケーキ「プラケンタ」、お供え菓子「リープム」などがあった。家で食べない者は、食堂で済ませるか屋台で買った。

庶民であるなら、職場か「パトローヌス」の家に挨拶に行くと、「**スポルトゥラ**」をもらえた。スポルトゥラとは、小さな籠入りの食べ物で、すぐ食べてもよいし、取っておいてもよかった。自分では食べずに妻子などの家族に与える人もいただろう。また、町で誰かに売ったり交換してもよかった。これはローマ独特の習慣である。

パトローヌスとは平民保護貴族のことだ。多くの**民**は家族や奴隷を養っていたが、その市民自身も（雇い主である）貴族に養ってもらうのがローマでは当たり前だった。その一端がこの朝の贈り物なのである。

イエンタクルム（朝食）

朝食はごく軽く。

パン
チーズ
少しの果物

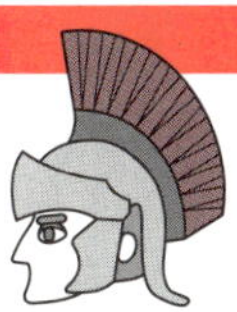

祭壇に同じ物を供える。

食べ過ぎない。

外食もOK。

スポルトゥラ（貴族からの贈り物）

ローマだけの習慣。

パトローヌス（平民保護貴族）のところに行けば朝食の入った籠をもらえた。

売ったり交換
してもよかっ
たのさ

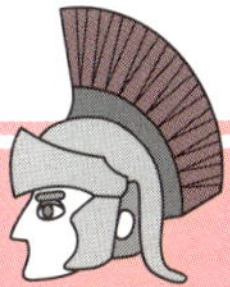

子供の朝の食事

子供は夜明けから学校の授業があった。彼らは登校の途中で町で売っている菓子を買い食いした。子供が好みそうな、蜂蜜や木の実やチーズが入ったロールパンやパイが売られていた。

子供たちは昼に帰宅して食事をし、また学校へ戻った。これは決まりではなく、朝食や昼食を取る取らないは各人の自由である。

夕食以外の食事は軽く済ませることが社会の常識だったので、優等生であれば、日中はなるべく食べないようにしていたかも知れない。

用語解説

●民→ちなみに貴族、平民、奴隷の人口比は１：３：６ほど。さらに奴隷にも階級があった。

No.026

古代の公衆浴場は健康ランド

ローマの誇る公衆浴場では飲み食いもできた。食事の時間が決まっていなかったので、食べ物はいつでもどこでも売っていた。

●宴席に招待されるための徘徊タイム

ローマ人の食事の回数は時代によって違うが、おおむね3回だ。このうち1日に一度は「ケーナ」(正賓《せいひん》)というきちんと食べる食事をしていた。

ケーナは初め昼食だったが、昼間は暑くて食欲が起きないので、夕食を充てるようになった。ケーナ以外の全ての食事は軽食かおやつを意味した。腹が減ったので仕方無くとか、仕事の合間の休憩に過ぎなかったのである。

ローマ人は現代のように食事で1日の時間を区切っていたわけではない。また上流階級であっても、ケーナ以外を粗食で済ませていれば、それは誇るべきことだった。倹約が美徳とされていたのである。

ケーナが夕方にあった時代、昼食は「**ブランディウム**」と呼ばれていた。

そのメニューはパン、豆や粥《かゆ》、冷えた肉か魚、前の晩の残り物、卵、オリーブ、果実、チーズなど。家に帰らず食堂を利用する人も多かった。

ローマの自由市民は午後に「**シエスタ**」、つまり昼寝をし、起きたら**公衆浴場**に行く。浴場に風呂があるのはもちろんだが、その他にマッサージやゲーム、運動用の施設などがそろっていた。現代でいう健康ランドのようなもので、読書やおしゃべりで時間を潰す人もいた。

浴場では、ビスケット、油で揚げたスナック、野菜のマリネ、果実やドライフルーツ、肉団子や魚のパテ、ソーセージなどを売っていた。

実は浴場は楽しみのためだけに行くわけではなく、人それぞれの目的があった。市民はここで金持ちと知り合い、ケーナに招待されることを期待する。招待が受けられるまで浴場を梯子する人もいた。

議員や貴族などの招待する側にとって、ここで投票権を持つ市民を見つけて招待するのは、知名度や人気を高める上で意味があることだった。

ブランディウム（昼食）

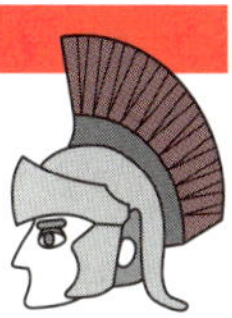

昼食は食べたい人だけ食べる。

家に帰らず食堂を利用する人も多かった。

昼食メニュー

パン　豆　粥
冷えた肉か魚
前の晩の残り物
卵　オリーブ
果実　チーズ　など

シェスタ（昼寝）と公衆浴場

午後には昼寝をするのが当たり前。
その後は公衆浴場に出かける。

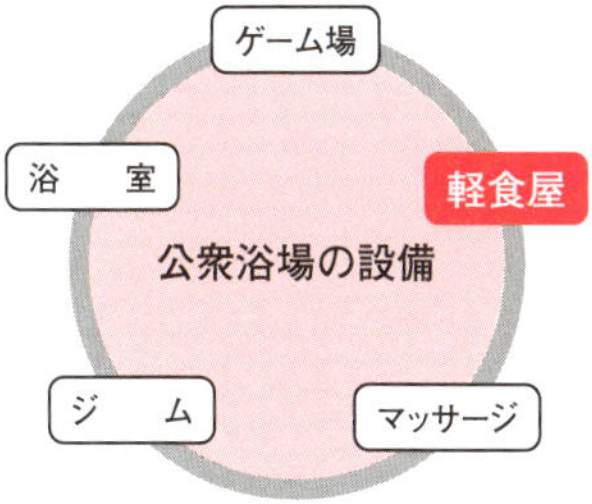
ゲーム場
浴　室
軽食屋
公衆浴場の設備
ジ　ム
マッサージ

浴場の食堂で買えたのは、

ビスケット
油で揚げたスナック
野菜のマリネ
果実やドライフルーツ
肉団子や魚のパテ
ソーセージ
など

夕食目当ての浴場通い

市民は浴場で金持ちと知り合い正賓に招待されることを期待した。
タダでごちそうをたらふく食べられるからだ。
招待が受けられるまで浴場を梯子する人もいた。

用語解説

●**公衆浴場**→ローマ市内には大小1000軒以上の浴場があったと言われる。

No.027

ローマの金持ちは寝転がって食事する

ローマの食事風景として、長椅子に寝転がって食べている様子が思い浮かぶ。あの体勢は楽だったかも知れないが、決まりは厳格だった。

●正装して寝て食べるのは富裕層の特権

ローマの富裕層には、専用の寝椅子「**トリクリニウム**」に寝て食事をする特異な習慣があった。元は小アジアの習慣で、横になるのは埋葬時の死者のポーズを表しているという。これがギリシャやエトルリアに伝わってローマでも流行した。寝た姿勢で食べるのは不便なのだが、貴人のステイタスとして各国で採用されていた。

トリクリニウムの材質は木材、青銅、象牙、銀などで、上にクッションやクロスを敷いて使った。

作法としては、左脇を下にして寝そべり、左肘で体を支え、右手でテーブルから食べ物を取って食べる。食事中は左手も使って構わない。

寝椅子1台は3人用で、テーブルを**コの字**に囲むように3台置かれた。よってケーナの出席者数の上限は9人、少々詰めても10人前後だった。

座席には上座や下座があって、社会的地位によって座る位置が厳格に定められている。守らないと列席者が怒って帰ってしまうこともあった。ちなみに主賓は「執政官の座」という最上の席を使うことになっていた。もしも女性が客で参加する場合には寝ないで座った。

またケーナの出席者は正装しなければならなかった。それが「**トーガ**」という白く細い毛糸で織られた服だ。ローマの元老院議員が着る布を巻き付けたような服装である。幅の広い布は身長の3倍もある。ローマ人は普段は「チュニカ」という短衣を着ており、トーガはその上から羽織るものだった。しかしチュニカだけでは出席できなかった。トーガは高価なため、持っていない客は招待主から借りた。後にはトーガに似た形のもっと楽な、ゆったりした「シュンテシス」を着ることもあった。これは食事用の使い捨ての服でさまざまな色があった。

トリクリニウム

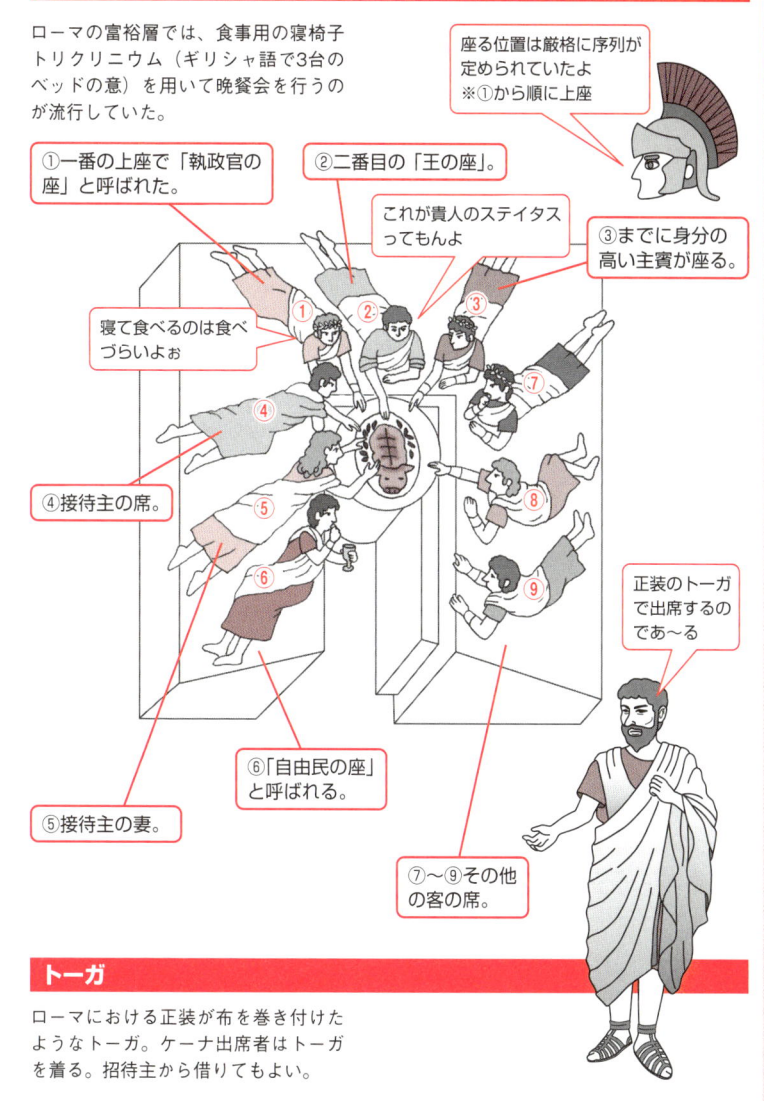

ローマの富裕層では、食事用の寝椅子トリクリニウム（ギリシャ語で3台のベッドの意）を用いて晩餐会を行うのが流行していた。

座る位置は厳格に序列が定められていたよ
※①から順に上座

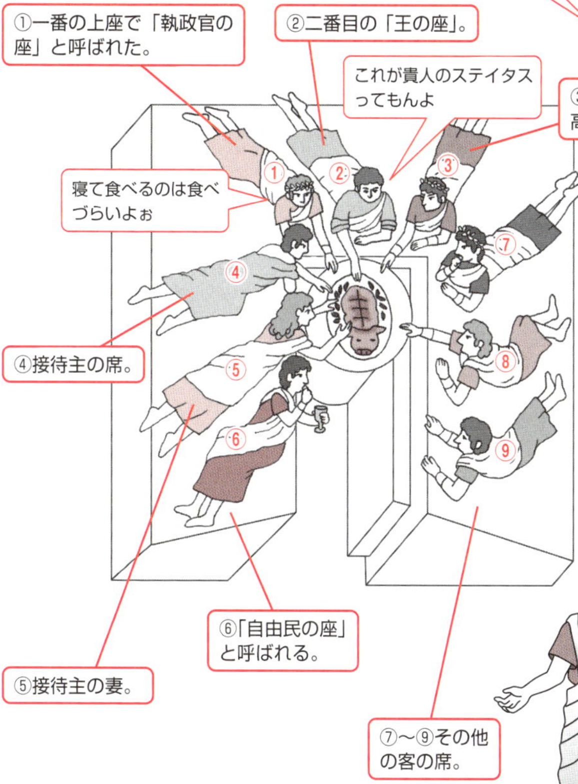
①一番の上座で「執政官の座」と呼ばれた。
②二番目の「王の座」。
これが貴人のステイタスってもんよ
③までに身分の高い主賓が座る。
寝て食べるのは食べづらいよぉ
①
②
③
④
⑤
⑥
⑦
⑧
⑨
④接待主の席。
⑥「自由民の座」と呼ばれる。
⑤接待主の妻。
⑦～⑨その他の客の席。

正装のトーガで出席するのであ～る

トーガ

ローマにおける正装が布を巻き付けたようなトーガ。ケーナ出席者はトーガを着る。招待主から借りてもよい。

用語解説

●**コの字**→後にはヨの字型のものや、人々が扇型に寝そべる円形の寝椅子も考案されたようだ。

No.028

ローマの正賓－食前酒から前菜まで

ローマの晩餐会というと豪華な料理がテーブル狭しと並ぶ様を想像するかも知れない。しかし実はコース料理が順番に出てきた。

●現代の西洋コース料理の源流

ケーナのルーツは、儀式で神に捧げた生け贄の肉を長が皆に分配したという故事である。よって、権力者が客を集めてごちそうを振る舞うのは故事に則った尊い行為であり、それでいて招待主自身は質素に暮らすのが理想とされた。これに反する行い、例えば料理を1人で平らげるとか、1日中ちびちび飲み食いを続ける行為は批判を受けた。

ケーナのメニューや作法については美食家**アピキウス**の『料理書』に書かれている。それによるとケーナは現代のコース料理のように複数の料理が順番に出てくる。

基本は、食前酒《しょくぜんしゅ》、前菜《ぜんさい》2種、メイン料理の魚、同じく肉、そしてデザートといったところである。パンはいつでもテーブルにあり、料理と一緒か料理の合間に食べた。近代や現代のコース料理はケーナの食事スタイルと似ている(もっと複雑ではあるが)。

まずは手洗い鉢で手を洗う。そして席に着いたら置いてある神像に短く祈る。神像を置くことで、神々と一緒に食事をしていると考えられた。

食前酒はワインかハーブ入りワイン、または蜂蜜酒だ。これを列席者で回し飲みすると、最初に出てくるのはガルム(No.046参照)付きの**ゆで卵**だった。

続く前菜がタコやカキや野菜のマリネである。他にタマネギ、カリフラワー、キノコ、アスパラガス、ウニやエスカルゴが調理されて出てくることもあった。

2皿目の前菜は、ギリシャ人の大好物とされた**ヤマネ(山鼠)の蜂蜜焼き**だ。またはオリーブの実とザクロか、カニかエビかザリガニの胡椒《こしょう》付き肉団子だった。胡椒はインドから輸入されており、大変高価だった。

ローマのフルコース料理1（前菜まで）

1 手洗い

手洗い鉢で手を洗って席に着く。

2 祈る

置いてある神像に短く祈る。
神像を置くことで神々と一緒に食事をしていると考えられた。

3 食前酒

列席者で回し飲み。
食前酒はワインかハーブ入りワイン、または蜂蜜酒。

4 卵

最初にガルム付きのゆで卵を食べる。

5 前菜①

マリネが定番。タコやカキや野菜のマリネであることが多かった。
他にタマネギ、カリフラワー、キノコ、アスパラガス、ウニやエスカルゴなどの料理。

6 前菜②

最も人気があったのがヤマネの蜂蜜焼き。ギリシャ人の大好物とされている。
またはオリーブの実とザクロ、カニかエビかザリガニの胡椒付き肉団子。

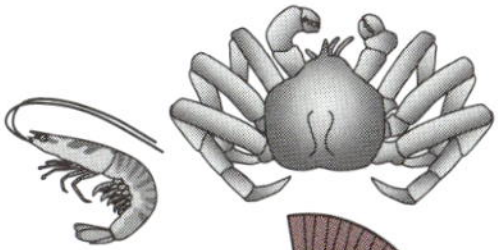

◆食の巨人アピキウス

アピキウスとは、紀元前80年ごろから紀元後40年ごろまで生きた大富豪である。食を追求するあまり財産を使い果たし、最後は空腹を恐れて服毒自殺したという筋金入りの食い道楽だ。

アピキウスは諸国の食材や調理法を紹介し、またさまざまな新料理を考案した。まさにローマ食文化に大きく貢献した食の巨人である。甲殻類、中でもシャコが大好物で、船をチャーターして探しにいくほどだった。

だがアピキウスが実在の人物だったかどうかは定かではない。この名は当時の食通に対する敬称か愛称としても使われたらしい。また著書の『料理書』についても、230年ごろの料理人セリオが「アピキウス」のペンネームで発表したものとも言われる。

No.029

ローマの正賓－食後の菓子まで

ケーナでは食べきれない量の食事が出たかも知れないが、どちらかというと、量より質が優先されていたと推測される。

●食事は「卵からリンゴまで」

ローマの調理の基本は焼き物、オリーブ油の揚げ物、水煮などだった。後には他の調理手段も加わり、火を通す場合は丹念に行われた。

野菜については手を加えず、サラダにされることもあった。ローマ人は「野菜は太陽が調理した」と考えていた。

さて、ケーナのメイン料理の最初は魚である。ヒラメ、ボラ、チョウザメ、カキ、タコなどの魚介類が出された。ローマでは**肉と魚**は同等に扱われ、魚は新鮮でシンプルな料理がよしとされた。

続いて肉料理が出る。これはイノシシの丸焼きや野豚料理が多く、子羊や子ヤギが出ることもあった。ローマ人はもともと牛肉は食べず、紀元前3世紀までは牛を殺すことが禁止されていた。しかし、それも豊かになると緩和され、牛肉料理が食卓に上るようになる。

メインが終わるとひとまず食事は終わりだ。食後の手洗いをする。しかしデザートのためにまた席に戻る。

最後のデザートはリンゴが多かった。ケーナでは最初に卵が出て、最後にリンゴが出るのが常識だった。それでローマには「始めから終わりまで」を意味する「**卵からリンゴまで**」という言い回しがあった。

リンゴではない場合、ザクロ、スモモ、ナツメヤシなどのフルーツ、または小麦粉をミルクとオリーブ油でこねて焼き、蜂蜜をかけたフォカッチャのような菓子が出ることもあった。

よく言われるように、ローマでは「満腹になったら吐いてまた食べる」ことも確かにあった。しかし頻繁ではなく、月に1～2回、定期的に行うのが正しいとされた。吐くのは一種の健康法で、上流階級のたしなみだったのである。吐く時は、催吐効果のある薬草を使っていた。

ローマのフルコース料理2（デザートまで）

※前々ページからの続き。

7 メイン料理①

魚料理。
ローマでは肉と魚は同等に扱われ、特に魚の方は新鮮で単純な料理がよしとされた。

ヒラメ、ボラ、チョウザメ、カキ、タコなど。

8 メイン料理②

肉料理。イノシシの丸焼きや野豚料理が多い。

子羊や子ヤギが出ることもあった。

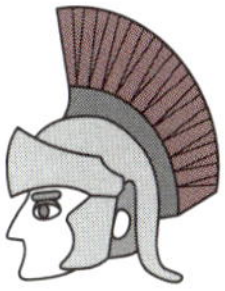

ローマ人はもともと牛肉は食べず紀元前3世紀までは牛を殺すことが禁止されていた。しかし、豊かになると牛肉料理が食卓に上るようになった。

9 食後の手洗い

ひとまず食事を終え、汚れた手を洗ってまた席に戻る。

ケーナで最初に出てくるのはゆで卵、最後にはリンゴが出てくるというメニューが多かった。それでローマには「始めから終わりまで」を意味する

「卵からリンゴまで」

という言い回しがあった。

10 デザート

リンゴが多い。その他、ザクロ、スモモ、ナツメヤシなどのフルーツ。
または小麦粉をミルクとオリーブ油でこねて焼き、蜂蜜をかけたフォカッチャのような菓子が出ることもあった。

用語解説

●**肉と魚**→ローマは内陸にあるため、新鮮な魚を入手するには労力が必要だった。だから肉より安いはずの魚が肉と同格でいられたのである。塩漬け魚や干物など新鮮でない魚は価値が低い。

No.030

ローマ貴族は奴隷の髪で手を拭いていた

ケーナでは大皿から食べたいものを取ってきて食べた。貴族は手づかみで汚れた手を、ナプキンやパン、果ては奴隷の髪などで拭いた。

●ローマの食器と杯

料理は大皿に盛られたものを各人が取って食べる形式だった。皿は銀や金や青銅で作られた高価なもので、動物や花、神々などが描かれていた。大皿は招待主の地位や権勢を表しており、場合によっては、よそから借りてくることもあったという。

汁物は調理した鍋に入れたまま運ばれてくる。この大鍋や平鍋は青銅や陶器で出来ていた。

取り皿は安く手に入る素焼きのもので、一度か二度使って捨てていた。平らな無発酵《むはっこう》パンを皿代わりに使うこともあった。

ローマ人も基本はギリシャ人のように素手で食べ、他は汁物用のスプーンを使う程度だった。肉料理の皿にはナイフや楊枝《ようじ》が付いてきたが、料理の種類が増えたため、特定のメニューの時だけ使う器具もたくさん考案された。エスカルゴを殻からくりぬくスプーン、汁物をかき混ぜる棒などだ。

素手で食べる文化のため、部屋には香水入りの手洗い鉢が置かれていたが、いちいち立ち上がって手を洗うのが面倒な場合は、テーブルクロスやナプキンで手を拭いた。ナプキンは各自が持参するのが当たり前で、使う予定がなくても常時持ち歩いていたという。

時に、招待客は汚れた手を奴隷の髪で拭くこともあった。そのために長く髪を伸ばした子供の奴隷が配された。他にパンで手を拭く人もいた。

また当時、食事時に必要不可欠とされた道具としてハエ叩きがあった。孔雀の羽で作られたものもあったという。

正賓《せいひん》の後の酒宴で使われるカップは、レリーフ入りの豪奢《ごうしゃ》なもので陶製や**鉛製**が一般的だった。その他、大金持ちは金や銀のカップも使った。これら豪華なカップは埋葬時の副葬品にも使われた。

ローマの食器

多くの料理は、銀や金や青銅で作られて絵が入っている高価な大皿に盛られ、列席者が取り分けて食べた。

酒宴のカップは陶製や鉛製、金や銀で出来ていた。

汁物は鍋に入ったまま出されてスプーンを用いた。
取り皿は使い捨ての素焼きのもの。

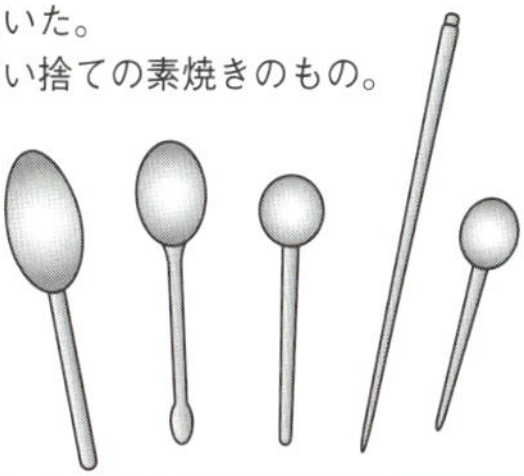

素手で食べる文化で食堂に手洗い鉢があった。テーブルクロスやナプキン、パンで手を拭くが、長髪の子供奴隷の髪で拭く人もいた。

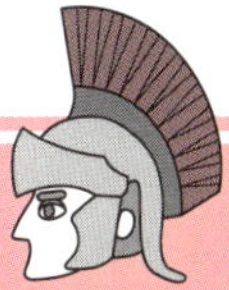

酒杯のモデルは乳房？

ギリシャの伝説によれば、酒杯は美女の乳房をモデルにして作られたということになっている。トロイアにヘレナという美女がいた。彼女は、女神アルテミスに金の杯を捧げようという話が出た時に、自分の乳房をモデルにして欲しいと申し出たのである。

似たような逸話は時代を問わずいくつかある。ローマの逸話は実在の人物が絡んでいた。カエサルの後継者マルクス・アントニウスは恋人クレオパトラの乳房をモデルにした杯を隠し持っていたという。クレオパトラも絶世の美女、エジプト王朝最後の女王だった。

後の世では、フランスの王妃マリー・アントワネットの左の乳房をモデルにしたグラスが作られたと伝えられている。これが現代でも使われているシャンパンを飲むためのクープグラスになったというのである。

以上はどれも寓話であり、実話だと確かめられたわけではない。

用語解説

●**鉛製**→鉛はワインを甘くする効果があった。ただし鉛毒が出るので体には悪い。

No.031

ローマの平民や貧民の夕食

豪華な料理が並ぶイメージのケーナだが、ぜいたくをしていたのは貴族だけだ。だが平民にとっても夕食が重要だったことには変わりない。

●平民は夕食を食べたらすぐ就寝

ローマでは誰もが夕食をしっかりと食べていた。人々はケーナ(正賓《せいひん》)を午後4～5時ごろから始め、明るいうちに食べ終えて日暮れとともに床に就いた。灯りに使う油が高価だったからだ。庶民は早く寝るが、富裕層では気にせず夜になってもケーナを続け、引き続いてコミッサーティオ(酒宴)を開いた。

ケーナは、もともとは祭や祝い事がある時の食事のことだった。だから、上流階級の家だけでなく、平民も仲間内で集まって晩餐会《ばんさんかい》を開くことがあった。もちろん、その内容は貴族のケーナと比べるべくもない。実につつましいものである。

平民はトリクリニウム(寝椅子)を使わず、床に座るかテーブルを囲んでケーナを楽しんだ。

貧民は夕食にスペルト小麦の「ポレンタ」(粥)や、ヒヨコマメ、ヒラマメ、エンドウマメなどを煮たスープ、そしてたまに「プルメンタリア」(乾燥肉)を食べる。バール(軽食屋)でテイクアウトの料理を買って帰ることもあった。

なお、ケーナが昼に行われていたその昔、夕食は「ウェスベルナ」と呼ばれていた。ケーナを夕方に開くようになってからはウェスベルナは夜食を指すようになる。大抵ケーナの後は酒宴になったので、その後にまた食べるのが夜食だ。夜明けまで宴会が続けば夜明けに食事が出されることもあった。

パトローヌス(平民保護貴族)は友人や同僚の他、保護下の平民をお情けで招待することも多かった。呼ばれた平民はできるだけたっぷりと腹に詰め込んで帰ろうとし、家族のために料理を持ち帰ったりもした。

平民と富裕層の夕食

夕方4〜5時 → 日没後

富裕層

ケーナ（正餐）＝ローマ富裕層特有の豪華な夕食会 → そのまま引き続き → コミッサーティオ（酒宴）

平民がお情けで招待されることもあった。招待されれば腹いっぱい食べ、家族のために料理を持ち帰った

トリクリニウム（寝椅子）など使わず、床に座るか椅子で食事する

灯りの油が高価だったため、日が暮れたら寝るのが基本

平民や貧民

祝い事のある日だけ夕食会を開く → 就寝

仲間同士でつつましく

貧民の平日の夕食メニュー

スペルト小麦のポレンタ（粥）

ヒヨコマメ、ヒラマメ、エンドウマメのスープ

たまにプルメンタリア（乾燥肉）

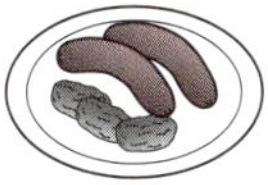

軽食屋で料理を買って持ち帰ることもある。

パンやおかずが配給された時代もある。

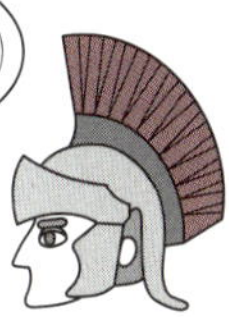

時代の変遷による食事の呼び方の変化

		時代が降ると…
朝食	イエンタクルム	イエンタクルム
昼食	ケーナ	ブランディウム
夕食	ウェスペルナ	ケーナ
夜食	―	ウェスペルナ（夜明けに出されることも）

用語解説

●**パトローヌス**→ローマ貴族は皆莫大な富を蓄えており、平民にいくらでも施しをした。

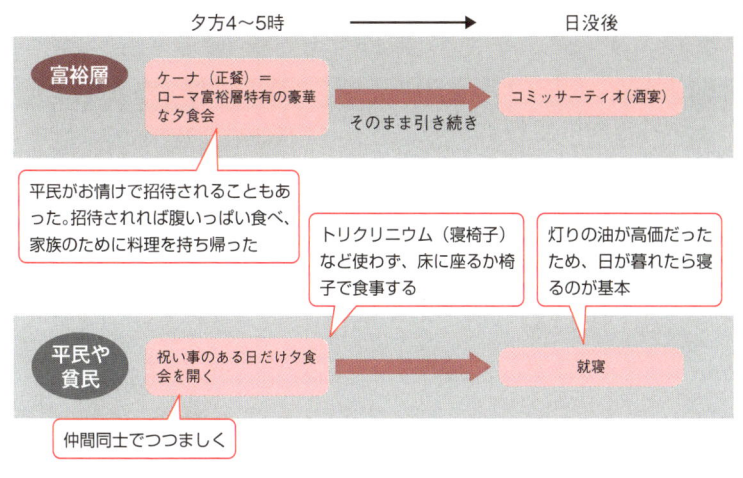

No.032

ギリシャ・ローマの酒宴

時代にもよるが、ギリシャの酒宴とローマの酒宴は雰囲気が違う。ローマの方は基本的に穏やかな空気の中で行われるものだった。

●たらふく食べた後で宴会を

「**コミッサーティオ**」または「コンビビウム」はギリシャからローマに伝わった**夕食後の酒宴**のことだ。ケーナの後、別室に移って酒を酌み交わすのである。

ギリシャでは「**シュンポシオン**」と呼ばれ、「**アンドロン**」という男性専用の部屋で開いた。アンドロンは家の中央に位置し、ここだけ床は石造りだった。掃除しやすいように部屋中央に向けて傾斜が付いている場合もある。

ギリシャ人同士が争うペロポンネソス戦争期までは隣人間の親睦《しんぼく》を深める儀式的な集会だったが、戦後は集まって楽しむ娯楽要素が強くなった。

本来、この酒宴はどんちゃん騒ぎではなく、知的な会話をする場だった。しかし、ギリシャには「酒を飲んだ者には酒神が降りてくる」という信仰があり、酒が入ると派手に騒ぐこともよくあった。これに対してローマの酒宴は(建前にせよ)理性が重視されていた。そのため、夕食で汚れた服を着替えて酒宴に参加する者もいた。

コミッサーティオの初期のころは奴隷が酒をついで回ったが、トリクリニウム(寝椅子)を使う時代になると、参加者が時計回りに酒杯を受け渡していった。これも儀式の一環で、受け渡しの間にこぼれるワインは神への捧げ物だった。床がびしょびしょになった場合、おがくずが撒かれた。

参加者は酒を飲みつつ、神に捧げる歌を合唱した。談話したり、謎かけを出し合ったり、哲学を語ったり詩も作った。

知的で学のある者、ゲームが上手な者、詩や歌がうまい者は身分に関わらず酒宴に招待された。また、余興として曲芸師や奇術師、喜劇役者や**楽士**も呼ばれた。数組の剣闘士が本物の殺し合いを披露することもあった。

シュンポシオン（ギリシャの酒宴）

もともとは…

- ・隣人間の親睦を深める儀式的な集会。
- ・知的な会話をする場。

ペロポンネソス戦争を境に…

こう変わった。

- ・仲間同士で集まって楽しむ娯楽。
- ・どんちゃん騒ぎの場。

コミッサーティオ（ローマの酒宴）

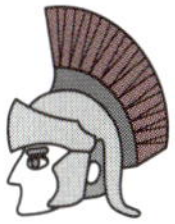

ケーナに引き続いて開かれる。

理性が重視される場。夕食で汚れた服を着替える者もいた。

酒を飲みつつ神に捧げる歌を合唱した。
談話したり謎かけを出し合ったり、哲学を語ったり、詩も作った。
酒杯を回し飲みする。儀式の一環で途中でこぼれるワインは神への捧げ物。

コミッサーティオの人気者
知的で学のある者
ゲームが上手な者
詩や歌がうまい者

こういった者たちは身分に関わらず酒宴に招待されたよ

余興として曲芸師や奇術師、喜劇役者や楽士、剣闘士なども呼ばれた。

用語解説

- ●**夕食後の酒宴**→この酒宴を食事に数えてギリシャ・ローマでは１日に朝昼夕夜の４回食事をしていたとする文献もある。
- ●**アンドロン**→現在のギリシャ語では男子トイレの意味。
- ●**楽士**→楽曲を披露することもあれば、酒宴の間、笛やハープをBGMとして奏でさせることもあった。楽士でなく歌手が呼ばれることもあった。

No.033

花冠を被って恋のまじないに興じる男たち

ギリシャでもローマでも酒宴に参加できるのは男性だけだった。この酒宴の中ではあまり男らしくない風習や遊びが流行っていた。

●酒のつまみは恋話？

ギリシャ・ローマの酒宴の出席者は、神を讃えるための花冠を被ることになっていた。花の香りは体によく、神の守護で**さまざまな効果**を得られると信じられていた。神ごとに捧げられる植物が決まっていたが、後にローマにキリスト教が広まると花冠の習慣は禁止された。

さらに参加者は香水を付けたり、部屋に香が焚かれることもあった。花と同じく香りは健康によく、頭を冷静にすると考えられたのである。

酒宴で供されるワインは、陶器壷「**アンフォラ**」に入っていた。壷《つぼ》からワインを長いスプーンで汲み、濾過器《ろかき》で濾《こ》してカップに注いだ。

酒のつまみは「トラゲマダ」と呼ばれる。ソラマメやエジプトマメ、煎《い》った麦粒、ドライフルーツ、果物、甘い菓子などがあった。この他、庶民は生タマネギ、アーモンドなどを食べていた。

酒宴ではチェッカー、バックギャモン、サイコロ遊びなども行われたが、金を賭けるのは下品とされ敬遠された。

変わった遊びとして、恋を成就させるまじないがあった。出席者の中に恋をしている男がいた場合に行われる。人の輪の中に容器を置き、そこに各人が順にカップの**ワインを引っかける**。容器にワインが入れば、恋は実るとされた。ここから発展して、水を張った容器に浮かべた皿にワインを引っかけて沈める遊びが流行った。また棒の上で円盤を回し、ワインをかけて音を楽しむ遊びもあった。これらのゲームで負けた者は何か体力を使うペナルティを課せられた。

知的だったり愉快な遊びが多い中、(特にギリシャでは)徒党を組んで通りに繰り出し、騒ぎながら走り回ることもあった。このバカ騒ぎはグループの勢力や結束力を誇示するための行為だった。

酒宴でのお遊び

花冠　酒宴の出席者は神を讃えるための花冠を被ることになっていた。

花冠の効能や暗示

バラ、スミレ
頭痛を治す。

ブドウ
酔いがよく回る。
バッカスの冠。

ハス、パピルス
エジプトの神を讃えるための植物。

ハシバミ、クロッカス
催眠効果、精神安定、酔っての暴言を防ぐ。

ツタ
悪酔いしない。
バッカスの冠。

壊れた花冠
恋をしているサイン。

恋のまじない

恋を成就させるまじないが流行。

・離れた容器にワインを引っかける

・水を張った容器に浮かべた皿にワインを引っかけて沈める

酒のつまみ

- 煎った麦粒
- ドライフルーツ
- 果物
- 甘い菓子

庶民は生タマネギ、アーモンドなどを食べていた

遊戯

- チェッカー
- バックギャモン
- サイコロ遊び

など

アンフォラ

ギリシャ・ローマの汎用壷で中世ヨーロッパの樽に相当し、長く当地で使われ続けた。ワインを入れたり、ガルムなどもアンフォラに詰めて運ばれそのまま取引された。壷の側面には瓶詰めされた日付や醸造所が刻まれている。このため、アンフォラは考古学上、出土品の年代を決めるのに活用されている。

用語解説

●**さまざまな効果**→一般に信じられている説とは別に、アリストテレスは花冠の始まりが二日酔いの治療にあると論じた。昔の日本などでも病気の時、頭痛を抑えるために鉢巻きを巻くことがあった。それと同じ理屈である。
●**ワインを引っかける**→ギリシャではこのまじないを「コッタボス」と呼んだ。

No.034

アッサタロスは死霊の慰め

ローマ文化はおおらかで、タブーがあまりない。人々は何でも食べ人生を謳歌した。しかしそんな彼らも死霊は恐れていた。

●数少ないタブーのひとつ

古代ローマの邸宅、特に食事や酒宴に使われた部屋の床にモザイクが描かれていることがある。そのモザイクはきれいな模様ではなく、骨や貝殻、果物の種など食べかすのようなものばかりだ。

これは「**アッサタロス**」といってローマ人のタブーが絡んでいる。

食事や酒宴で床に落ちた食べ物は不浄とされ、拾ってはいけないとされた。拾うと悪い死霊《レムルース》に呪われるのである。

その昔、死んだ家族は家の床下に埋めることになっていた。このことから、家の床は死霊と化した者の縄張りと考えられた。そのうち死者の墓は郊外に造るようになったが、この迷信は忘れ去られなかった。子供や奴隷が死ぬと、昔と同じく家の床下に埋葬していたからだ。

こういう理由があって、奴隷やペットや家畜でさえ床に落ちた物を食べることを禁じられていた。

床に食べ物を落とすのは不吉なことで、もし落としたら、ほうきで掃いて暖炉で燃やすことになっていた。

いつかは誰かが**部屋の床**を掃かなければならないのだが、本当は掃くのもよいことではなく、死霊の恨みを買うとされた。

そこで死者の霊を慰める意味で、アッサタロスが描かれるようになったということである。

他の古代文明社会では大抵「食べてはいけないもの」が決められていたが、ローマにはそれがなかった。彼らは「全ての食べられるものは、神または自然から人間に与えられている」と考えていた。

他には、ごく限られたタブーとして、主神ジュピターの司祭は生肉やパン生地に触れてはいけないという掟がある。

ローマ人の食のタブー

食事や酒宴で床に落ちた食べ物は不浄である。
決して拾ってはいけない。

昔、死んだ家族は家の床下に埋めていた。家の床は死霊の縄張りであり、床に落ちた食べ物も死霊のものとなる。

そもそも、床に食べ物を落とすことからして不吉なんだよね

だから、
- 拾うと、悪い死霊に呪われる。
- ペットや家畜も床に落ちた物を食べるのは禁止。
- 床を掃除しても死霊の恨みを買う。

アッサタロス

アッサタロスとは動物や魚の骨や貝殻、果物の種など食べかすを描いたモザイク画。死者の霊を慰めるために食堂の床に描かれる。

用語解説

●**部屋の床**→床を斜めに造ることで、ゴミが斜面の底に溜まるようにした部屋も存在した。掃除の回数を減らすためである。

No.035

ローマで重宝された硬過ぎるパン

繁栄期には美食の限りを尽くしたローマ人だが、中期以降、結局一番食べられていたのは主食となったパーニス（パン）だった。

●パンとケーキが区分されていない時代

ローマでパン製造が始まったのは紀元前2世紀ごろからで、紀元前70年ごろには街中にパン屋が多くなった。この間に、主食だった麦粥からパン食に切り替わり、無《む》発酵《はっこう》パンを経て、イーストで発酵させたパンが主流となった。このパンがあまりにおいしいので、最初のころは健康に悪いのではないかと心配したり敬遠する人もいたという。

パンは専門の職人の手で作られ(実際はパン焼き奴隷)、一般家庭でパンを焼くことはない。が、パン窯を有する金持ちの屋敷ではパンが焼かれていた。富裕層だけがパンを焼くのは中世ヨーロッパも同じである。

ローマではパンのことを「**パーニス**」と呼ぶ。多くの種類があったが、生地への混ぜ物が流行した。硬くなるのを防ぐために、オリーブ油やベーコン、バターなど油脂はよく混ぜられた。ブドウ汁やワイン、ミルク、卵などは味がよくなる。胡椒、クミンシード、ケシの実、フェンネルなどのスパイスも使われた。

パン製造の技術は既に洗練されており、石窯か青銅のオーブンで焼かれた。平らな無発酵パンは炭の上で焼き、灰の中に埋めたり、串焼きにすることもあった。

ローマ独特のパンとして「**パーニス・ムスターケウス**」がある。果汁、チーズ、ハーブなどが入ったドーナツ型のパンで、月桂樹の冠を載せて焼く。これはウェディングケーキのように結婚式で食べる縁起物だった。
「**パーニス・ビーケンティーノ**」は恐ろしく硬く、酒やミルクに浸して食べた。これは土鍋に生地を入れた上で窯焼きするのだが、土鍋が割れるまで熱することになっていた。手間がかかる分だけ高価で、硬いパンはローマでは人気があって1ジャンルをなしていた。

ローマのパン

ローマには非常に多くの種類のパンがあった。

日常のパン・調理パン

パーニス・ビーケンティーノ

製造に手間のかかる高級な部類。とても硬く、酒やミルクに浸して食べる。浸して食べる硬いパンは人気。

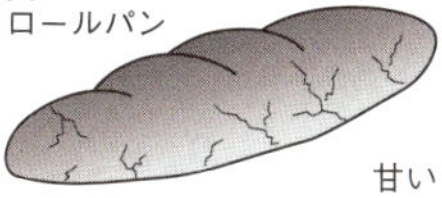
長い
ロールパン
甘い
レーズン汁入り

パーニス・アディパートス

ベーコンの切り身と脂身が入ったピザの一種。平らなパンも人気があった。

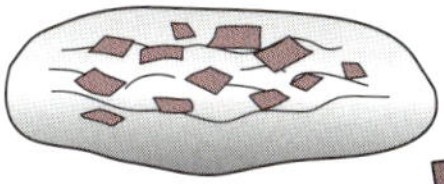

儀礼用パン・菓子パン

パーニス・ムスターケウス

婚礼で切り分けて参列者に配られた。
ウェディングケーキのようなもの？

生地に果汁、チーズ、
ハーブを練り込む
月桂樹の冠を
載せて焼く
ドーナツ型

パーニス・ファルレウム

スペルト麦の粗びき粉パン。新婚初夜に夫婦で分け合って食べる。先祖への感謝や夫婦で分かち合うといった意味が込められていたのではなかろうか。

兵糧・携帯用・非常用パン

パーニス・ミーリターリス

兵糧。乾パンというかビスケットのようなものでとても硬い。
食べる時は水に漬けて柔らかくする。船乗り用のパーニス・ナウティクスもこれに似たパンだった。

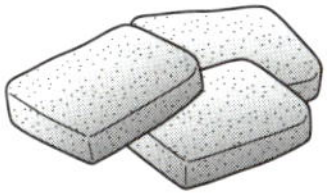

No.036

ローマでよく食べられた食材たち

ここでは富裕層で流行した珍味でなく、よく好まれた食材を解説する。とは言え、その中には平民の口に入らない高級食材も含まれる。

●鳥類の肉にこだわりを見せたローマ人

ローマではあらゆる食材が消費された。食通が多かっただけあって、食材をどう調理すれば美味になるかの研究も進んでいた。

肉は全ての種類の家畜や、付近に生息する野獣を食べたが、特に豚は煮て食べることが多かった。豚肉は煮汁に溶けて柔らかく美味になるのである。

ハムはローマ時代に植民地のガリア人かゲルマン人が発明したとされる。北方から持ち込まれて珍重された。

ミルクの大部分は、ローマ名物の**チーズ**にされた。そのまま食べたり燻《くん》製《せい》にしたり、ドライフルーツとワインを加えて加熱したり、すり下ろしてニンニクやスパイスを混ぜた。前者は「イポトゥリマ」、後者は「モリトゥム」という料理である。バターもあったがオリーブ油が好まれた。

鳥の肉もバリエーションに富む。全ての家禽《かきん》はもちろん、ヤマウズラ、キジバト、ダチョウ、ホロホロチョウ、ミミズク、ウグイス、オウム、スズメなどを食べた。カエサルによれば、植民地のブリタニア人は家禽を軽蔑して食べなかったという。

アピキウスが文献で卵料理を数多く紹介していることから卵は人気があったようだ。またアピキウスはカスタードプリンの発明者である。

魚類ではマグロ、ヒメジ、ボラなどを食べたが、特にマグロは高く評価されていた。魚はよく塩漬けにされた。

貝は昔から食されるが、魚より腐りやすいので内陸部では敬遠されることもあった。ともあれ、ローマ人は特にカキが好きだったらしく、ローマ軍に塩漬けカキが納入された記録もある。食卓では生ガキはハッカとパセリ入りの蜂蜜に浸された。

他にはイセエビ、ヤリイカ、ウニがよくメニューに出てくる。

ローマでよく食べられた食材

肉類

何でも。特に野鳥は好まれた。

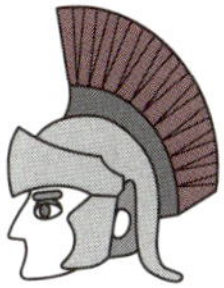

豚

煮ることが多い（脂肪が煮汁に溶けて柔らかく美味になる）。

ハム

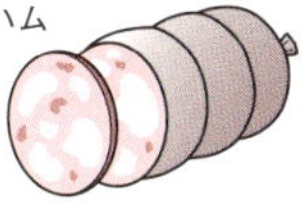

ガリア人かゲルマン人が発明したハムも輸入した。

チーズ

人気があった。ミルクの大部分はチーズに加工された。

食べ方
- そのまま食べたり燻製にする。
- イポトゥリマ：チーズにドライフルーツとワインを加えて加熱した料理。
- モリトゥム：すり下ろしたチーズにニンニクやスパイスを混ぜた料理。

魚介類

マグロとカキが特に好まれた。

他にヒメジ、ボラ、イセエビ、ヤリイカ、ウニなど。
魚はよく塩漬けにされた。生ガキはハッカとパセリ入りの蜂蜜に浸す。

野菜類

キャベツ、アスパラガス、カブ、ラディッシュ、レタス、豆類、タマネギ。
ニンニクは庶民向けで富裕層は避ける傾向にあった。

調味料

- バターや獣脂よりオリーブ油が好まれた。
- スパイスとハーブ類は胡椒、クミン、コリアンダー、ラヴィッジ、セロリ、サフラン、タイム、パセリなど。
- 伝統ある調味料として煮詰めたブドウ汁。サーバ、デフルトゥム、カロエヌムなど（濃度が違う）。
- その他
  ガルム、蜂蜜、酢、オリーブ油、卵黄、レーズン。

ローマのソース

調理の上でソースは重要だった。スパイスやハーブの他、いろいろな調味料や食材が材料となる。蜂蜜のタレを魚やハムに塗ることもあった。

No.037

ローマではワインに水とアスファルトを混ぜた

ギリシャ・ローマではワインが盛んに生産され、食文化の中で重要な役目を果たしていた。ワインは文化人の証だったのである。

●水割りと添加物《てんかぶつ》

ギリシャ・ローマではワインを**水割り**にして飲むのが当たり前だった。そのまま飲む行為は野蛮とされた。それをやってよいのは酒神だけであり、割らずに飲むと凶暴になったり発狂すると信じられていた。他の理由としては当時のワインは甘過ぎたため、あるいは蒸発して濃くなりがちだったため、大量の酒を飲めることを誇示するためなど、さまざまな説がある。

ワインに水を入れるのが作法で、水にワインを入れることは決してなかった。その比率は2：1、5：2、3：1、4：1のどれかであり、割合で度数が変わる。

ワインは発酵《はっこう》作用を利用しているため、いつも正常に熟成できるわけではない。その上、適切に保管しないと変質してすっぱくなってしまう。ローマ時代では長期保存は不可能だった。そこで劣化を遅らせたり、まずいワインの味をごまかすために、さまざまな添加物が加えられた。

濁《にご》りを取るために卵白《らんぱく》や石灰が使われ、色付けにアロエ、サフラン。ワインを甘くするために水で薄めた果汁が加えられた。香り付けにはハーブや香辛料が用いられ、これは特に「ギリシャ風ワイン」と呼ばれた。

蜂蜜、樹脂、海水、雪などはギリシャ時代から伝統的に使われた添加物で、醸造段階で混ぜ物をすることさえあった。変わったところではアスファルト（瀝青《れきせい》）を混ぜたりした。

ワインへの混ぜ物はローマ時代だけでなく、中世末期まで行われ続けた。現代では製造段階でほとんどのワインに酸化防止のための添加物が加えられ、よりおいしくするために樽に詰めて木の香りが付けられている。

ローマ人は添加物入りのワインを飲まざるを得なかったわけだが、混ぜ物のないワインが理想的と考えていた。

水割りで飲んだワイン

うわっ
こいつ
ワインをそのまま
飲んでる！
え？　え？
えっ？
うわっ
こいつ
水にワインを
入れてる！
え？　え？
えーっ？

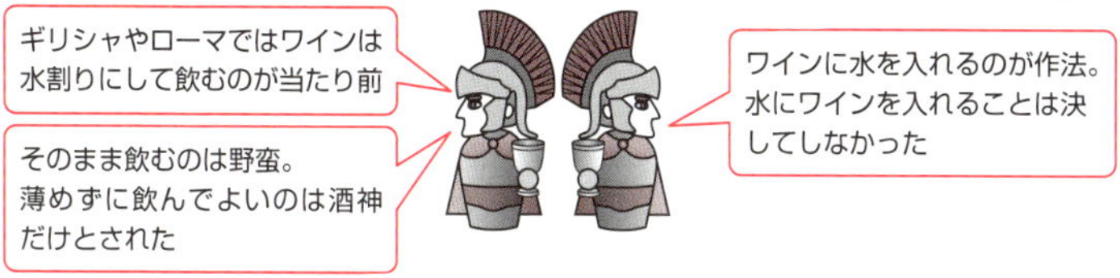
ギリシャやローマではワインは水割りにして飲むのが当たり前
そのまま飲むのは野蛮。薄めずに飲んでよいのは酒神だけとされた
ワインに水を入れるのが作法。水にワインを入れることは決してしなかった

ワインを水割りにした理由

- そのまま飲むのは体に悪いと信じられた。
- 割らずに飲むと悪酔いする。
- 割らないと凶暴化、発狂するとされた。
- 製法上の事情から甘くなり過ぎるために。
- 素焼きの陶器で保管していたため、水分が蒸発して濃くなるから。
- 大量の酒を飲めることをアピールするために薄めた。

ワインの添加物

ワインにはさまざまな添加物が加えられた。これは中世末期まで行われ続ける。

本当は混ぜ物なしのワインが理想的とされていた。

・発酵を止める	樹脂、海水
・濁りを取る	卵白、石灰
・色を付ける	アロエ、サフラン、木の実、アスファルト（瀝青）
・風味や甘味を増す	水で薄めた果汁、蜂蜜、雪
・香りを付ける	バラ、スミレ、コリアンダー、セロリ、アーモンド、胡椒、シナモン

用語解説

●**水割り**→他にはブドウ汁を混ぜることもあり、水でなく湯で割ることもよく行われた。

No.038

最高のワインと最低のワイン

ローマではブランドができるほどワインが親しまれた。中世には衰退するが、製造技術は現代まで連綿と受け継がれ続けた。

●英雄と暴君に献上された傑作ワイン

ギリシャでは早摘みしたブドウから造った酸味の強いワインが好まれた。ローマ人は初期には完熟ブドウの甘いもの、後に辛口や渋みのあるワインを好むようになった。当時は赤より白ワインの方がもてはやされた。

ローマでは長年のうちに製造技術が進歩し、より上質でアルコール度数も高いワインが造れるようになった。ローマ時代の後半には、ワインを水で割らずストレートで飲む者も現れるようになった。彼らは生粋のローマ人ではなく、植民地から流入した**ゲルマン系**の民族である。

さて、ローマ・ワインの中で誉れが高いのは、イタリア・カンパニア地方の「**ファレルヌム**」だった。ネアポリス(現ナポリ)の南のファレルヌス山の斜面で採れるブドウで造ったワインだけが、このブランドを名乗った。さらに山の中腹で収穫できる「**ファウスティアン・ファレルヌム**」が最高級とされた。最低10年は寝かせて黄金色になった白ワインである。

史料に残るところでは、紀元前121年に造られた「**オピミアン・ファレルヌム**」が傑作で、紀元前100年にカエサルが愛飲した。後に39年にカリギュラ帝に献上されたが、これは寿命が過ぎていて飲めなかった。

他にワインのブランドとして「カエクブム」「スレンティヌム」「セティヌム」などがあった。

また、ワインの亜種として「パッスム」という酒も知られていた。レーズンで造る甘いワインのことだ。凝縮された糖分がアルコールに変わるため、普通のワインより強い酒になる。

さて、逆にローマの最低のワインというのは何だろうか。それは「**ロラ**」だ。ワインの搾りかすから造られる奴隷向けの自家製ワインである。ローマでは奴隷ですらワインを飲んでいたのである。

ローマ・ワインのブランド

最高級ブランド「ファレルヌム」

イタリアのカンパニア地方で産出する。
ファレルヌムを名乗れるのは、ネアポリス（現ナポリ）の南のファレルヌス山の斜面で採れるブドウで造ったものだけ。

その中でも、

山の中腹で収穫できるものが最高級とされた。
その名も「ファウスティアン・ファレルヌム」。
白ワインだが、10年寝かせて黄金色になっている。

さらにその中でも、

「オピミアン・ファレルヌム」がベスト・オブ・ベスト。
ファレルヌムの中でも歴史に残る傑作ワインが紀元前121年に造られた。

紀元前100年にカエサルが愛飲したと伝えられる

39年にカリギュラ帝にも献上された（が寿命が過ぎていた）

その他のワインのブランド

カエクブム
スレンティヌム
セティヌム
レーズンから造られるパッスムは、ワインより甘く、より強い酒。

最低級ワイン「ロラ」

ワインの搾りかすから造られる。
奴隷向けの自家製ワイン。

赤より白ワインの方が人気

ローマ人のワインの好みは完熟ブドウから造った甘いワイン。のちに辛口や渋みのあるワインを好むようになった

ギリシャ人の好みは早摘みしたブドウから造った酸味の強いワイン

用語解説

●**ゲルマン系**→傭兵として活躍し、市民権を得てローマに永住する外国人も増えていた。

No.039

ローマの飲料いろいろ

ギリシャ・ローマの人々はワインを日常的に飲んだが、その他の酒やビール、ジュースにミルク、酢水などを飲料に使っていた。

●ローマではビールは最低の酒だった

ローマでワインの次にメジャーな酒は蜂蜜酒だろう。「**アクア・ムルサ**」という呼び名が一般的だ。これは水と蜂蜜とイースト菌を混ぜ、発酵《はっこう》させて造る。蜂蜜酒はワインに劣るとされ、田舎者が飲む酒だった。ここでいう田舎者とは、北方に住んでいたヨーロッパ人を指す。ワインはブドウが採れる暖かい地方でないと造れないが、蜂蜜酒は北方でも造れたので、ヨーロッパでは人気があった。

ビールはローマにもあったが、奴隷用のワイン「ロラ」よりさらに低級な飲み物で、値段はロラの半分だった。ローマでは「**アリカ**」という名で呼ばれていた。手軽に造れるビールは古代世界の各地で親しまれていたが、ギリシャ人やローマ人はビールを飲む者を蛮人とさげすんだ。

「**テーフルトゥム**」は果汁を煮詰めたシロップのことだ。ローマにおける子供用の飲み物だ。水や酢で薄めて飲ませていた。

「**ポスカ**」は水で薄めた酢のことで、スパイスや蜂蜜を加えることもある。主に旅で活用された。旅人は酢を持ち歩き、生水に混ぜて飲んだという。これなら水より腹を壊しにくい。キリストが磔刑《たっけい》に処された時、兵士に飲まされたのがポスカだという。酢はワインのなれの果てであり、ワインのあるところなら手軽に入手できた。

「**メルカ**」は羊やヤギ乳のヨーグルトだ。消化を助けると考えられ、健康食品として用いた。胡椒《こしょう》とガルムを加えるか、コリアンダーと塩を加えて食べていた。

ミルクは子供の飲み物で、大人には好まれず、医者から薬として処方される程度だった。朝にコップ1杯だけ飲むのが普通で、ハーブを混ぜることもある。

ローマの飲料

アクア・ムルサ（蜂蜜酒）

水と蜂蜜とイースト菌を混ぜ、発酵させて造る。

ワインの次にメジャーな酒

ワインが造れない地方では重宝されたが、田舎者の酒と考えられた。

アリカ（ビール）

値段は最低のワイン「ロラ」の半分。

最低のワインよりさらに低級

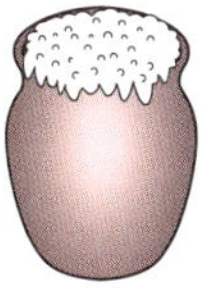

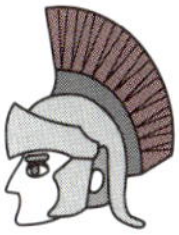

ポスカ

水で薄めた酢。

主に旅人が活用

スパイスや蜂蜜を加えることもある。

テーフルトゥム

果汁を煮詰めたシロップ。

子供用の飲み物

子供に水や酢で薄めて飲ませていた。

メルカ

羊やヤギ乳のヨーグルト。

消化を助ける健康食品

胡椒とガルムを加えるか、コリアンダーと塩を加える。

ミルク

煮込み料理の汁や高級料理の味付けによく使われた

建国神話に関係することから子供の飲み物と見なされることが多い。大人は朝にコップ1杯だけ飲むのが普通。ハーブを混ぜることもある。医者から薬として処方され、滋養や強壮の薬として用いたりもした。

用語解説

●**ミルク**→ヤギ、羊、馬、ロバの乳などが好まれ、牛乳はあまり人気がなかった。そして珍重されたのはラクダのミルクだった。

No.040

暴君ネロも出入りしたローマの安食堂

現代で言う屋台やファーストフード店、ファミレス、食べ放題の店、居酒屋、それに料亭に相当する店までがローマには存在した。

●ローマの食事処いろいろ

ローマの家屋のうち、宴会ができるような屋敷には立派な台所と大きなかまどがあった。中庭が台所になっていて、雨避けの屋根が付いていることもあった。

ただし、貴婦人は料理をせず、調理や配膳などは全て奴隷の料理人に任されていた。上流階級でも男性の方は、道楽で調理を楽しむことが多かったようだ。有名な執政官**カトー**も家庭菜園で育てた野菜を調理するのを趣味としていた。

これに比べ、貧民の家には水道もかまどもなく、煮炊きができなかった。それで日常的に外食をしていた。貧民に限らず、ローマ人は家で食べるより外食や外での飲酒を好み、外食は一大産業だった。

ローマには「**バール**」と呼ばれる軽食屋と「**ポピーナ**」という**宿屋**があった。ポピーナでは食事や酒が出る他、売春や賭博も行われた。地方都市ポンペイには118のバールと20のポピーナが存在したという。

「**タベルナ**」という居酒屋も人気だったが、これは店構えやメニューがバールとほとんど同じである。

バールやタベルナほど店数は多くないが、腹一杯になる食事を出す店を「**グルグスティウム**」、さらにもっと食べられる店は「**ガーネア**」という。

その他、「**ケーナーティオー**」という高級料理店もあった。庭園や池なども敷地に造られており、まるで料亭だ。この富裕層向けの店ではトリクリニウム（寝椅子）で食事ができた。

富裕層の間では出される食べ物の量が多い店ほど下品とされた。しかし彼らはお忍びで庶民の店や安宿で飲食や夜遊びを行った。あの暴君ネロも変装して夜のローマで飲み歩くことがよくあった。

ローマの飲食店

バール

軽食店。ファーストフード店に相当。

タベルナ

居酒屋。

ポピーナ

宿屋。買春や賭博もOK。

グルグスティウム

食堂、ファミレスに相当?

ガーネア

たくさん出す店。食べ放題店に相当?

ケーナーティオー

高級料理店。料亭に相当。

家庭での調理

富裕層の家庭

調理や配膳は全て奴隷の料理人。
女性は家事をしない。
男性は趣味で調理を楽しんだ。

一般家庭

主婦が調理を行う。

貧民家庭

水道やかまどがなく煮炊きできない。
だから日常的に外食。

用語解説

- **カトー**→紀元前234-149。カトーは通称。本名はマルクス・ポルキウス・カトー・ケンソリウス。共和制ローマ時代の政治家で執政官や監察官を務めた。厳格、清廉かつ弁舌に優れ、カルタゴ征服や農業政策に力を注いだ。
- **宿屋**→宿屋はギリシャにはなかったがローマには存在した。
- **タベルナ**→ギリシャでもタベルナという。タベルナは現代も両国にあって軽食屋を指す。

No.041

美食のための飼育と養殖

ローマでは食材として人気のあるさまざまな動物が飼育されたり養殖されていた。需要に合わせた供給がなされるのは現代と同じである。

●ヤマネと孔雀とエスカルゴ

ローマでは貴重な食肉材は飼育や養殖などで確保していた。

一番有名なのは**ヤマネ**(山鼠)だろう。ヤマネを蜂蜜に漬けて焼いた料理は前菜の定番だった。この小動物は「**グリラリウム**」という、中が螺《ら》旋《せん》状になっている陶器壷に閉じ込めて飼う。

山に行けば捕れるのに、飼育したのは冬眠を防ぐためだった。ヤマネは冬眠すると痩せて味が落ちる。だからよく太らせてから食べたのである。

ヤマネは中世ヨーロッパでもよく食べられていたが、ペストの流行で敬遠されるようになった。ペストを広めたネズミに似ているからだ。飼育壷から逃げ出したヤマネは後にヨーロッパで再び野生化した。

フォアグラを取る**ガチョウ**は古代エジプト時代から飼育されており、ローマでも盛んに太らされた。

インド原産の**孔雀**はその姿から高価で取り引きされ、需要が多いためかローマでは養殖された。

エスカルゴ養殖の起源は紀元前50年にまでさかのぼる。ローマでは富裕層におなじみの食材だ。

海産物や川魚のうち、カキ、ウナギ、タイ、ウツボは養殖していた。ローマ郊外に「ティベリウス帝の洞窟」という養殖池の遺跡が残っている。

養殖ではないが、市場には海水魚用と淡水魚用のイケスがあった。生かしたまま市場まで運ぶ労力は大きく、そのため内陸の都市では新鮮な魚は高級品として扱われた。

野生の獣についても常に野山で狩っていたわけではない。貴族は土地を囲った中にノウサギ、イノシシ、鹿、野豚などを放していた。そこは保護区で狩猟場にもなり、野獣肉が安定供給される場だった。

美食のための飼育と養殖

ヤマネとグリラリウム

ヤマネの蜂蜜漬け焼きは定番メニュー。
そのため専用の飼育壷グリラリウムで盛んに飼育された。

わざわざ飼育したのは冬眠を防ぐため。より肥えてうまくなる。

グリラリウム
中身が螺旋状になった特殊な壷。

ガチョウとフォアグラ

古代エジプトでも食べた。古代世界でも定番のごちそう。

冬ごもり前のガチョウの肥大した肝臓が美味だったことから、飼って太らせるようになったという。

海産物

カキ、ウナギ、タイ、ウツボも池で養殖された。市場にはイケスもあり、内陸部で魚介類は高級品だった。

孔雀

味はよくないが、姿が美しいので宴会に供された。

羽根を装飾品に使うこともあってローマではよく養殖された。

エスカルゴも紀元前50年という昔から養殖されている

No.042

豚の乳房とフラミンゴの舌

美味な料理の次に珍味を求めるようになるのは自然の流れかも知れない。珍味はうまいかまずいかよりレアであることが重要だった。

●なかなか食べられないから価値がある

絶頂期のローマでは、当たり前の調理を食べ飽きた富裕層が珍味を求めるようになった。たとえまずくても、珍奇だったり、レアで高価であればありがたく、食べれば病気にかからないと信じられたのである。

珍味を取り寄せて客に喜んでもらえれば、招待主の人気が上がり尊敬される風潮もあった。そのため人々はますます珍味に熱狂した。

美味と珍味は意味が違うので分けて考えなければならない。しかし実際に区別することは困難なので実態は不明だ。とにかく、なかなか食べられないものや、入手に手間がかかって人気のあった食材は以下の通りである。

まず、牝豚の乳房は牛乳で煮込むと絶品だった。それにイチジクで肥育した豚のレバー、牛乳で肥育したエスカルゴも人気があった。

生きた鶏《にわとり》から切り取ったトサカ、酒に酔わせた豚の肝臓、ラクダの蹄、白鳥も噂に上る。フラミンゴの舌は歴代皇帝の好物だった。

孔雀は見た目が美しいだけなのだが、ローマ時代からヨーロッパ中世期に至るまで、富裕層の晩餐《ばんさん》には欠かせないものだった。

現代でもレアで美味とされているものとしては、フォアグラ(ガチョウの肝臓)がある。ローマではイチジクで太らせて肝を採っていた。ローマがシチリアと開戦したのもエサの**イチジクが欲しかった**からだ。

チョウザメは帝政期には最高の魚と讃えられた。チョウザメの卵、つまりキャビアも知られていたが、価値はなかった。チョウザメを解体した後の生ゴミであり、貧しい猟師だけが食べていたのである。

ちなみにアピキウスの『料理書』には、これまで挙げたもの以外の美味な食材として、ツル、カモ、ウズラ、ヒバリの舌、インコ、キジバト、ウニ、イルカ、クラゲなどが記されていた。

ローマの珍味

絶頂期のローマでは飽食した富裕層が珍味を求めるようになった。

人気の珍味

牛乳で煮込んだ牝豚の乳房

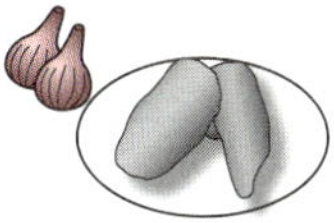

イチジクで肥育した豚レバーやフォアグラ

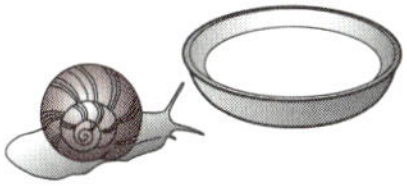

牛乳で肥育したエスカルゴ

珍奇だったり、レアで高価であればありがたく、
食べれば病気にかからないとされた。

その他の珍奇な食材

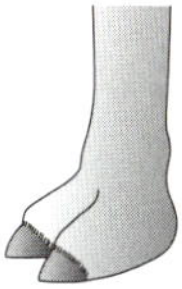

ラクダの蹄

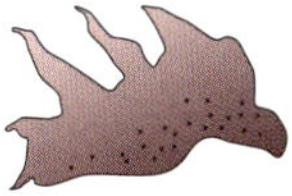

生きた鶏から切り取ったトサカ

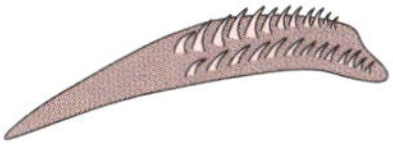

フラミンゴの舌

孔雀

インコ

チョウザメ

イルカ

ウニ

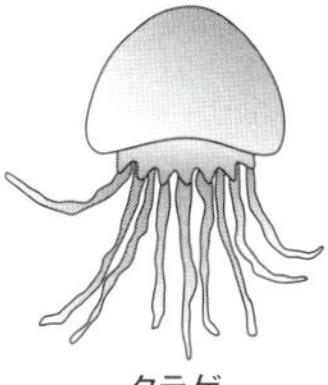

クラゲ

用語解説

●**イチジクが欲しかった**→執政官カトーの演説による。もちろん言葉のあやとして使われた。

No.043

翼を付けたウサギで作るペガサス焼き

豪華な料理や珍品に飽きたローマの富裕層では、ぜいたくや珍味の上をいく料理も登場した。仕掛け料理と模造料理である。

●客を驚嘆させせなければ気が済まない招待主

翼を付けて天馬《ペガサス》に見立てたウサギ焼き、生きたツグミが入ったイノシシの丸焼き、胡椒《こしょう》ソースの中で泳ぐように飾られた煮魚、ソーセージを腸に見立てて詰め込んだ豚の丸焼き、それに60キロはありそうな子牛の姿煮——これらは風刺小説『**サテュリコン**』に登場する宴会メニューの描写である。ローマでは客を驚かせるような派手な仕掛けが流行した。

同じく**模造料理**も流行った。魚肉で鶏肉を表現したり、姿を似せて別な材料で料理を作るのである。そういうものを余興で披露した。

サテュリコンには、プルーンにトゲを刺してウニを表現したり、豚肉だけを使ってカモの丸焼きなどの鳥料理や魚料理を模したものが出てくる。ここまでは架空の話で、元剣闘士の成金トルマキオンが作らせたメニューということだが、現実でもカエキリウスという男の記録がある。

カエキリウスはズッキーニだけを使って、魚、キノコ、菓子やソーセージなどを作らせた。料理を模造するために、料理人は食材を別な食べ物の形に刻んだり、動物の丸焼きに見える焼き型を用いた。証拠として、同時代の遺跡からは鶏、豚、ウサギなどの焼き型が出土している。

他に「アンチョビーの代用にクラゲを使ってアンチョビーオムレツを作った」という記録もあるが、クラゲの味や食感がイワシに似ているかは甚《はなは》だ疑問である。

姿形だけでなく、**味の模倣**も行われた。今でいう「キュウリに蜂蜜をかけるとメロン味」のようなものである。代用品としての工夫ではなく、味の研究か遊びとして行われたのだろう。

美食家アピキウスでさえ「レモンの葉と蜂蜜でローズワイン味が出来る」と記している。

趣向を凝らしたスペシャル料理

奇抜な盛り付け・受け狙いの仕掛け

料理に何らかの仕掛けをして、招待客を驚かせたり喜ばせる余興が流行った。

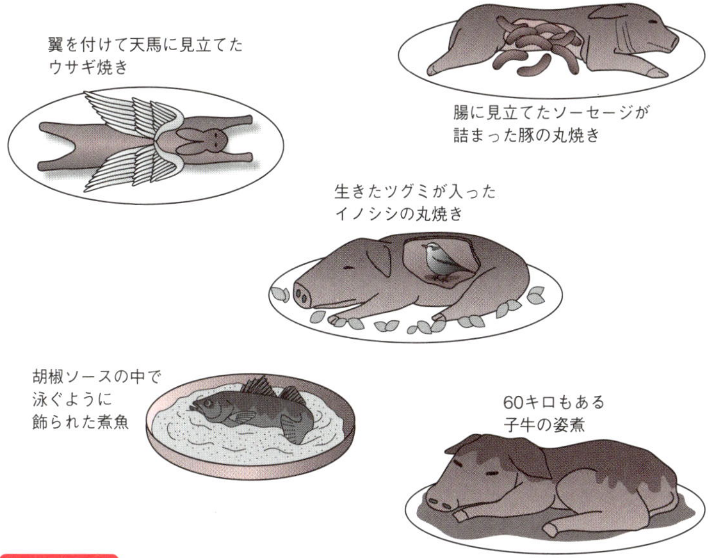
翼を付けて天馬に見立てた
ウサギ焼き
腸に見立てたソーセージが
詰まった豚の丸焼き
生きたツグミが入った
イノシシの丸焼き
胡椒ソースの中で
泳ぐように
飾られた煮魚
60キロもある
子牛の姿煮

料理の模造

食材を別な食べ物の形に刻んだり、動物の丸焼きに見える焼き型を用いた。

- プルーンにトゲを刺してウニを表現
- ズッキーニだけを使って、魚、キノコ、菓子やソーセージなど
- アンチョビーの代用にクラゲを使ってアンチョビーオムレツ

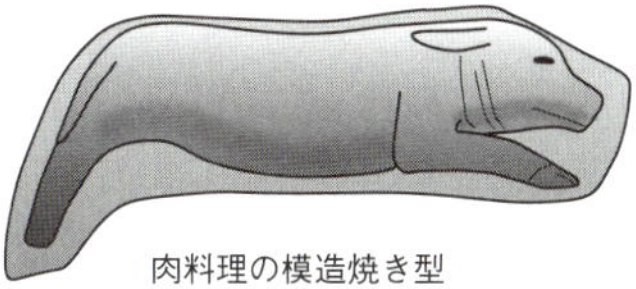
肉料理の模造焼き型

味の模倣

代用品としての工夫ではなく、味の研究か遊びとして行われたらしい。

アピキウスも「レモンの葉と蜂蜜でローズワイン味が出来る」と記した

用語解説

●『**サテュリコン**』→皇帝ネロに仕えたペトロニウスが著した小説。

No.044

1回の食事に数百万円

ローマ人は伝統的に質素を美徳としていた。しかし、繁栄が続く中で過去の伝統が忘れ去られ、ほとんど誰も守らなくなってしまった。

●度重なる規制も効果がない浪費

繁栄期のローマでは、ぜいたくが横行していた。国民の浪費癖を心配する政治家は多く、度々「ぜいたく禁止法」が発せられた。主だったものが、紀元前161年のファンニウス法から紀元前1年のアウグストゥス法までの計6回の法令である。生活の中のさまざまな事柄の規制だが、やはり食べ物に関する禁止事項が多かった。

庶民対象の法令はバール(軽食屋)で出すメニューの制限、富裕層に対しては高価な食材の禁輸などがあった。しかし、富裕層は禁制品や海の珍味を密売で入手した。当時はイルカやメカジキがこっそり取引された。

1日の食事にかかる費用が制限されたこともあった。例えばアウグストゥス法では「主要な祭日の料理に奴隷1人分以上の金をかけてはいけない」とされていた。計算してみると、当時の奴隷1人は現代だとだいたい自動車1台分くらいの値段だ。こういう規制がかかるということは、逆に言うと、恐らく夕食1回に200～300万円もの金をかける者が少なくなかったということだ。

しかし、どの禁令もたいした効果がなかったという。為政者の中にもひどい金の使い方をする者がいたから無理もない。

奇行で有名な皇帝ヘリオガバルス(在位218-222)は、度を超した料理で客や臣下をもてなした。10日間連続で1日30頭の豚料理(珍重された乳房と子宮付きの肉)、金粉や宝石の粉がかかった豆料理、真珠の粉がかかったキノコ料理を出したり、1回の食事で600羽のダチョウの脳みそを提供したこともある。真珠入りのライスが供された時は、客の椀《わん》に真珠が入っていたら持ち帰ってよいことになっていた。この皇帝は金を浪費し過ぎたことも災いして数年で暗殺されてしまった。やり過ぎである。

これぞ、ぜいたく!?

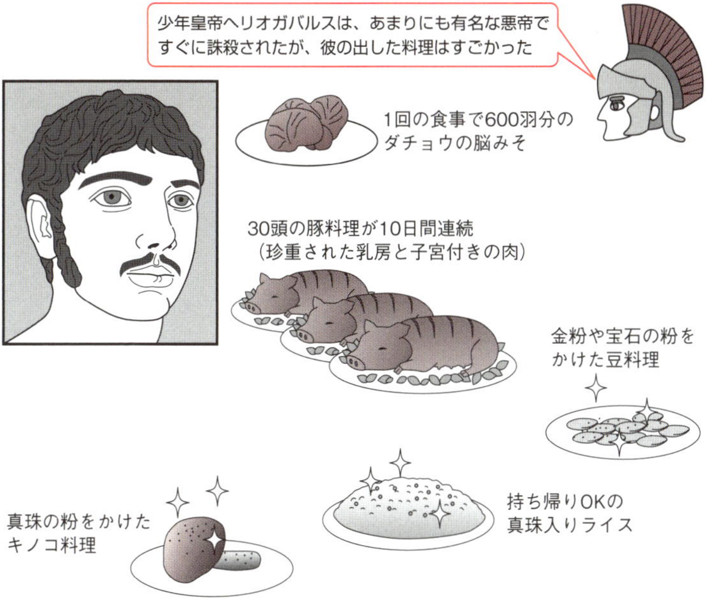
少年皇帝ヘリオガバルスは、あまりにも有名な悪帝ですぐに誅殺されたが、彼の出した料理はすごかった
1回の食事で600羽分のダチョウの脳みそ
30頭の豚料理が10日間連続（珍重された乳房と子宮付きの肉）
金粉や宝石の粉をかけた豆料理
真珠の粉をかけたキノコ料理
持ち帰りOKの真珠入りライス

ぜいたく禁止法

飲食店の料理は麦粥だけにせよ! → 多彩な料理が売られた。屋台で売ったりすればそんなに目立たない。

でも実際は…

高価な食材は輸出入禁止! → 高価なイルカやメカジキが密かに売買された。

極め付きは

1回の食事に奴隷1人分以上の金をかけるな！

奴隷1人の値段って現代の200～300万円相当だぞ自動車1台分だ

No.045

店の売り物とケーナの手みやげ

ローマの食文化はなかなか奥が深い。ここでは、大衆食文化の発信地だった軽食屋、それと宴会の後に持たされたおみやげを解説しよう。

●バール（軽食屋）の様子

庶民がよく利用したバールの店頭には、石かセメント製のＬ字型カウンターがあった。そこには陶器の壷《つぼ》が埋め込まれており、壷は煉瓦《れんが》で断熱されていて、中の売り物は保温または保冷できた。壷の代わりに料理が入ったオーブンや鍋を置いている店もあった。店内に余裕があればテーブルや椅子が置かれたが、ない場合、客は買った物を立ち食いした。

代表的な売り物は昔ながらの豆入り「プルス」（小麦の粥《かゆ》）だ。それ以外の物は販売が禁止された時代もあり、街頭でこっそり売ることもあった。

プルス以外で人気があったのは、豚のゆで肉である。他に豚のもも肉や頭の串焼き、ウナギ、オリーブ、イチジク、ソーセージ、魚肉団子、肉団子、サラダ、鶏肉、野菜マリネ、チーズ、卵、オムレツなどがあった。他にワインを提供する店や、熱い湯を出す店もあった。お茶やコーヒーはまだ歴史に登場していない。

●家族が楽しみに待つアポフォレータ

「アポフォレータ」というのはケーナ（正賓《せいひん》）に招かれた客が、帰り際に招待主からもらう手みやげのことだ。家で待っている客の家族はおみやげを楽しみにしていたという。

客がもらうものは食べ物、日用雑貨、玩具などだが、人ごとに違っていた。まず容器からくじを引くのだが、それには謎めいた詩かジョークが書かれていた。そして文章に対応する品物が手渡されるのである。まるで現代のビンゴゲームのようだ。1世紀後半の詩人マルティアリスは、このくじ用の短い詩を集めた詩集を何巻も発表した。詩をいちいち考えるのが面倒な場合、この詩集を買って引用すればよい。

バール（軽食堂）

ローマ時代に最も多かった食堂の形態。

バールのメニュー

豆入りプルス（小麦の粥）	オリーブ	肉団子	チーズ
豚のゆで肉	イチジク	サラダ	ゆで卵
豚のもも肉や頭の串焼き	ソーセージ	鶏肉	オムレツ
ウナギ	魚肉団子	野菜マリネ	など

アポフォレータ

ケーナに呼ばれた客が帰り際に招待主からもらう手みやげのこと。
中身は食べ物、日用雑貨、玩具など。ただしそれぞれ中身が違う。

客は容器からくじを引く。 → 謎めいた詩かジョークが書かれている。 → 文章に対応する品物が手渡される。

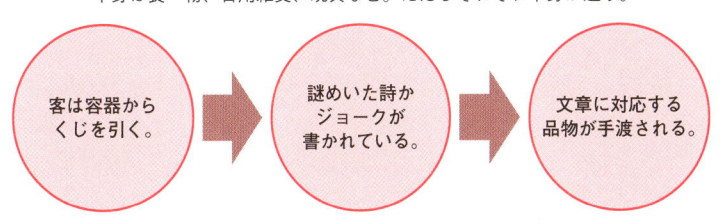

No.046

高価な万能調味料ガルム

ローマの食文化を語る上でガルムの存在は欠かせない。ガルムは人々にこよなく愛され、ローマの繁栄に一役買ったと言われる。

●ローマ文明を支えた魔法の液

「ガルム」は「リクアーメン」とも呼ばれた。その正体は魚を発酵《はっこう》させたうまみ調味料であり、日本では魚醤《ぎょしょう》として知られている。日本人にとっての醤油と同じくらいに**ローマ人に好まれ**、金持ちは塩よりも多用した。西洋では中世期に廃《すた》れたが、東洋では同様の調味料が各地に現存する。

ガルムの発祥はギリシャで、当地では「ガロン」と呼ばれた。その文化を受け継いだローマ人は各地に工場を造り、ガルムの輸出で財を築いた。出土品から、遅くとも紀元前500年には取引されていたと分かっている。

塩に漬けた魚を天日にさらして腐敗させると、臓物に含まれる消化酵素が魚肉タンパクをアミノ酸に分解する。これがうまみの素になるのである。アンモニアなどの悪臭を和らげるために酒精や薬味《やくみ》を加えることが多い。

ローマでは大きな壷にハーブ、魚の身、塩を積み重ねて入れ、合計8カ月ほど寝かせ、最後に濾《こ》した液がガルムとなった。製造中にひどい臭いを出すので、市内にガルム工場を建てるのは禁止だったという。

ガルムは原料の魚を変えたり、数々の香料や添加物《てんかぶつ》を加えて作られたため、多くの種類があった。中でも最高級ガルムの1つ「ハイマティオン」はマグロの内臓、エラ、血と体液を材料にしたものだった。

高級ガルムには香水並みの値段が付いた。記録から現在の日本円に換算すると、約3リットルで600万円近くもしたが、それだけの価値があるとされた。調味料としてだけでなく、栄養剤や薬品としても効能を期待され、美容液としても使われた。実際、ガルムには胃腸の調整作用、強壮作用があり、ビタミンB群やミネラルも豊富なのである。

また製造途中に出来るガルムの搾《しぼ》りかすも「アレック」と呼ばれ、貧しい家庭では立派な食材となった。

万能調味料ガルム

ガルムはギリシャ・ローマのうまみ調味料。また薬としても用いられた。

ガルムは、
- 数滴入れるだけでスープがうまくなる。
- 胃腸薬、赤痢や潰瘍の薬。
- 美容液として脱毛やソバカスの除去に使う。

ガルムの種類

血の混じったガルムは高級品。

ムリア	なまずのガルム
ガルム・スコンブリ	サバの身、血、卵
ガルム・ソキオールム	ガルムの中で溺れさせた魚で作る
ガルム・カスティモーニアールム	ユダヤ教徒用のガルム
ヒドロガルム	水割り。ローマ兵に配給された飲料
オエノガルム	ワイン割り。ソースの材料で東ローマで重宝がられた
オレオガルム	オイル割り
オキシガルム	酢割り

ローマでのガルムの製法

魚を天日で腐らせる。
材料はニシン、カタクチイワシがポピュラー。サバ、サケ、ウナギなど脂が多い魚が最適とされる。その他、マグロ、カツオ、タイ、カキ。

30リットル壷にハーブ、腐敗魚、塩を2センチ敷く。この3層を何度か積み重ね、いっぱいになったら蓋をする。
ハーブはウイキョウ、セロリ、コリアンダー、ヘンルーダ、ハッカ、ミント、タイムなど。

7カ月放置する。
さらに20日間、中身を混ぜながら寝かすと完成。上澄み液、または搾ったり濾した液がガルムとなる。製造には塩分かアルコールが20%以上必要。

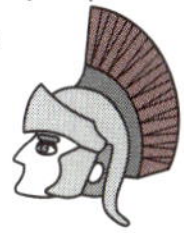

用語解説

●**ローマ人に好まれ**→熱狂的な支持を受けていたが、ローマ滅亡後にはほとんど製造されなくなった。周辺各国の人々の口には合わないのだろうか。

No.047

植民地が支えた繁栄とパンの配給

ローマ自体は大いに栄えたが、市民の中には没落する者も少なくなかった。それでもパンの配給があったおかげで飢え死にはしなかった。

●時代に翻弄された自由市民たち

そもそもローマの地元には小麦とワインとオリーブしかなかった。細々と暮らす彼らの食卓を豊かにしたのは植民地の特産物である。

実のところ、ローマの長年の繁栄は征服した外国からの搾取によって成り立っていた。その代わりローマ人は灌漑《かんがい》技術や文化を伝えた。

ローマでは市民に**パンの配給**があった。政府は市民の生活を保障するのが当たり前とされていたし、後期には議員や皇帝の人気取りのためや、首都の治安を安定させるために配給が行われた。

配給制が敷かれていたので、穀物の値段が上下したり、穀物生産や売買でもうけたり損をする者はいなかった。無論、配給は植民地からの莫大な税収という背景あっての制度だ。

ローマは豊かな社会だったが、奴隷が安価に労働力を提供するようになると、自由市民は働く場を失い、生活に困るようになった。

どうにか**自給自足**している農園主でも「貧困」とされた。配給がないと生きていけない者は「悲惨」とされ、人間扱いされなかった。ローマならではの価値観である。

貧民は配給のパンやスポルトゥラ(貴族の贈り物)で食いつないでいたが、漁ができる環境であれば魚もタダで手に入った。狩りが許されているのは自由市民だけで、肉は誰でもというわけにはいかなかった。

富裕層は貧民や奴隷にもどんどん施しをしたが、時代が進むとインフレが進み、ローマは経済的に行き詰まり、衰退の道をたどった。

なお、3世紀以降は、本来は生活必需品と見なされない豚肉、油、ワインも配給されることになった。この変化は、北方のゲルマン人がローマに浸透して、その食習慣が混じってきたせいである。

ローマに集まる産物

ローマには各地から名産物が運ばれてきた。

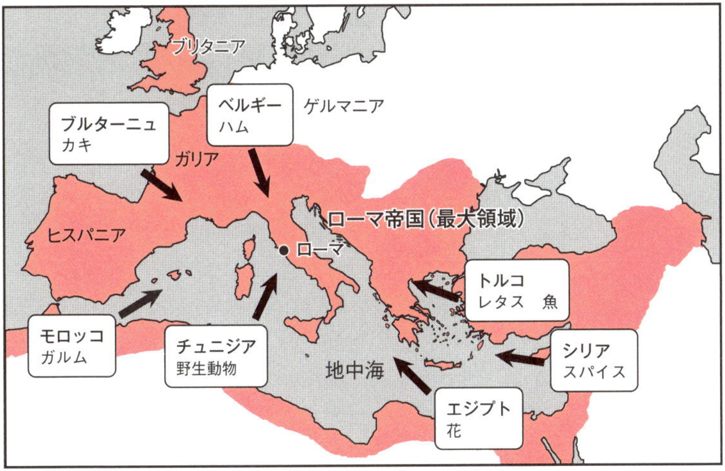
ブリタニア
ベルギー
ハム
ゲルマニア
ブルターニュ
カキ
ガリア
ヒスパニア
ローマ帝国（最大領域）
ローマ
トルコ
レタス　魚
モロッコ
ガルム
チュニジア
野生動物
地中海
シリア
スパイス
エジプト
花

ローマ市民への配給と社会の変化

配給品の変化

3世紀以降は皇帝の人気取りもあって
さまざまなものが配給された。

麦粒 ▶ パン ▶ 豚肉・ワイン・油

パンをくれぇ
肉をくれぇ

社会の変化

農耕主体で豊かな社会 ▶ 奴隷が市民の働く場を奪って没落 ▶ インフレが進行してローマは滅亡へ…

用語解説

●**パンの配給**→ごく初期のころは麦粒が配給され、市民は粥にするか粉にひいてパンにするかの選択肢があった。
●**自給自足**→ローマ人はもともと農耕民族ということもあって、農園を経営して自給自足する市民は保護された。

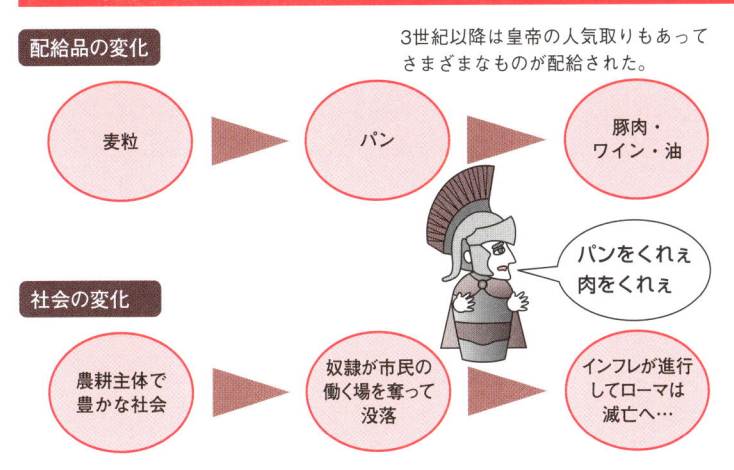

No.048

ローマ兵の食糧事情

精強で知られるローマ軍だが、その兵士たちはどんな食生活を送っていたのだろうか。彼らは食べ物も厳しく統制されていた。

●高い士気を維持するための節制

戦時下では基本的に全員に食糧が支給される。1日800グラムから1キロほどのパンが配られた。時代や遠征地によって異なるが、兵士は水に浸して食べる乾パンか、でなければ無《む》発酵《はっこう》の平らなパン、または麦粥を食べていた。いずれにせよ、街で売っているふっくらしたパンは敬遠された。

指導者たちは兵士の士気を保つことや、戦争中の浪費を減らす努力をいろいろとしている。

例えば**ユリアヌス帝**は戦場では兵士たちと同じ食事をしていた。

スキピオは兵士に焼き串と鍋を支給して、朝は未調理の食材を立ったまま食べ、昼は肉を串焼きにするか鍋で煮て食べるよう命じた。決められた以外の調理法で肉を食べてはいけないのである。兵士たちは揚《あ》げたり、ソースを絡《から》めて焼くなど、手の込んだ料理を知っていたはずだ。

さらに戦場では、パン屋が焼いたパン、火の通った食べ物の販売が禁止された。売春婦と占い師も追放された。

懲罰を受ける兵士の食事は大麦に変えられた。ローマ人はボソボソする大麦パンと、大麦粥を主食とするギリシャ人をさげすんでいたという。

ローマ軍の遠征のおかげで、各地に拡散した食材もある。

カエサルはブリタニア（現英国）に駐屯するローマ兵士のため、ブドウやクルミ、イチジク、オリーブなどを移植させた。他にニンジン、レンズマメ、セロリ、梨、桃、フェンネル、コリアンダーもである。これらのうち、気候に合った多くの農産物は現地で育つようになった。

ちなみに孔雀、ウサギ、キジ、鶏《にわとり》なども元は外国からもたらされた動物で、ローマで家畜化された。駐屯地や植民地でも育てられ、逃げ出したものは再野生化し、特にウサギとキジはヨーロッパに根付いた。

将軍は兵士の食事に気を使う

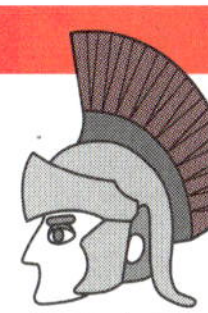

同じ食事をとる

ユリアヌス帝は戦場では兵士たちと同じ食事をしていた。

パン屋のパンは食べるな

スキピオはまた、パン屋が焼いたパンや火の通った食べ物の販売を禁止した。

食べ方を指図する

スキピオは兵士に焼き串と鍋を支給して、朝は未調理の食材を立ったまま食べ、昼は肉を串焼きにするか鍋で煮て食べるよう命じた。

軍隊がブリタニアに根づかせた動植物

カエサルはブリタニアに駐屯するローマ兵士のため、ブドウやクルミ、イチジク、オリーブ、ニンジン、レンズマメ、セロリ、梨、桃、フェンネル、コリアンダーなどを移植させた。気候に合った多くの農産物は現地で育つようになった。ウサギやキジなど、持ち込まれた鳥獣類も英国だけでなくヨーロッパで再野生化して根付いた。

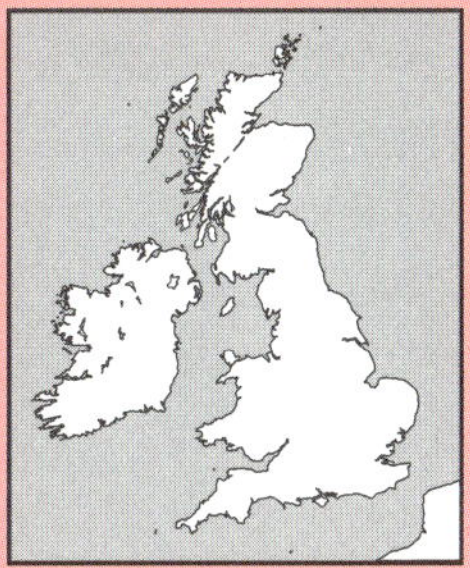

用語解説

●**ユリアヌス帝**→在位361？-363。フラウィウス・クラウディウス・ユリアヌス。ゲルマン軍相手に奮戦し、英雄視された皇帝。

●**スキピオ**→紀元前236？-183？　後世の同名人と区別して大スキピオと呼ばれる。共和制ローマ期の軍人、政治家。第2次ポエニ戦争後期に活躍し、カルタゴの将軍ハンニバルを破って戦争を終結させた。元老院議員も務める。

No.049

ガリア戦記に見るカエサルの食糧調達

2000年前の戦争を今に伝える『ガリア戦記』には、カエサルが遠征地でどうやって自軍の食糧を手に入れたかが記されている。

●供出と略奪そして焦土《しょうど》戦術

今から2000年前、ローマ帝国のカエサルは大軍を率いてガリア(現フランス)に向かい、さまざまな手段を講じて食糧を調達し、ついには征服を成し遂げた。その詳細は著書『ガリア戦記』に書かれている。

カエサルは自分の任地であるガリア南部(現マルセイユ)で補給を受けることはできたが、この時代、遠征先にまで糧食を送り届けることはできなかった。遠征軍に持たせた食糧も、敵に包囲された場合など緊急時に使うためのものだったようだ。必然的に、物資は行った先で調達しなければならなかった。

彼はまず、ガリア諸部族の一部を味方に付け、忠誠の証として食糧を供出させた。敵対部族は討伐していき、作物を奪う。討伐が終わった後は、服従の証として人質とともに食糧を供出させたのである。

こうした手法が通用したのは、当時のガリアが推定400万の人口を支えるだけの高い農業生産力を持っていたからである。奪える食糧があるからこそ、侵略が可能だったのである。後にカエサルはゲルマンにも攻め込むが、あまり豊かではないと悟って、すぐに退却している。

ガリア征服のクライマックスは、カエサルの食糧調達手法を知り尽くしたガリア人ウェルキンゲトリクスによる蜂起である。彼は自らの土地や町を焼く**焦土戦術**でローマ軍をジリ貧に追い込もうとした。しかし、戦略の不徹底によって敗北している。

遠征先で自軍に付いた者から食糧を供出させるという手法は、略奪よりも効率的で犠牲も少ない。日本の戦国時代には、上杉謙信がこの手法でライバルの武田領や関東へと、「現地勢力の要請を受けた遠征」を繰り返している。

ガリア戦記に見るカエサルの食糧調達

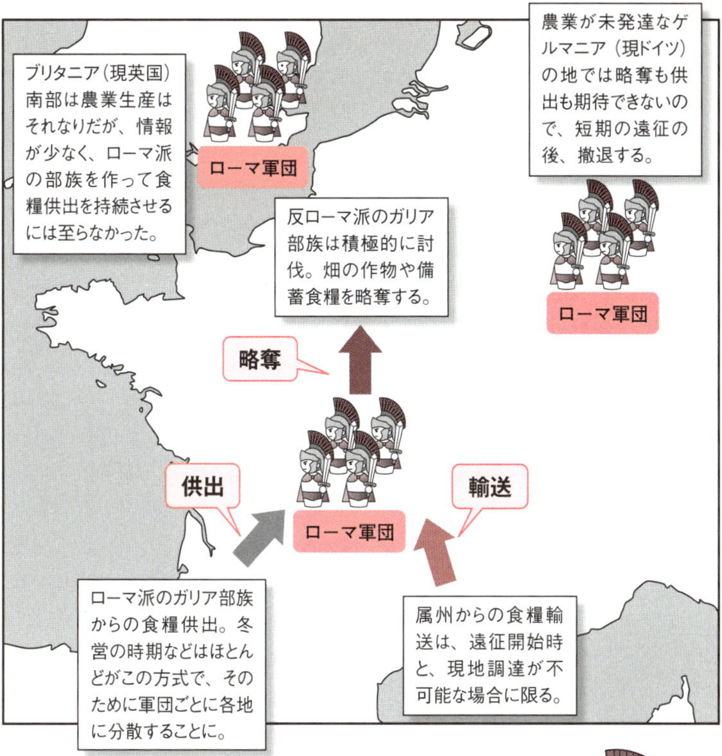
ブリタニア（現英国）南部は農業生産はそれなりだが、情報が少なく、ローマ派の部族を作って食糧供出を持続させるには至らなかった。
ローマ軍団
農業が未発達なゲルマニア（現ドイツ）の地では略奪も供出も期待できないので、短期の遠征の後、撤退する。
ローマ軍団
反ローマ派のガリア部族は積極的に討伐。畑の作物や備蓄食糧を略奪する。
略奪
供出
ローマ軍団
輸送
ローマ派のガリア部族からの食糧供出。冬営の時期などはほとんどがこの方式で、そのために軍団ごとに各地に分散することに。
属州からの食糧輸送は、遠征開始時と、現地調達が不可能な場合に限る。

アウァリクム（現ブールジュ）

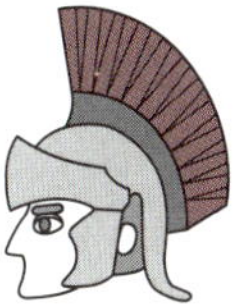

ウェルキンゲトリクスは、焦土戦術によってローマが食糧を得られないようにすることでカエサルを苦しめたが、政治的な理由でアウァリクムの町を焼き払うことができなかった。カエサルはここを占領して略奪。十分な食糧を得て反撃に出、ガリア征服を成し遂げる。

昆虫は食材として適しているのか？

人類はあらゆる物を食べてきたが、あまり歓迎されなかった食材もある。

昆虫はその最たるものだ。しかし見た目や味からではない。たくさん捕るのに手間がかかることから食用になりにくかったのである。

昆虫を好んで食べる地域では、大量に捕れれば他の食材なしで虫だけ食べて過ごすこともある。しかし、やはり捕獲数は不安定で変動が大きいため、原住民や農民の嗜好品として親しまれることが多い。

実は中国、東南アジア、アフリカなどでは虫食は一般的だった。

専門家の評価によれば、特に幼虫やシロアリなどは生で食べられるし、タンパク質など栄養価も高い。ただし、寄生虫やバクテリアがいるので、火を通すのが望ましいという。実際、世界中で食べられている虫は、焼くか揚げるか炒めるなどの調理が施される。羽や足は消化しにくいのでむしった方がよく、見た目や食感に抵抗がある場合は潰して他の食物に混ぜる。

中国内陸部の農民は蚕《かいこ》の蛹《さなぎ》、コオロギ、セミ、ゲンゴロウ、トンボなどを食べてきた。タイではアリの卵、コオロギ、トンボを生やフライで、ゴキブリやタガメはゆでて三杯酢で食べる。ラオスではゴキブリの卵、クモ、トンボを揚げる。この他、東南アジア山岳部ではゲンゴロウ、シロアリ、アリ、チョウ、セミなどを食べる。

ニューギニアではカミキリの幼虫やナナフシを食べるが、ナナフシはエビの味がするという。オーストラリアのアボリジニはカブトムシの卵、ガの幼虫や成虫を食べるが、ガは木の実の味だという。また、彼らは水中でアリを潰して酸っぱい清涼飲料水を作る。

東アフリカのシロアリは生卵の黄身の味がするといい、熱帯のピグミーはシロアリ、チョウやガの幼虫、甲虫を食べる。砂漠のブッシュマンは雨期の間、シロアリやガの幼虫を好むが、彼らは18種もの虫を食べるのである。

新大陸に目を移せば、カナダではウマバエの蛹を食べていた。

そして日本でも、イナゴ、ハチノコ（クロスズメバチの幼虫や蛹）、ザザムシ（トンボ幼虫）などが特産品として知られる。味は順に、まあまあ、うまい、癖があるという評価だ。他に、カミキリ、カブトムシやクワガタムシの幼虫や蛹、蚕の蛹やセミなども食していた記録がある。また、アリについては、戦後まもなく「チョコアンリ」という商品名でアリ入りチョコを作って売っていた。このチョコアンリはアメリカ向けに強心剤として輸出されていたのである。

未開地で虫を食べる印象があるが、古代ギリシャの哲人アリストテレスはセミが好物だった。彼は脱皮直前の幼虫や交尾後の子持ちのメスがうまいと書いている。昆虫研究で有名なファーブルもこの話を聞いてセミを食べてみたが、こちらではまずいと書いている。どうもセミは本当に美味な虫で、ファーブルが料理下手だったというのが真実らしい。

第3章
中世から近代ヨーロッパの食

No.050

肉を崇拝していたゲルマン民族

ヨーロッパ全域に住み着き、ローマの文化的子孫となったゲルマン人たちはできることなら肉をずっと食べ続けていたかったようだ。

●肉のために生活を圧迫してしまった人たち

栄華を誇ったローマは3世紀ごろに経済危機で衰退し、以後、ヨーロッパはゲルマン民族の支配下に入る。

ローマ人とゲルマン人は互いに軽蔑し合っていたので、中世人はローマ文化の全ては**受け継げなかった**。混乱で地域が分断され、異国の物品の流通は絶たれ、人々は集落ごとの自給自足の生活に逆戻りした。

ところで、元来、ゲルマン人は肉を食べることでエネルギーや戦闘能力が得られると信じていた。ローマ人のパンに相当する食物がゲルマン人には肉だったのである。

ローマ末期のゲルマン人皇帝マクシミヌスは肉食主義者で、野菜を全く食べなかった。その息子の小マクシミヌスも野生動物の肉が好きで狩りの獲物しか食べなかったという。後世の学者アンティムスやシエナの貴族アルドブランディーノは「**肉は力の源**」という言葉を残している。

中世初期のヨーロッパは森が多く、狩りや放牧で楽に肉を得ることができた。人口も少なかったので食糧事情はよかった。庶民に相当する**農民戦士**もふんだんに肉を食べていたのではないかと言われる。

ところが13世紀にかけて人口が爆発的に増え、開拓が進む。各地の領主は森と肉を保護するために立ち入り禁止にし、動物を放った。農民は畑を耕すだけの存在となって地位が低下し、食生活は菜食中心となった。

ヨーロッパはどんどんジリ貧になり、人口は300～400年間も減り続けた。一説には庶民の4分の1が餓死したとも伝えられる。

広まっていたキリスト教は心情的に人々を救いはしたが、僧侶が運営する修道院は庶民の富を吸い上げていた。貧富の差はひどく大きくなり、思い切り食べまくることが庶民の唯一の夢になっていく。

中世の始まりと食環境の変化

ゲルマン民族大移動と中世の幕開け

ヨーロッパ人はローマの薫陶（くんとう）を受けていながら、民族移動などの混乱があってローマ文化の全てを継承できなかった。

3世紀にローマが衰退し中世に移行するが、初期中世人は集落ごとに原始的な生活を送っていた。

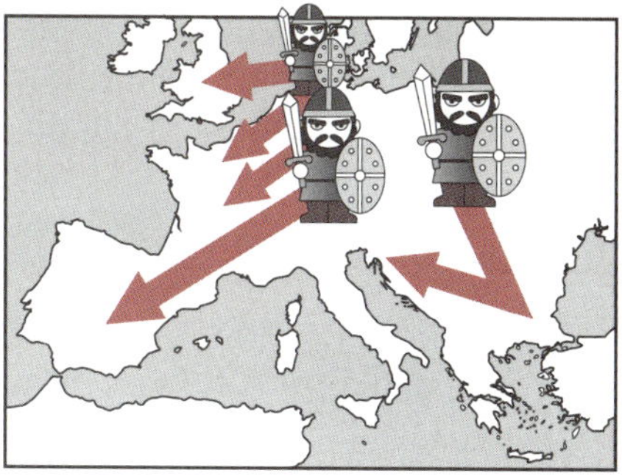

森の資源と生活の推移

中世初期。
狩りや放牧で楽に肉を得られた。
人口も少なく食糧事情はよかった。
6~9C
10~12C
13世紀まで人口の爆発的な増加。
開拓が進み、森は領主が保護。
農民の地位低下、菜食中心に。
しょんぼり
13~14C
人口は300～400年間も減り続け、
庶民の4分の1が餓死。
貧富の差は大きく、庶民の夢は腹いっぱい食べること。

用語解説

- **受け継げなかった**→ローマの食文化のうち肉料理は王侯貴族に受け継がれ、パン、ワイン、油などの製法は修道院に継承された。
- **肉は力の源**→しかしキリスト教では興奮と淫欲を司る悪の源とされた。二面性がある食材だが西洋人は肉への執着をやめなかった。
- **農民戦士**→8～9世紀まで社会の中核をなしていた人々。文字通り農民であり戦士でもある。

No.051

ゲルマン人の飲酒習慣とビールの進歩

ヨーロッパに広く拡散したゲルマン系民族は飲酒文化を牽引した。飲める酒の種類は住んでいる地域の気候によって変わっていった。

●生き残ったワインと愛されたビール

ローマに征服される以前のゲルマン人は、ワインに松ヤニを混ぜたり、ハーブで香り付けをして飲んでいた。彼らはたらふく飲み食いするが、食事の時も武器は手放さず、食べ物を取り合ってのケンカも多かった。

ワインを注ぐ杯は銀の輪をはめた動物の角や頭《ず》蓋骨《がいこつ》、あるいは自分の祖先や倒した敵の頭蓋骨を使った。裕福な家ではガラスの杯もあった。後にはローマ文化をまねて砂時計型や人型など**芸術性が高い杯**も作られた。

乾杯はヨーロッパに古くからある習慣で、元は客を歓迎する時に自分の杯を見せ、等しい中身だと伝えるための行為だった。杯を胸や額の位置で掲げることもあるし、北欧では腕を絡ませ合い見つめ合う。かつては杯同士を打ち合わせるようなことはしなかったのだが、1552年に**ラブレー**がふざけて打ち鳴らし、それが一般化してしまった。

ワインはローマ帝国の段階的崩壊の中で消えていく可能性があった。主役に躍り出た北方のゲルマン系部族はビールを好み、しかも北方の気候はブドウの生産に適さなかったからだ。ところがキリスト教が広まったおかげでその儀式に使われるワインは生き延び、広く愛飲されることとなった。

ワインの代わりに北方で普及した**古式ビール**は、昔から自家製が常識だったが、穀物が集まる修道院で造られるようになる。820年、スイスのサンクトガレン修道院で世界初の修道院ビールが出来た。

ビールは8世紀に劇的な改良が加えられる。ホップを加え、醸造過程で発泡させたこの新型ビールこそ、現代と同様のビールだ。ホップは香りと苦みを付け、雑菌を抑え、泡立ちをよくする。ビールは澄んで品質も安定した。ホップ入りビールは、16世紀に各都市のブルジョア層が大量生産して一般化させた。

乾杯

ヨーロッパに古くからある習慣

元は客を歓迎する時に自分の杯を見せ、等しい中身だと伝える行為。

さまざまな乾杯作法

杯を胸や額で掲げる。　腕を絡ませ見つめ合う。　盃を打ち合わせる。

ワインより飲まれるようになったビール

北方の気候はブドウ生産に適さなかった。

↓

だからビールが広く愛飲された。

8世紀
ホップを加え、醸造過程で発泡させるという革命的な改良が行われた。

16世紀
ホップ入りビールは都市のブルジョア層が大量生産を行って一般化させた。

ホップ
- 香りと苦みを付ける。
- 雑菌を抑える。
- 泡立ちをよくする。
- ビールを澄ませる。
- 品質を安定させる。

エール

今も英国に残るエールはビールの仲間でより原始的な飲料。古くは神に捧げる飲み物で、祭の日には貧者もお菓子とともにエールを楽しんだ。かつてはビールより格上で人気もあったが、14世紀からの熾烈なシェア争いの後、大量生産されるビールに敗北して衰退していった。

用語解説

- **●芸術性が高い杯**→当時フロンティヌスという名高い職人がいた。
- **●ラブレー**→フランソワ·ラブレー。1483？-1553。フランスのルネサンスを代表する人物で、『ガルガンチュア物語』の作者。
- **●古式ビール**→パンや麦を水に浸すという昔ながらの製法で造られる。現在も製造されている飲料としてロシアのクワス、フィンランドのサハティがある。

No.052

四体液説に支配された中世人の健康

古代ギリシャで発案された「四体液説」とキリスト教的世界観に基づく「存在の大連鎖」。中世食文化の基本はこの2つに縛られていた。

●食材も調理法もスパイスもソースも食べる順番も決まる

人体を流れる体液は血液、粘液、黄胆汁《たんじゅう》、黒胆汁の4種の体液からなり、そのバランスが崩れると体調を崩したり、憂鬱《ゆううつ》や不眠や焦燥感をもたらす。そして、全ての食材も四体液に対応した寒暖、乾湿の性質を持つと考えた。さらに食材は**粗精**にも分かれる。

さまざまな食材をバランスよく使った料理を食べることが健康を維持する秘訣――中世の人々はそう考えていた。このため、料理人は四体液説に詳しかったし、貴族に招かれた医者が料理の監修をしたり料理書を書くこともあった。

四体液説は食べ合わせだけでなく、調理法や食べる順番にまで影響を与えた。素材の性質に合っていない調理は許されず、適切な順番で食べないと消化不良を起こすとされたのである。欧州料理では後にソースが発展していくが、そもそもは食材の性質を調整するためだった。

そして中世に珍重されたスパイスは、食材の性質を加減するのに必要不可欠とされた。

実は四体液説は古代ギリシャの**ヒポクラテス**が提唱し、その後のローマ時代に盛んに実践された。ヨーロッパでは中世から17世紀くらいまでは、この説に基づいた調理がされていた。四体液説に科学的根拠がないと分かるのは19世紀になってからである。

似たような学説は**世界中**にあり、それぞれ周辺地域に広まっている。例えば中国には**温冷説**があった。中国人は食材を温と冷に分け、バランスよく食べて人体を冷やし過ぎたり熱し過ぎないように注意していた。肉や脂肪が多い食材が温、野菜や乳製品は冷に相当する。このことから中国の料理人は医者と同等の役割を果たし、高い地位にいた。

ヒポクラテスの四体液説

古代ギリシャの思想が中世に健康論として流行したよ
10~12C
13~14C

4種の体液（四体液）が人体を構成する要素

バランスが崩れると体調や気分が悪くなるとされた。

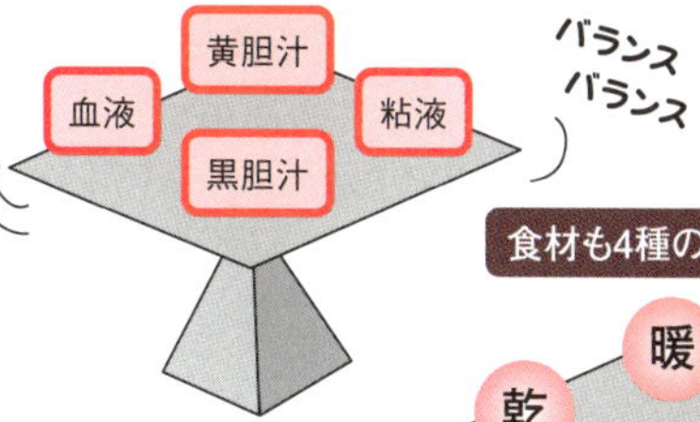
黄胆汁
血液
粘液
黒胆汁
バランス
バランス

食材も4種の性質を持っている

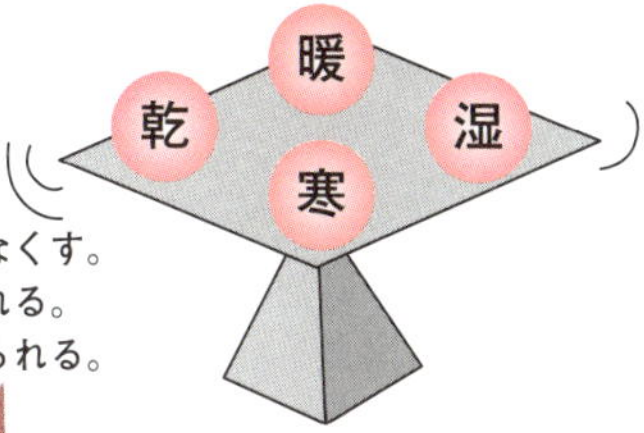
暖
乾
湿
寒

・食材を適切な方法で調理して性質の偏りをなくす。
・スパイスを加えることでバランスが変えられる。
・異なる素材で出来たソースをかけても変えられる。
・料理は適切な順番で食べる。

最初は推奨だったが、守らなければいけないことになった。

四体液説からの派生理論と習慣・迷信

生の食材は全て消化不良となる。生野菜や果物、生魚は好ましくない。

体調は季節に左右されるので、食事や行動でバランスを取る。『食養生歴』というカレンダーに、月ごとの推奨食材や推奨行動が記された。

調理の熱と胃での消化の二段階によって食材は消化可能となる。

でも貴族は美味な果物など医者の制止を振り切って食べた
16~17C
四体液説は17世紀まで信じられた

科学的根拠がないことが分かったのは19世紀になってからだよ
19C

用語解説

●**粗精**→粗と精。粗は庶民向け、貴族向きの繊細な食材が精である。
●**ヒポクラテス**→紀元前460？-375？　医学を迷信や呪術から切り離したギリシャの医者。「医学の父」。
●**世界中**→古代の中南米でも食材を熱、冷、中性の3種に分けており、食べ合わせに関しては四体液説や温冷説より厳しかった。
●**温冷説**→陰陽五行説とも関わっておりアジア全体に広まる。

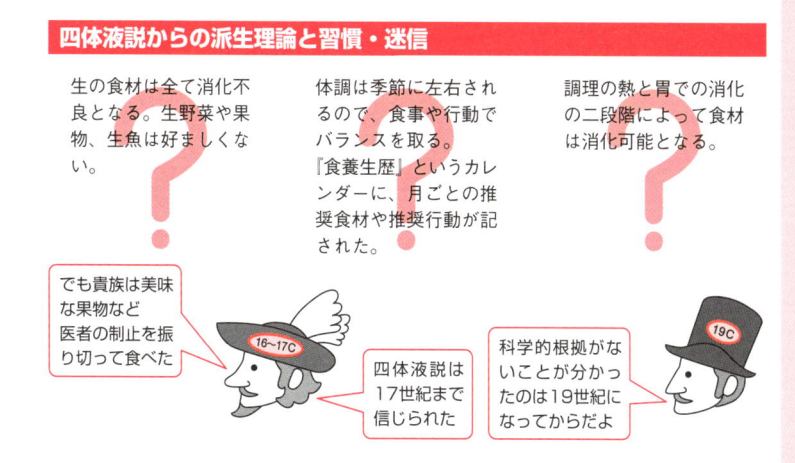

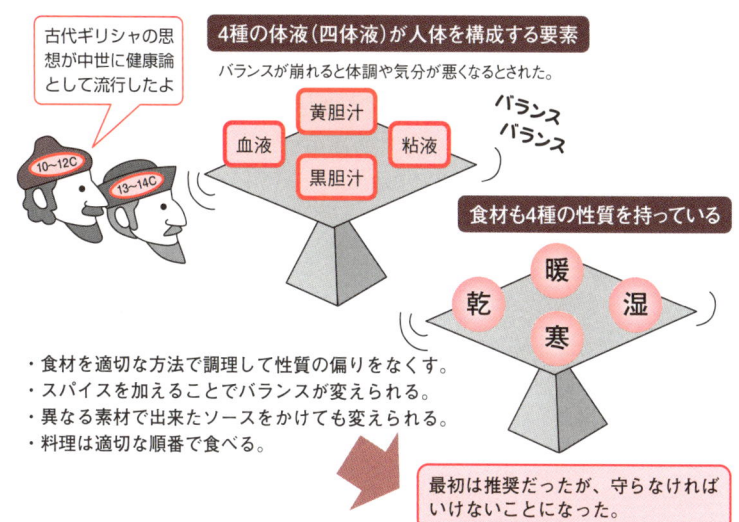

No.053

4大元素の化身とされた食材たち

生物、すなわち食材を分類して階層化したものを「存在の大連鎖」という。これも中世人の価値観の根幹にある哲学だった。

●食材には属性や順位があった

中世の哲学者らは生物に順位をつけていた。これが「存在の大連鎖」だ。全ての創造主である神がこの序列を決めたことになっている。

高位な順に鳥、動物、魚、植物となるが、これに食材としての貴賤をそのまま当てはめた。例えば鶏肉の方が豚肉より高級、豚肉はマグロより高級というわけだ。

植物がなぜ下かというと地面から生えて動かないからだ。鳥は天に近い所にいるので高位な生物とされた。さらには土、水、空気、火の4つの元素をも連鎖に当てはめた。おおむね土が植物、水が魚、空気が鳥で、火は実際には存在しない**幻獣**が当てられた。このやり方だと**獣類**は入る場所がないのだが、無理矢理、鳥と魚の間に入れて解決していた。

植物の中でも、根菜は下位で、樹上に実る果物は上位だった。海の生き物だと海底であまり動かない貝は最下位だが、イルカやクジラは時々水上に顔を出すので高級食品とされ、中世貴族は盛んに食べた。とは言え食べられない生き物もいる。上位にいるワシなどの猛禽《もうきん》類は貴族がペットとして飼ったりした。

階級社会だった中世では社会身分に応じたものを食べるとよいとされ、そぐわないものは体を壊すと言われた。

さらに**四体液説**も絡み、土は寒と乾、水は寒と湿、空気は湿と暖、火は暖と乾の性質があるとされた。

この法則と食材の特徴から性質が定められ調理の参考になった。例えば、牛は地上にいるので乾で寒、ガチョウは水辺にいるので寒で湿という具合だ。人間の性質は湿で暖とされたので、それに近づくようスパイスを加え調理すると、消化しやすい状態になるのである。

4大元素と食材

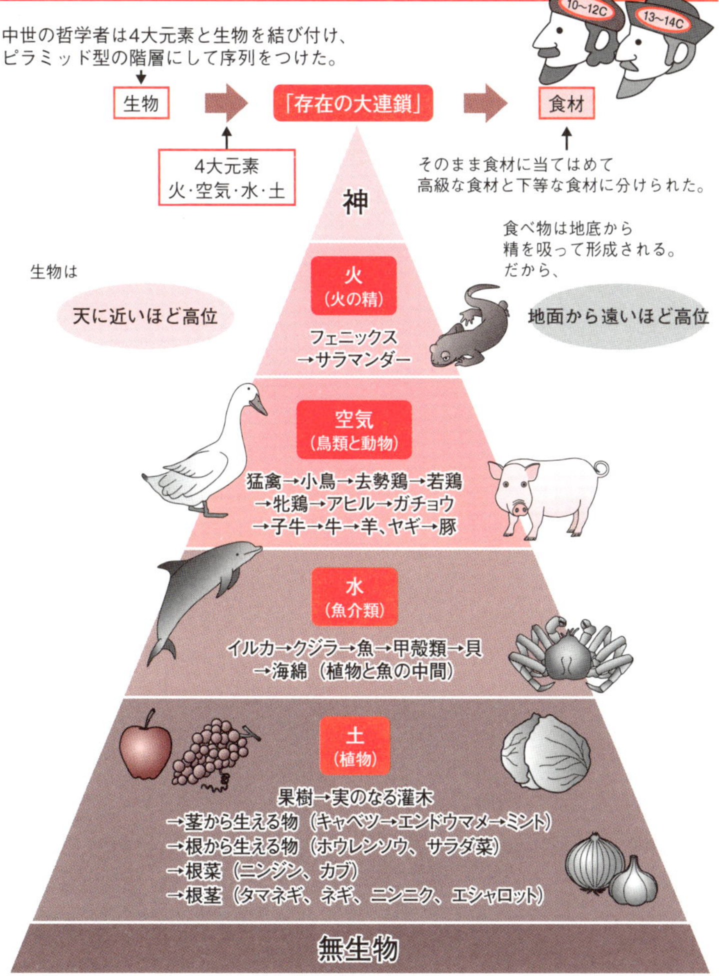
10~12C
13~14C
中世の哲学者は4大元素と生物を結び付け、
ピラミッド型の階層にして序列をつけた。
生物
「存在の大連鎖」
食材
4大元素
火・空気・水・土
そのまま食材に当てはめて
高級な食材と下等な食材に分けられた。
神
食べ物は地底から
精を吸って形成される。
だから、
生物は
天に近いほど高位
地面から遠いほど高位
火
（火の精）
フェニックス
→サラマンダー
空気
（鳥類と動物）
猛禽→小鳥→去勢鶏→若鶏
→牝鶏→アヒル→ガチョウ
→子牛→牛→羊、ヤギ→豚
水
（魚介類）
イルカ→クジラ→魚→甲殻類→貝
→海綿（植物と魚の中間）
土
（植物）
果樹→実のなる灌木
→茎から生える物（キャベツ→エンドウマメ→ミント）
→根から生える物（ホウレンソウ、サラダ菜）
→根菜（ニンジン、カブ）
→根茎（タマネギ、ネギ、ニンニク、エシャロット）
無生物

用語解説

- ●**幻獣**→フェニックスやサラマンダーなど、火に関係する想像上の生物がここに位置していた。
- ●**獣類**→通常、牛が最上位で最下位が豚だが、羊が最上位で牛が最下位という資料もある。他にも肉量が多い動物ほど上位だったり、塩漬け豚が最下位にされるなど地域や時代でゆらぎがある。
- ●**四体液説**→土には秋と黒胆汁、水には冬と粘液、空気には春と血液、火には夏と黄胆汁が関連している。

No.054

王侯貴族のアイデンティティーと調理法

肉を愛するゲルマン貴族は狩りの獲物を尊び、その調理にまでこだわりを見せた。また臆病な貴族は肉を食べることを禁じられた。

●勇敢かつ豪快でなければ貴族ではない！

中世の(騎士を含む)貴族は森での狩りを戦争の訓練——演習と見なしていた。よって狩りの獲物は戦士の誇りであり、味の方はさておき価値のある食材とされた。

カール大帝も毎日、焼き串で調理された野獣の肉を食べた。彼は他の料理よりもこうした狩りの獲物を喜んで食べたという。

シャルル6世も30人の猟師を抱えていて野獣肉が好きだった。その調理人だったタイユヴァンは30種以上の野鳥の料理法を残しているが、これは毎日何が捕れるか分からなかったからだろう。

貴族たちは春にウサギ、夏は鹿、秋にイノシシを狩った。冬は遊びで鷹を使ってアオサギやツル、カモを狩った。

肉の調理法について、中世の初期から貴族と農民では大きな差があった。農民は実利のためにゆで、貴族はアイデンティティーのため、権力の象徴として焼いたのである。農民のように肉をゆでるとうまみと滋養が増すし、肉汁も損なわれない。硬い肉でもおいしく食べられるだろう。貴族のように網か串で直火焼きにすれば、野生から捕ってきたというイメージはそのままに、ワイルドさが食欲をそそる。

カロリング朝時代には、大失敗をした者や臆病な者に対して、「生涯肉食禁止」という罰が下った。これは「武器所持禁止」の罰とセットで下され、すなわち貴族の身分剥奪《はくだつ》という意味だった。

貴族は大食いもよしとされた。北欧神話やヨーロッパの民話には、神が大食いしたり、食べ比べをする話がよく出てくる。

むしろ大食いでない者は権力に近づけなかった。古代から中世にかけてのヨーロッパでは「位の高い者ほど食欲も旺盛」と信じられていた。

貴族と食

貴族の罰と出世は食にあり

- 大失敗をした貴族
- 臆病な貴族

→ 罰 → 武器所持禁止 / 生涯肉食禁止 ＝貴族の身分剥奪という意味

- 大食いな貴族
- 大酒飲みの貴族

→ 出世 → 「位が高い者ほど食欲が旺盛」という風潮により

貴族と農民では肉の調理法が違う

貴族

狩りで獲物を仕留める。
誇りと権威のため、網か串で直火焼きに。
野性的でうまそうに見え、食欲をそそる。

農民

実利を取って、鍋でゆでる。
うまみと滋養が増し、肉汁も損なわない。
硬い肉でも食べられる。

ゲルマン人の神聖なバター

ヨーロッパ人の主流であるゲルマン系の人々は古代から肉を食べ、飲み物は乳清だった。さらにはバターやラードなど動物性の脂を使うなど、肉づくしの食生活を送ってきた。

バターは特に北欧や英国で好まれたが、当初は呪術に用いられる神聖または魔術的な食材として体に塗っていた。フランスではバターを病人のそばに置くと病気を吸い取るとされ、病人と一緒に埋葬された。

ちなみに、インドやチベットでもバターは聖なる儀式用の食材として扱われる。チベットのものはチーズに近い酸化バターで、ラマ僧の遺体は防腐処理の前にバターで煮られる。

用語解説

- **カール大帝→**在位768-814。フランク王国の国王。カロリング朝を開いたピピン3世の子でカール1世ともいう。800年には西ローマ皇帝を自称した。生涯で53回もの軍事遠征を行った。
- **シャルル6世→**在位1380-1422。フランス・ヴァロワ朝の第4代国王「親愛王」「狂気王」と呼ばれた。
- **カロリング朝時代→**8～9世紀、フランク王国2番目の王朝。

No.055

中世中期までの領主の食卓

中世初期はのんびりした雰囲気があって、領主と家来が同じテーブルで食事をしていた。権力者はよい意味で力を示すことが望まれた。

●館の使用人は家族と同等

6世紀から14世紀までの地方領主は、家来たちと**一緒に食事**をするのが普通だった。後に主人は自室で1人で食事をするようになる。

中世初期では食事内容は皆同じだったが、次第に高位者だけがアントルメ(No.058参照)という特別料理などを食べるようになる。

中世初期の主なメニューは香辛料入りのソースを添えた焼き肉、生肉がなければゆでた塩漬け肉、豆のポタージュなど、他にワインやパンだった。いずれにせよ肉食中心で、便秘や胆石、腎石で悩まされる者も多かった。

中世の料理は量が多いのが特徴で、多ければごちそうとされた。これも時代が下ると料理の質が上がって洗練されていく。

主人には最下級の使用人の16倍の量が出されるのが習わしである。当然、全部は食べ切れず、下々の者が食べ残しをもらう。卓上にはその食べ残しなどを入れる舟形の容器「**ネフ**」、それに銀の塩入れが置いてあった。あるいは残飯は窓から捨てて犬に与えることもあったが、洗練されたブルゴーニュの宮廷ではそんな不作法は禁止されていた。

動物や鶏《にわとり》の丸焼きが出る場合、主人は肩肉など美味な部位を切り分けて食べ、家来は残った筋や足などを食べた。肉の切り分けは名誉ある仕事とされ、後には主人の息子や若い騎士など身分の高い者が行うようになる。

臣下に食事を分ける風習があったため、**太った領主**は歓迎された。実際、領主が太っていれば、その地域の民も裕福な暮らしをしていたのである。地位と富が誇示されれば人々は安心し、統治も楽になった。

館での食費は収入の3分の1で、家計簿を見るとスパイスの出費は意外に少なかったようだ。王侯や大貴族は別として、宴会の時以外は領主も日常的にはスパイスを使っていなかったとされる。

一緒に食事した主人と使用人

6世紀から14世紀ごろまで
王でも地方領主でも、館の主は使用人たちと一緒に食事をした。

6~9C
10~12C

メニューは皆同じ。
量だけが違う。
主人には最下級の使用人の16倍の量が出される。
×16
下々の者は上位者の食べ残しをもらって腹を満たした。
ネフ
主人の食べ残しなどを入れる舟形容器。上位者と下位者の区切りともなった。
メニューはシンプル。
香辛料入りのソースを添えた焼き肉か、ゆでた塩漬け肉
ワイン
13~14C
豆のポタージュ
パン

中世の料理は量が多かった。
量が多ければごちそう。

臣下に食事を分ける風習から、太った領主は歓迎された。

↓

食べる量が多いから太っている。

↓

領主が食べる分が多ければ、臣下の取り分も大きい。

↓

肥満は富の象徴で、地位と富が誇示されれば人々は安心し、統治も楽になった。

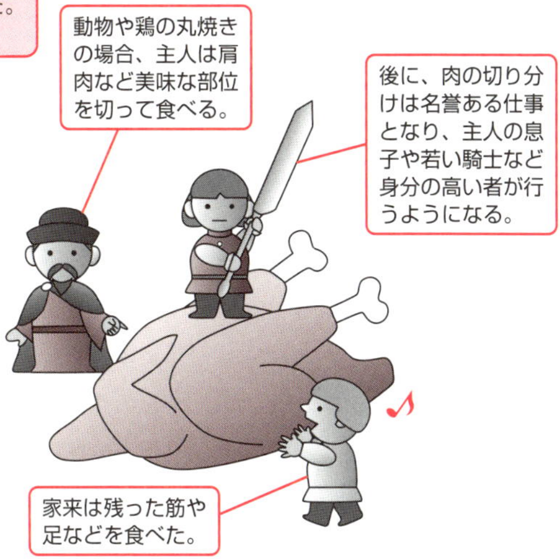
動物や鶏の丸焼きの場合、主人は肩肉など美味な部位を切って食べる。
後に、肉の切り分けは名誉ある仕事となり、主人の息子や若い騎士など身分の高い者が行うようになる。
家来は残った筋や足などを食べた。

用語解説

●**太った領主**→フランスのルイ6世は1日に8回食事し、英国のヘンリー8世は歩けないくらい太っていたとされる。

No.056

初めは手づかみで食べていた中世貴族

16世紀後半に日本を訪れた西洋人たちは日本人が箸《はし》で食事しているのを見て驚いたという。当時、彼らは手づかみで食事をしていた。

●中世初期の宴会風景

中世初期の食卓では、2人か4人一組のところに料理の皿が出された。取り皿はなく、酒杯も共用だ。当時は手づかみの食事で、フィンガーボールの水は新しい料理が運ばれるごとに取り替えていた。この水は水ではなく香りの付いた湯で、香り付けにはセージ、ローズマリー、カミツレ、マヨラナなどのハーブと、オレンジの皮か月桂樹の葉が用いられていた。

料理の皿はトランショワール(板状の硬いパン)で、汁を吸ってふやけたら取り替える。これは後でワインやミルクに浸して食べるか家来や犬に与えた。

男女が出席する宴会では、女性は男性の左か、あるいは隅にまとまって座った。男性だけの、または女性だけの食事会もあった。結婚式では花嫁は食べることを許されず、何時間も黙って**座っていなければならなかった**。英国の酒の席では、女性は悪酔いを防ぐために1～2杯飲んだら席を立つことになっていた。

中世貴族の典型的な食事メニューは肉、ワイン、パン、それに卵かチーズである。それが生活が豊かになるにつれ多くの料理が卓上を飾るようになる。砂糖が入手できるようになると、デザートにゼリー、タルトやパイ、アーモンドペーストでライオンや王冠を象った菓子なども流行した。

また、貧富の差が開いてくると地位の高い人だけが専用の料理を食べるようになる。宴会でも王が食事している間は同席する臣下は食べなかった。宴では音楽が流された。

ノンアルコール飲料は初期には牛乳や乳清、バターミルクなどがあった。ドイツ周辺ではアーモンドミルクが好まれた。これは皮を取ったアーモンドを布袋に入れて数時間おきに白い液体を**搾り出し**、水やミルクを加えたもの。レモネードや**パンチ**が登場するのは近代になってからである。

宴会のテーブル

2人か4人一組のところに料理の皿が出される。
取り皿や食器は無し。酒杯も皆で共用。
料理の皿はトランショワール（板状にした堅いパン）。汁を吸ってふやけたら取り替える。
うま～
モグモグ
次あれ食べよう
手づかみで食べ、フィンガーボールの水は新しい料理ごとに取り替える。
酒以外の飲料も出ることがあった。牛乳、乳清、バターミルク、アーモンドミルク（中部ヨーロッパ）など。レモネードやパンチが登場して女性に人気となるのは近代になってから。

手づかみ時代のテーブルマナー

当時のマナー集を見ると、現代では考えられないような不作法があったらしいことが分かる。

「テーブルや食器に指や口の跡を付けない」
「ナイフで歯をほじらない」
「食べながら酒を飲まない」
「スープは音を立てて飲まない」
「テーブルクロスで口を拭かない」
「皿に指を深く入れてはいけない」
「口に入れた物を戻さない」
「手を付けた物を人にやらない」
「骨をしゃぶらず、肉は備え付けのナイフで切る」
「食べ物以外に触れてはならず、頭や鼻をかかない」
「塩入れに肉を入れず、皿の上で肉に塩を付けるようにする」
「唾を吐いたり、ゲップしたり、冷ますために息を吹きかけない」

ペタペタ
ゲップ
グビグビ
ムシャムシャ
ホジホジ
ウェッ
グエッ
オエ～
ズズ～
ペチャペチャ
ペッ

用語解説

●**座っていなければならなかった**→現代のアラブでも同じ習慣である。
●**搾り出し**→または乳鉢でアーモンドを砕いて水を加え、ミルクに浸して濾過する。17世紀からは庶民も飲めるようになった。
●**パンチ**→砂糖水にレモンや香辛料を入れたカクテル。

No.057

ごちそうはどぎつい色でくどい味

中世の王侯貴族はぜいたくをしたが、必ずしもうまいものを食べていたわけではなさそうだ。当時は料理の色が味より優先されていた。

●鮮やかな色であれば美味なる物

中世の宮廷料理でまず重視されたのは量、次に色や香りだった。当時は主に色で料理が判断された。

色には黒、緑、黄、ピンク、茶、赤、青、白などがある。英国では黄と赤、大陸では茶色や白が好まれた。食材の色か着色料やスパイスに頼るが、特別な樹脂で強い赤を、ヒマワリを利用して青と赤、サフランで強い黄が表現できた。

●中世ならではの中世の味

味は甘み、辛み、酸味の3種が認められた。フランスではまず酸味、次に辛みが好まれた。イタリアや英国では甘みが第一、次に酸味が好まれた。当時は苦みは嫌われており調味料で調整された。

砂糖が普及する14世紀まで、甘みは蜂蜜やドライフルーツ(レーズンやナツメヤシなど)で付けた。辛みはスパイスで付け、酸味は酢を使った。酸味は南欧であればレモンを使うこともあった。塩には最大30%もの重税がかかっていたため、塩気の強い料理は**意外と少なかった**。

調理法も一風変わっていて、焼いただけの肉は野蛮とされ、ゆでた後にあぶり焼きするようになった。これは肉汁や脂が出てしまってまずくなる。そのためか中世末期からはバターも多用するようになる。

後に砂糖が入手しやすくなってくると、各国で強い甘みが好まれるようになり、市民にも普及していく。スペイン人は強い辛みも求め、当地の料理は外国人が食べられないくらいに甘みと辛みが強かった。

概して中世人の味覚は現代人と異なり、現代人がおいしいと思える料理が出現するのは15世紀になってからとなる。

中世宮廷料理の好み

中世の宮廷料理で重視された要素

1位	2位	番外	
量	色と香り	味	味は問題ではない。味覚が現代と違っていた。

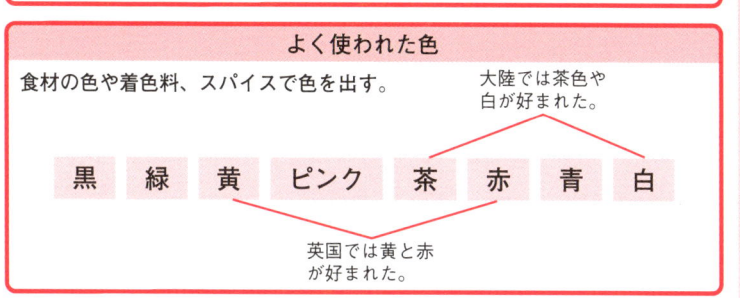

よく使われた色

食材の色や着色料、スパイスで色を出す。

黒　緑　黄　ピンク　茶　赤　青　白

大陸では茶色や白が好まれた。（茶・白）

英国では黄と赤が好まれた。（黄・赤）

中世に好まれた味

	甘み	辛み	酸味	苦み
	砂糖が普及するまで甘みは蜂蜜やドライフルーツを利用。	辛みはスパイスを利用。	酸味は酢を使う。南欧であればレモンを使うことも。	嫌われており調味料で消された。
国別味の好み				
フランス		②	①	
イタリアや英国	①		②	
スペイン	②	①		

※①は一番の好み。②は二番目の好み。

その他の奇妙な習慣

焼いただけの肉は野蛮と考えられるようになり、ゆでた後にあぶり焼きした。すると肉汁や脂が抜けてまずくなるので、バターを多用した。

野菜は敬遠され、ひと月に1回か2回しか食べなかった。

用語解説

●**意外と少なかった**→もちろん時と場合による。宮廷では塩はふんだんに使うことができたし、貧富の差が広がると、富める者は塩をどっさりと使うようになっていった。

No.058

宮廷に登場した巨大な演し物料理アントルメ

現代も西洋料理にあるアントルメは、中世では巨大な演し物を意味した。それは余興だったが、政治的メッセージを発することもあった。

●きれいな小料理から見せかけの装置に変化

14世紀には「**アントルメ**」という特別な料理が供されるようになった。

初期のころのアントルメは上座にいる者だけに出される追加料理を意味し、肉料理の合間の箸休《はしやす》めの軽いメニューのことだった。それらは色や香りを付けた小麦や豆の粥《かゆ》で、後にゆでた臓物や煮こごりも出された。

現代のコース料理に出てくるアントルメというのは、この、ごく初期のアントルメと同じようなタイミングで出てくる口直しか食後のデザートのどちらか。前者ならシャーベット、後者なら甘い菓子や果物である。

中世のアントルメは、それほど時を経ずして、客を喜ばせる余興《よきょう》・見世物・演《だ》し物《もの》・縁起物に変わる。イノシシの頭とか孔雀やツルの丸焼き料理で、金箔や紅や白の飾りが付けられることもあった。これらは食べられないどころか、腹を壊すような代物だった。

置かれる場所も貴賓席《きひんせき》でなく、少し離れた目立つ場所になった。孔雀料理などは終わったらよそへ売られ、使い回しされることもあったという。

そのうちに、ほとんど食べられないアントルメも登場した。

城のミニチュアとか、ワインが噴き出す噴水、たくさんの生きた鳥を詰めた硬いパイ生地の鍋などだ。ここまで来てしまったアントルメはもはや料理ではない。「部品に食材を使っている演し物」ということになる。

アントルメは富や権力を知らしめる道具としてだけでなく、政治的な効果を狙って出されることも多かった。ブルゴーニュ宮廷で出したアントルメは十字軍参加者を募《つの》るための演し物だったという。そのための**宴会**は、昼過ぎから夕方までとか、夕方から夜中までなどの適当な時間に開かれ、何日にもわたって連続で開いたりした。

アントルメ（演し物料理）

かつては館の全員が同じものを食べた。

初期のアントルメ

14世紀から上座の者にだけ追加料理が供された。

肉料理の合間の箸休め

・色や香りを付けた小麦。
・豆の粥。
・ゆでた臓物。
・煮こごり。

アントルメの変化その1

客を喜ばせる余興・見世物・演し物・縁起物に変化。

見て楽しむ料理
目立つ場所に置く。

・イノシシの頭。
・孔雀やツル、白鳥の丸焼きに金箔や紅や白の飾りを付けた料理。

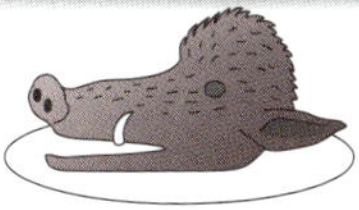

アントルメの変化その2

さらに大がかりな見世物へ。

料理ではなく部品に食材を使った演し物

富や権力を知らしめる道具
政治的な効果を狙ったアトラクション

例えば
名家の結婚式の演し物。
十字軍参加者を募る催し。
主賓の決意表明の場。

・城のミニチュア。
・ワインが噴き出す噴水。
・兜を被った鶏。
・生きた鳥を詰めた硬いパイの鍋。
・船に載った騎士の像。
・聖女の像。
など

孔雀料理

孔雀は見た目が豪華なためにアントルメにはよく出てきた。肉はまずいが、中世から17世紀までヨーロッパ貴族の宴席を飾り続けた。ヨーロッパでは極楽の鳥で不死の象徴とされて腐らないとされた。アーサー王伝説にも孔雀料理が登場している。

皮を剥いでローストし、中にひき肉か小鳥の肉を詰め、串や針金などを使ってポーズを取らせ、翼を広げ、皮を被せた。頭や脚は取っておき、後で肉に付けてクチバシや脚に金粉を塗る。

ガチョウを調理し、孔雀の羽や皮などを移植して孔雀料理に見せかけることも行われた。

用語解説

●**宴会**→豪華な料理を食べたりどんちゃん騒ぎをすることになり、当然、教会ににらまれることも多かった。

NO.059

料理書に残る豪華なアントルメ

宴会で出される規格外の料理となったアントルメのため、料理人は調理の他に日曜大工や紙工作のような作業をすることになった。

●やり過ぎ感が否《いな》めない演《だ》し物《もの》

記録にある演し物アントルメのひとつ「ヘルメットを被った雄鶏」は、ロースト豚の上にまたがったロースト鶏に紙製のヘルメットを被らせて槍を持たせ、金銀、白、赤、緑色で塗ったものである。鶏《にわとり》には詰め物がしてあったが、食べられたかどうかは分からない。これでも他に比べればまだ素朴なアントルメである。

1453年にある貴族の婚礼で出されたアントルメは「白鳥の騎士」という。

白鳥を抱いた騎士が載る船の模型で、仕掛けがしてあった。模型には人が入っていて船を動かすことができたのである。作り方が当時の料理書に載っているが、白鳥も騎士も船も、羊皮紙や羽毛や動物の毛や木材で作られていて、可食部は全くなさそうだ。1343年、フランスのアヴィニョン郊外に法王クレメンス6世が招かれた時には「ワインの噴水」が公開された。1本の円柱に5つの吹き出し口があって5種類のワインが噴き出すというもので、宴会で出さなくてもよさそうな代物だった。

15世紀末、ドイツのヒルデスハイム市長の宴会で「**城**」という大作が披露されている。これは4つの塔を持つ巨大な城の模型で、4人で担ぐ神《み》輿《こし》のようになっていた。

城の中央は「愛の泉」といって、ローズウォーターとワインが噴《ふ》き出す仕組みになっている。ローストした孔雀や白鳥にまた皮を被せ、生きているように見せかけたものが載り、模型の怪物の口からは樟脳《しょうのう》を使った熱くなく燃え移らない火が出るようになっていた。さらに台座に隠れている数人の子供が楽器や歌で客を楽しませる。このアントルメにはちゃんと食べられる部分もあって、いろいろな動物を模したひき肉料理、メインと思われる調理済みカワカマスなどがあった。

ヒルデスハイムの「城」

15世紀末、ドイツのヒルデスハイム市長の宴会に登場したアントルメ。

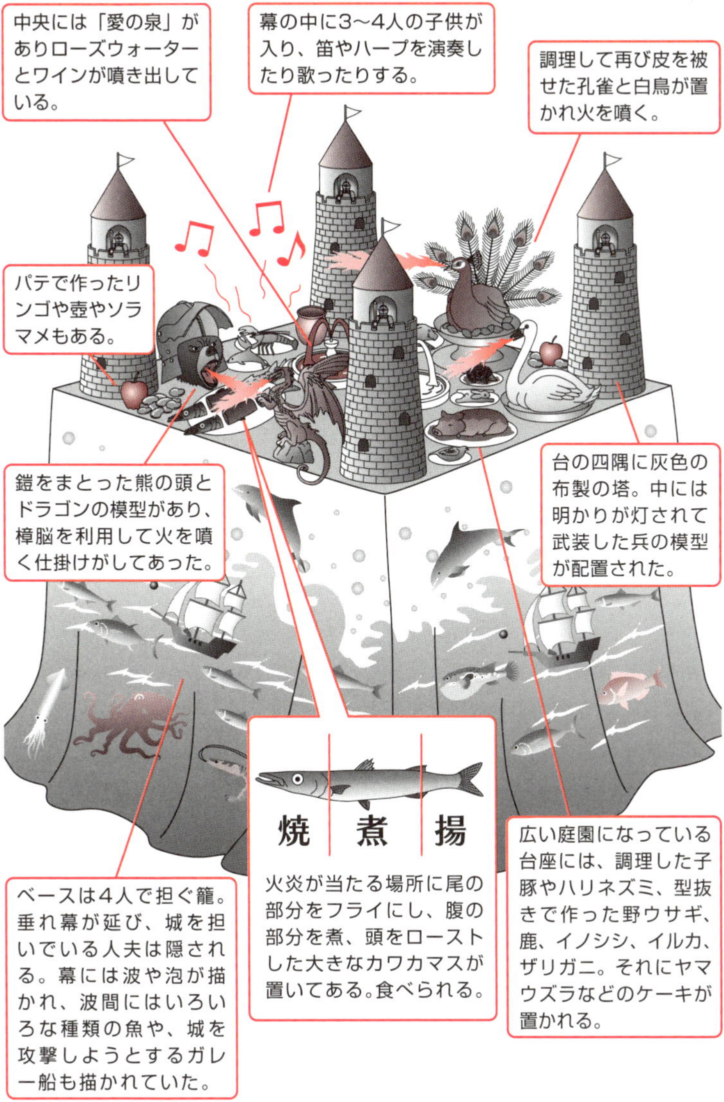
中央には「愛の泉」がありローズウォーターとワインが噴き出している。
幕の中に3～4人の子供が入り、笛やハープを演奏したり歌ったりする。
調理して再び皮を被せた孔雀と白鳥が置かれ火を噴く。
パテで作ったリンゴや壺やソラマメもある。
鎧をまとった熊の頭とドラゴンの模型があり、樟脳を利用して火を噴く仕掛けがしてあった。
台の四隅に灰色の布製の塔。中には明かりが灯されて武装した兵の模型が配置された。
焼
煮
揚
火炎が当たる場所に尾の部分をフライにし、腹の部分を煮、頭をローストした大きなカワカマスが置いてある。食べられる。
ベースは4人で担ぐ籠。垂れ幕が延び、城を担いでいる人夫は隠される。幕には波や泡が描かれ、波間にはいろいろな種類の魚や、城を攻撃しようとするガレー船も描かれていた。
広い庭園になっている台座には、調理した子豚やハリネズミ、型抜きで作った野ウサギ、鹿、イノシシ、イルカ、ザリガニ。それにヤマウズラなどのケーキが置かれる。

No.060

ワイン製造を独占した修道院

ワインは最初は自家製で、特に産地であれば誰でもブドウ畑を持っていた。やがては修道院がワインの大量生産を始めるようになった。

●飲み水の代わりに飲酒していた中世人

11世紀以降、ワインは各国の修道院で造るようになる。その領地にはブドウが植えられ、醸造所が建てられた。儀式で必要なワイン生産が教会で事業化されるのは必然だった。修道院では他にチーズやバターの生産、養蜂なども行っていた。

当時の教会はヨーロッパ全土を席巻《せっけん》する一大勢力で、領民から税金を取っていた。事業の基礎が整っている上にワインやチーズの販売でももうけるので、当時一番金を持っている組織だった。12世紀ごろの教会では、修道僧に1日250ミリリットルのワインを支給していたという。

と言っても僧侶らは飲んだくれていたわけではない。もともとヨーロッパの生水は体に悪く、ワインは飲み水代わりだったのである。少なくとも18世紀後半に価格が高騰するまでは、貧農もワインを飲んでいた。

子供には水で割って薄くしたワインが与えられ、奉公人は搾りかすに水を加えた「ピケット」を飲んだ。「メール・グッド」はブドウから滴《したた》った汁や樽からあふれたワインのことだ。クリスマス用には蜂蜜とスパイス入りの「ネクタール」があり、薬草入りワインは薬として用いられた。

特殊なカビに冒されたブドウで造る甘い貴腐《きふ》ワインは、ドイツとフランスとハンガリーの一部でしか取れない貴重品だ。**シャンパン**は17世紀、試行錯誤の末に完成した発泡ワインで、正式にはシャンパーニュ地方以外の発泡ワインは「ヴァン・ムスー」と呼ぶ。

酒造技術が未熟なため、当時のワインは保存ができなかった。1年経ったら翌年のワインに混ぜたり、スパイスやハーブを加えて飲んだ。放っておけば酢になるので、それはそれで使い道はあった。またワイン樽を地下に置いて暖め、甘くしたり度数を上げる試みもなされた。

ワインと修道院

11世紀から

ワイン製造は　自家醸造 → 修道院

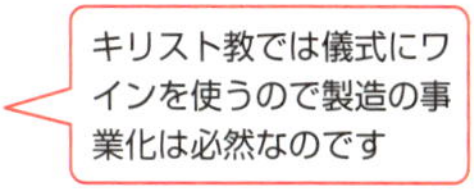
キリスト教では儀式にワインを使うので製造の事業化は必然なのです

10~12C

生水は体に悪い　だから、ワインは飲み水代わり

誰もが飲んでいた「生活必需品＝飲み水」を教会が握ることになった。

さまざまなワイン

子供向け	ワインの水割り
奉公人向け	搾りかすに水を加えたピケット
病人向け	薬草入りワイン
クリスマス用	蜂蜜とスパイス入りのネクタール

高級な変わりワイン

発泡ワイン	シャンパーニュ地方のシャンパン
貴腐ワイン	特殊なカビに冒されたブドウで造る甘いワイン

ソムリエの起こり

ワインを味見し評価するソムリエの発祥はナポリである。当時は飲食物に毒を忍ばせての暗殺が横行しており、ソムリエの第一の役目はワインの管理だった。

毒味の際には「ユニコーンの角」や「蛇の舌」といったアイテムが使われた。ユニコーンの角とは海獣イッカクの角で、毒が入っているとワインが泡立つとされた。蛇の舌は蛇皮のナイフで、蛇毒に反応すると信じられた。

当時のワインは粘りけや酸味があり、地域や時代によっては水割りで飲んでいた。また列席者はそれぞれ好きな銘柄のワインを飲んでいたのでそれぞれを毒見する必要があった。

用語解説

●**シャンパン**→最高級シャンパンとされるドン・ペリニオンというのは、シャンパンの発明者ピエール・ペリニオンに由来する。

No.061

野趣あふれるジビエと去勢鶏

野獣の肉は「ジビエ」といい昨今日本でも人気である。中世初期の人々は野獣を家畜と同じくらい食べ、癖のある肉をよしとしていた。

●野生の肉を存分に賞味した中世貴族

10世紀までは誰でも狩りができたが、それは後に貴族の特権となる。鹿、野ウサギ、イノシシ、ヘラジカ、アンテロープ、野羊、野ヤギ、熊、それに大型や小型の鳥類が狩りの対象で、変わったものとしてはコウノトリやカワウソがある。全てを同じように調理したが、野獣肉には**興奮作用と強壮作用がある**と考えられた。

狩りの時に犬に追わせるのは、獲物を疲れさせて肉を柔らかくするためでもあった。家畜でない動物の肉は硬い。

またヨーロッパでは伝統的に、仕留めた大型の獲物は後日に食べる。逃げる獣の筋肉には乳酸が多量に含まれていて、中毒を起こす恐れがあるからだ。日が経てば乳酸は蒸発し、熟成して肉もうまくなる。ただし、鳥類の肉は水分が多く、死んですぐ腐敗が始まるので早く食べた方がよい。

中世にはしっかり血抜きをする習慣がなかったので、肉は今よりはるかに生臭くてまずかったと思われる。しかも1300年前後の料理書には、肉の風味を強くするため、数日放置して腐敗させたり、肉に鶏《にわとり》や去勢鶏の血を塗りたくるようにとの指示がある。

●去勢した鶏は最高のごちそう

去勢した雄の鶏は、富裕層に最も食された家禽《かきん》である。ヒヨコの時に精巣を取ってあり、そうすることで肉付きがよくなっている。

ジビエと対照的に人の手で作られた食材だが、健康によく、性格がよくなり、ハンセン氏病に効果があり、脳を食べれば鼻血を防ぎ、人の脳を成長させ、感覚を鋭くするなどの薬効が信じられた。去勢した動物は日本ではなじみがないが、ヨーロッパでは今でも人気がある高級食材だ。

野獣肉（ジビエ）と去勢鶏

野獣肉（ジビエ）

興奮作用と強壮作用があると考えられた。

犬に獲物を追わせるのは、疲れさせて肉を柔らかくするため。

逃げる獣の筋肉には乳酸が多量に発生しており、食べると中毒を起こす。

経験則から肉は日が経ってから食べた。
日が経てば乳酸は蒸発し、熟成して肉もうまくなる。

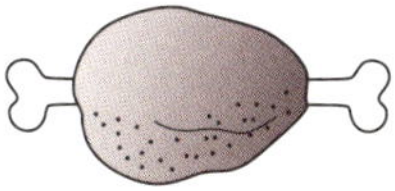

血抜きと風味

中世には、しっかり血抜きをする習慣がなかった。
よって、肉は現代よりはるかに生臭くてまずかったと思われる。
しかし、当時の料理書には以下のように書かれている。

肉を数日放置して腐敗させ、風味を強くする。
鶏や去勢鶏の血を肉に塗って、味に深みを出す。

→ 肉の風味はさらに強くなった。

去勢した雄の鶏は、富裕層に最も食された家禽である。去勢することで太りやすくなり肉付きがよい。
ヨーロッパでは今でも人気がある高級食材。

信じられていた薬効
- 健康によい。
- 性格がよくなる。
- ハンセン氏病に効果あり。
- 脳を食べれば鼻血を防ぐ。
- 人の脳を成長させる。
- 感覚を鋭くする。

中世貴族のバカ騒ぎとスパイスにまつわる逸話

中世貴族は派手なお祭り騒ぎをし、食事で高価なスパイスを湯水のように消費することもあった。当時は疫病や飢饉、戦争などで閉塞し、誰もが恐怖や社会不安を抱えていた。それで貴族は騒いで不安をかき消していたとも言われる。

中世人はスパイスにおとぎ話めいた逸話を付けた。

胡椒の粒が黒いのは焦げたからだという。産地では胡椒の木は蛇に守られ、蛇を退けるのに火が焚かれ、胡椒も焦げたというのである。また、シナモンはフェニックスの巣にあるとされていた。

用語解説

●**興奮作用と強壮作用がある**→この考えは正しい。

No.062

ヨーロッパでの卵の調理法と占い

鶏がいれば簡単に入手でき、しかもさまざまな料理に使える卵は中世でも人気で、現代とあまり変わらない使い方がされていた。

●手軽に広く使用できる食材

鶏卵《けいらん》は栄養のある人気食材だった。しかし鶏《にわとり》自体が高級食材だったので、その卵も安くはなかっただろう。また鶏卵以外の鳥の卵も食卓に供されていた。

卵料理には、ゆでたり、目玉焼きにしたり、スクランブルエッグなどはもちろん、ひき肉や魚やレーズンの入ったオムレツ、卵白だけを使ったパンケーキが挙げられる。もっと手が込んだものだとサフランで色を、セージで香りを付け、鶏ガラで出汁を取り、ちぎったパン、卵入り肉団子、溶き卵を入れたスープが知られている。卵黄は串焼きの肉に照りを付けたり、菓子を飴色に色付けするためにも使われた。カスタードクリームやスフレのような卵菓子も意外に古くからあった。

●卵占い

中部ヨーロッパによく見られた風習として卵を使ったさまざまな占いがある。生命を暗示する卵だからこそ、占いに使われたのだろう。

例えば年間天気占いがある。クリスマスイブに12個の卵の殻に1～12の数字を書き塩を詰める。これを翌朝まで放置して塩が湿ったなら、その卵の数字の月は雨が続くとされた。

クリスマスのミサの教会の鐘が鳴っている間に、小川から汲んできた水を入れた鍋に卵を割り入れるという方法もある。浮かんでいる生卵の形で物事を占った。クリスマスイブの卵の占いとしては、もっと簡単にその日に食べる卵の黄身が双子だったら大吉というシンプルなやり方もあった。

ババリア地方では、若い雌鳥が最初に産んだ卵を冷たい水の中で割る。その卵黄の形が娘の結婚相手のことを暗示するとされた。

中世の卵の調理法

・ひき肉や魚やレーズン入りのオムレツ。
・卵白だけ使ったパンケーキ。

・スパイスやハーブで味付けした肉団子入り卵スープ。

・ゆで卵。
・目玉焼き。
・スクランブルエッグ。

・カスタードクリーム、スフレなどの菓子。

・卵黄を料理に塗る。串焼きの肉に照りを付けたり、菓子を飴色に色付けする。

卵占い

卵を使ってさまざまなことを占う。中部ヨーロッパで広まった風習。

●年間天気占い

クリスマスイブに、12個の卵の殻に月を表す1～12の数字を書き、それに塩を詰める。翌朝まで放置して塩が湿った卵の月は雨が続く。

●クリスマスの鍋の卵占い

クリスマスのミサの教会の鐘が鳴っている間に、小川から汲んできた水を入れた鍋に卵を割り入れる。浮かんでいる生卵の形で物事を占う。

●クリスマスイブに食べる卵の黄身が双子だったら大吉。

●若い雌鳥が最初に産んだ卵を冷たい水の中で割る。

卵黄の形がその家の娘の将来の伴侶を暗示する。

No.063

食べてはいけない肉と断食日

キリスト教が支配する中世世界で、人々をうんざりさせていたのが頻繁にある断食日だった。この日には肉や乳製品が食べられなかった。

●王侯貴族にも民衆にも嫌われた断食日

キリスト教にはユダヤ教と同様に数多くのタブー食材があったが、信者に大変不評で、9世紀には全ての食材(特に肉)の食用許可が出た。ヨーロッパの人々が**習慣的に避ける肉**もあった。イヌ科とネコ科の動物全般、イタチ、ネズミ、猿、ゾウ、猛禽《もうきん》類、カラス、それに馬やロバは禁止されていなくても食べなかった。

キリスト教には**断食日**というものがある。時代や地域で違うが、四旬節、四季の祭日、祝日の前日、そして毎週金曜日がそれに当たり、年間約93日間ある。この日は日没後にだけ食べることが許されるが、獣類や**鳥の肉**、乳製品、卵などは禁止で、人々は代わりに**魚**や**精進料理**を食べた。だから肉を食べたい貴族や庶民は断食日を嫌った。

ちなみに断食は子供、老人、病人、旅人や重要な仕事をしている人は免除される。飢饉《ききん》時も全面解除となる。逆に僧侶は年中、動物の肉類を食べてはいけない。この宗教的制約が中世の食文化に影響を与えたのは言うまでもないが、例外的にいつでも食べてよい肉があった。

例えば北欧からドイツまでの地域にたくさんいたビーバー。毛皮も採れるが、肉はマグロやウナギのような味がして尾が特にうまいという。ビーバーは獣と魚の中間の生き物とされ、特にドイツでは古代から16世紀まで盛んに食べ、修道士も好んで食べた。

また、北極の黒ガンも姿形が果実や貝に似ていることから、断食日でも食べてよいとされた。こじつけでも何とか肉を食べたかったのだろう。

後にルネサンスや宗教改革を経ると、キリスト教の典礼儀式はゆるくなった。特にプロテスタント国家の英国では断食しなくなり、魚を全く食べない人も多くなった。

断食日に食べてよい物、ダメな物

キリスト教の断食日
年間で93日間

- 日没後だけ食事をしてよい。
- **動物や鳥の肉、乳製品、卵は禁止。**
- **魚介類はOK。** 野菜もOK。

でも魚介類は不人気な食材。後に断食日の習慣が廃れると地域によっては魚を全く食べなくなった。

王侯貴族も民衆も、肉やチーズを食べられない断食日を嫌がっていた。

断食日に例外的に食べてよい肉

ビーバー

なぜならビーバーは獣と魚の中間の生き物とされたから。

北欧からドイツまでの地域にたくさんいた。特にドイツでは古代から16世紀まで盛んに食べられ、修道士も日常的に食べた。マグロやウナギのような味で特に尻尾が美味（らしい）。

黒ガン

なぜなら黒ガンは木の実または貝の仲間とされたから。

エボシ貝が角度によってガチョウに見えることから「黒ガンは海を漂う流木に付いたエボシ貝から生まれる」という伝説があった。また地方の伝承に「黒ガンは水に落ちた種から生えてきた木の果実」というのもあった。

用語解説

- **●習慣的に避ける肉**→うまい肉もあるが、多くは「臭物」といってまずい肉だった。
- **●断食日**→裁判でも罰として特定日の断食が命じられることもあった。
- **●鳥の肉**→中でも水鳥は鳥と魚の中間の生き物として食べてよいとされる場合もあった。
- **●魚**→断食日は禁欲日からきている。魚は色欲をかき立てないとされたので食べてよいとされた。
- **●精進料理**→例えばチーズが入っていない「チーズの香りパイ」が知られている。

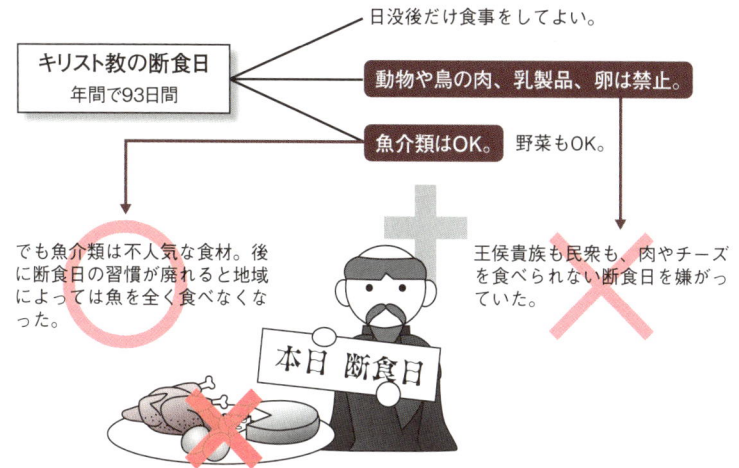

No.064

庶民をうんざりさせた塩漬けニシン

中世から近代にかけて多くの人々が宗教上の理由で塩漬けニシンを食べていた。それを皆がうんざりしていたという記録が数多い。

●魚は肉に劣ると信じられていた時代

繁殖力に優れ大量に捕れる魚は、時代や地域を問わず庶民の食べ物であることが多かった。キリスト教においても魚は聖書で推奨された食材で、僧侶は常食にしていた。だが一般人には好かれなかった。

肉は人にパワーを与えると信じられていた。肉の赤身や脂肪はプラスのイメージで、食べた人の気分を明るくする。対する魚の白身は冷えたイメージで、食べた人の気分を悲しくさせると考えられ、医者も魚は栄養に劣ると説いた。それで結局、ヨーロッパでは魚は節制または苦行を意味するものとなり、断食日には社会全体で魚類を食べた。

最初は川魚と海魚があったが状況が変わる。中世末には漁の技術もだいぶ発達し、川魚は根こそぎ捕られるようになった。一応網の目を広くするなど資源保護の法律も施行されたが、**川魚は激減して**法外な値段になった。1260～1420年までの間に羊肉の値段はインフレで75％上がったが、魚は16倍にもなった。

海魚が頼りになったが、中でも有望なのが大量に捕れていたニシンとタラである。だがこれは漁期が短くて腐りやすかった。

1350年ごろ、オランダの漁師ヴィレム・ブッケルゾーンがニシンを船上で樽詰め保存する方法を発明した。水揚げしたらすぐ内臓を取って塩水に漬けるこのやり方は、昔に廃れた方法であり再発見と言った方がよい。とにかくそのおかげで、北洋や大西洋の塩漬けや燻製《くんせい》のニシン、ノルウェーの干しダラ、それにアドリア海の塩漬けウナギなどの海産物を内陸まで運ぶことが可能になり、それらは長い断食日の主要な食材となった。

また**魚の塩漬け**を食べるとのどが渇《かわ》くため、居酒屋も繁盛した。断食日にスパイスや菓子、糖類、酒を摂るのは問題なかったのである。

シブシブ魚を食べた中世人？

中世人はおおむね魚よりも獣の肉が好き。

獣肉はパワーがつく
気分が明るくなるね
赤身、脂肪
魚は冷たい感じ
悲しくなるよ
白身
13~14C
医者も魚は栄養に劣ると説いた

でも獣肉は手に入りにくいし
断食日は食べてはいけない。
だから魚を食べた。

塩漬けニシン

川魚が捕り過ぎで激減。
よく捕れる海魚が頼りとなった。

1350年、ニシンを船上で樽詰め保存することが可能になり、内陸部まで運べるようになった。

結果、断食日には塩漬けか干し魚しか食べられなくなった。

淡水魚の養殖

各地の領主や修道院はせき止めた川や人工池、沼で魚の養殖を行った。価値の高い魚を育て、稚魚の放流も行われた。特にボヘミア地方は養殖で有名だった。

王侯貴族の食べた魚と魚料理

庶民は塩漬けニシンと干しダラにうんざりしたが、富裕層は美味な魚や脂肪の多い魚を食べていた。焼き魚、煮魚、詰め物料理、フライなどにして卵や胡椒で味付けする。

チョウザメ	牛や馬の値段の半分で取引。
メルルーサ	値段はニシンの30倍。現代では安い。
鯨の脂	動物性脂肪が使えない断食日に重宝。
地中海のマグロやメカジキ	マグロで高価なのは卵、赤身、すき身の順。
ウナギ	鮮度が落ちにくいので重宝。ミルクで煮る料理が有名。
カキ	フランスで好まれた。むき身を塩水と酢に漬けて各地へ運ばれる。しかし生ガキは14～18世紀には全く食べられなかった。
珍味	鯨の舌やアザラシ。異国の珍味としてセルビアの「魚のゼリー寄せ」、アルバニアのカラスミ。

用語解説

●**川魚は激減して**→川に泥が溜まって流れがゆるやかになり、水温が上がって魚が一時的に減ったためとも言われる。
●**魚の塩漬け**→マスタードで食べることが多かった。他のスパイスはまず使わない。

No.065

中世人の食事回数

中世の人々の１日の食事回数は２回で、初期ローマのように昼食が正賓だった。しかし長い歴史の中でその回数や時間は変化していく。

●朝に食べてよいのは労働者だけ

中世の人々は、公式には昼と夜の2回の食事を取っていた。例外として、年寄りや子供、病人は朝食を食べてもよいことになっていた。

何時に食べるかは地域によって数時間の差があるが、昼が正賓《せいひん》で「**ディナー**」といい、日没後に軽く夕食「**サパー**」を取った。

「ディナータイム」は夜明けから9時間後とされ、この基準はローマ文化にならったものである。最初は12～15時の間に礼拝し、それから食事をしていた。後に礼拝と食事は正午に統一された。

サパーから翌日のディナーまでの時間を「**ファースト**」すなわち「食断ち」と呼んだ。15世紀以降に導入される「**ブレックファースト**」すなわち朝食は、「食断ちをやめる」意味の言葉だった。

教会は、大食を戒《いまし》める意味で食事を2回に定め、社会的にも少食がよしとされていた。が、人夫や農民など肉体労働者はとても体が持たないので朝にも食事をしていた。時には4～5回の食事をしており、そのために卑しいとさげすまれた。重労働者でなくても庶民は3～4回食べていたらしい。

15世紀になると、国王は公務多忙につき朝食を取るようになった。それにならって社会全体が3食を公然と取るようになったが、実際、それ以前から王侯貴族もこっそり間食をしていたようだ。

18世紀、富裕層は夜に劇場に行くのが当たり前になり、そのために生活が夜型になった。それで英国、フランス、イタリアではサパーがそれぞれ24時、23時、21時にまでずれ込んだ。同時にディナーも18時や19時にずれ、現代の習慣に近付いた。

なお、現代でいう昼食「**ランチ**」というのは、労働者の仕事の合間の休憩を意味する言葉だった。今でも昼にディナーを取る地域がある。

食事回数と食事時間

大食を戒めるため、公式な食事回数は 昼と夜の2回 。
年寄りや子供、病人は朝食を食べてもよかった。

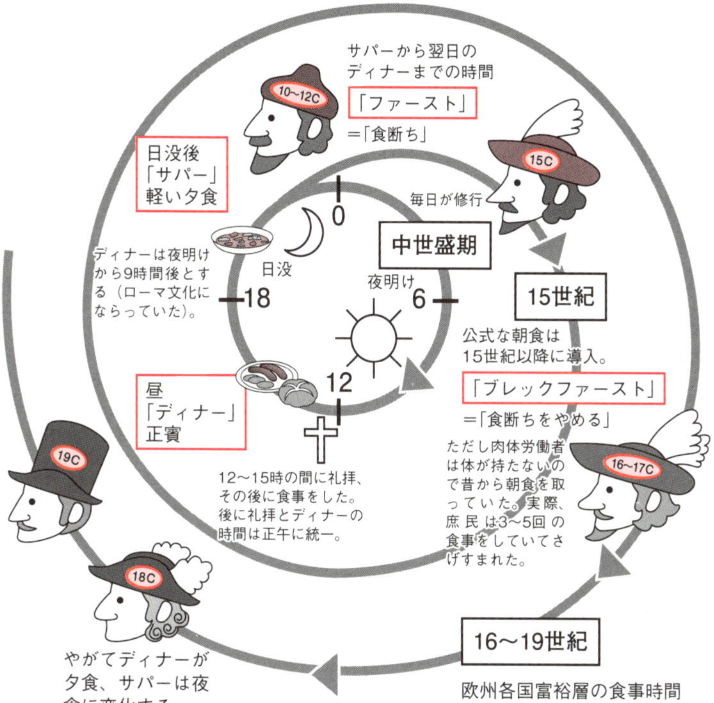
10~12C
サパーから翌日の
ディナーまでの時間
「ファースト」
＝「食断ち」
日没後
「サパー」
軽い夕食
15C
毎日が修行
0
中世盛期
日没
夜明け
ディナーは夜明けから9時間後とする（ローマ文化にならっていた）。
18
6
15世紀
公式な朝食は
15世紀以降に導入。
「ブレックファースト」
＝「食断ちをやめる」
12
昼
「ディナー」
正賓
ただし肉体労働者は体が持たないので昔から朝食を取っていた。実際、庶民は3~5回の食事をしていてさげすまれた。
16~17C
19C
12~15時の間に礼拝、
その後に食事をした。
後に礼拝とディナーの
時間は正午に統一。
18C
16~19世紀

やがてディナーが夕食、サパーは夜食に変化する。

欧州各国富裕層の食事時間が変化。
さらに18世紀、富裕層は夜に劇場に行くようになり生活が夜型になった。

国	ディナー	サパー
フランス	18時	23時
英国	19時	24時
イタリア	14時	21時

英国での変化はロンドンのみ。地方では11時だったディナーが14時にずれた。スペインではずれは生じなかった。

ランチは最後の変化

現代でいう昼食＝ ランチ は、労働者の仕事の合間の休憩のことだった。
今でもランチが存在せず昼にディナーを取る地域がある。

No.066

中世のパン事情

ヨーロッパ人の主食はもちろんパンだが、貴族と庶民では食べるパンが違った。北フランスや英国など粥をよく食べる地域もあった。

●パンが基本の食事になっていく

粒が小さく脱穀などの手間がかかる穀物を、世界の人々はなぜ主食に選ぶのだろうか。もちろん収穫量が見込めるからだが、熱すると甘みが出るからだという説もある。人類は甘味を得るためなら相応の努力を厭《いと》わない。

古代ヨーロッパでは凶作になりにくいエンマ麦やスペルト麦を栽培したが、その手の穀類の脱穀作業は骨が折れ、収穫量も半減してしまう。それで小麦が**主流の作物となった**。農村ではエンバク、ライ麦、大麦、スペルト麦、キビ、モロコシなども植えていた。数種を植えるのは天候不順に対して生き残る作物を増やすためだ。

ケルト人など北方の人々は伝統的にキビを好み、小麦が採れたら売って、自分たちはオートミール(ミルク粥)などを食べていた。

麦は粥《かゆ》でも食べられるが、手間をかければパンになる。ローマ崩壊の混乱を経た後、中世のパン職人は6世紀から現れ始めた。パン屋としてやっていくためにはギルドの試験にパスして親方になる必要があった。パン屋には、漁師の親方や肉屋と同じく一定の社会的地位があった。

昔は木や土の家が多かったため、火災を防ぐ意味でパン焼き窯は川べりに建てられた。そうしろという法律もあったが、粉をひく水車小屋も川のそばにあるので、これは合理的だった。後に石造りの家が多くなり、1415年には、パン屋と焼き窯、製粉所は市中に建ててもよくなった。

人口が増え過ぎて肉が出回らなくなると、人々はパンばかり食べた。1日最低400グラム、多くて1キロは食べた。富裕層ではパンは皿に使うこともあって、食用パンでも気軽に犬や貧民に分けていた。だが、パンだけを偏食しているとビタミン不足になり眼病、皮膚病、クル病になった。

農村で植えた穀物

主力は **小麦** ― 最も美味で効率がよい

他にさまざまな穀物・雑穀も植えた。

エンバク、ライ麦、大麦、スペルト麦、キビ、モロコシ

わざわざ数種類を植えるのは、天候不順に対して生き残る作物を増やすため。

粥好きなケルト人

北方では伝統的にキビが好まれた。収穫した小麦は全部売り、彼らはオートミール（ミルク粥）を食べた。

中世パン職人の出現

6世紀	パン職人がこのころから現れた。
1415年まで	防火のため、粉ひき小屋とパン焼き窯は、セットで川べりに建てられた。

ギルドの試験にパスしないとパン屋にはなれない。
パン屋には一定の社会的地位があった。

人口が増え過ぎて肉が出回らなくなると人々はパンばかり食べた。
パンだけを偏食しているとビタミン不足になり、眼病、皮膚病、クル病になってしまう。

古いパンしか食べられなかった農民

時間と労力と資源の節約のため、農民はパンをたまにしか焼かない。極端なケースとして、アルプスの辺境の村では年に1、2回しかパンを焼かなかった。大きなドーナツ型に焼き、厚い皮で身を保護した。ライ麦を混ぜてもパンは長期保存できる。

「2週間前のパンは3週間分の空腹」という言い回しがあるほど、古いパンはまずかった。しかし、まずいものなら食べ過ぎることなく倹約になり、金が貯まるのでよしとされた。パンが硬いのはむしろ当たり前で、飲み物に浸して食べるのが常識となっていた。

16世紀以降は、パンの代用品としてジャガイモ、ソバ、トウモロコシ、米なども生産可能になった。記録には残りにくいが、税金がかからないのでよく栽培され、家畜のエサにもなった。ただし「パンを食べられない人は惨め」という考えが支配的だったので、代用品は好まれなかった。

用語解説

●**主流の作物となった→**3世紀ごろまでヨーロッパの小麦はローマに運ばれて消費された。以後もしばらく地元富裕層だけが小麦を食べ、庶民は雑穀を食べた。

No.067

冬の前に作る塩漬け肉

食べ物に余裕がある地域でも冬はこもって過ごすしかない。塩も安いものではなかったが、冬を越すための塩漬け肉は絶対に必要だった。

●実はハムとベーコンは同じ物

中世ヨーロッパでは、冬の間、家畜を養うエサがないため、秋に食肉にして保存食を作った。一般的なのが豚で、切り分けた肉を塩漬けにし、腸やクズ肉でソーセージも作った。こうして出来た保存食は冬の間の食料になる他、旅人が携帯したり、船にも積み込まれた。

ちなみに保存食を作る時に出る豚のゆで汁を、他の家畜や農作物にやると、子供を多く産んだり収穫が増大するなどの御利益があるとされた。

ハムやソーセージを作る時、殺菌作用のあるスパイスやハーブを用いることもあった。当時は同じく殺菌作用のある**硝石《しょうせき》**も使われた。

ハムやソーセージは屋内の高い所に吊《つる》しておくが、人が座りそうな場所の上は避けた。昔、落ちてきたハムに頭を打たれた老人が死んだことがあり、豚の呪いだと恐れられたのである。

ハムもソーセージもあまり長期間貯蔵しておくと、自家消化を起こして液状化する。こうなると**使い物にならない**。

中世の塩漬け肉とは現代でいうハムのことだ。だが、当時のものは塩辛くて硬過ぎたので、煮込むなど調理していた。ベーコンは今では燻製《くんせい》肉を指すが、実はハムは「豚もも肉」、ベーコンは「豚バラ肉」を意味する言葉で、製法は同じだった。また、ベーコンはフランク語の「バッコ」が語源でハムを表す言葉だった。つまりベーコンとハムはかつて全く同じ物だったことになる。

ハムはゲルマン民族の発明品と言われるが、フランスのピレネー地方にはハムの起源伝説がある。その昔、塩湖に豚が落ちた。溺れ死んだ豚の肉を食べたところ、特にもも肉がとてもうまかったという。それから豚肉を塩水に漬けてハムを作るようになったというのである。

世界の伝統的な肉加工品

ソーセージ

古代から各地で作成。腸にくず肉を詰めて密封し腐敗を遅らせる。ハーブを使って殺菌したり調味することもある。さらに燻製にすれば長持ちする。血を詰めることでブラッドソーセージも出来る。

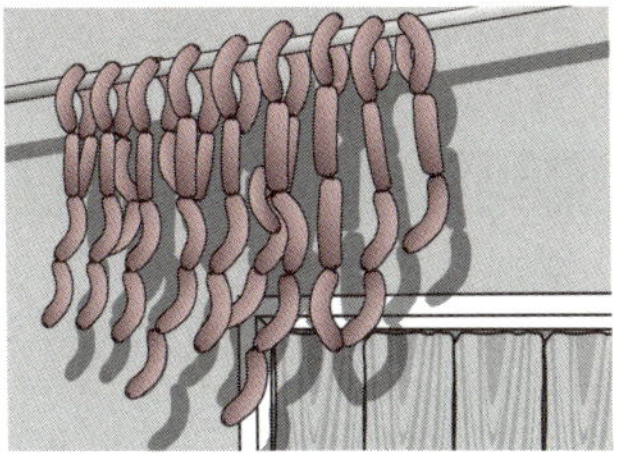

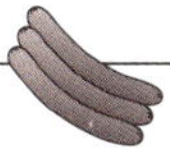

チョリソ

スペインの特産。パプリカやトウガラシ入りの辛いソーセージ。豚か牛の肉で作り、軽く乾燥させることもある。

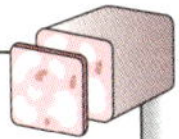

ジャンダルム

フランス産。牛ひき肉をプレスしたハムで断面が四角い。多量の胡椒を使い強く燻製する。

フィガテッリ

コルシカの特産で肝臓のソーセージのこと。豚の肝臓に塩と胡椒を加え、ひき肉にして腸に詰めて4～5日燻製にする。

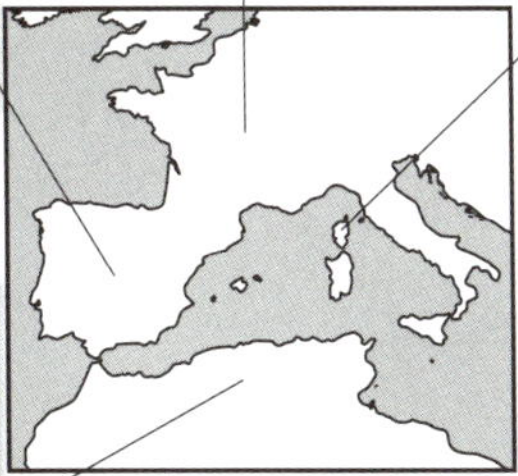

メルゲース

北アフリカ特産。牛か羊の脂身、トウガラシ、パプリカを詰めたソーセージ。ユダヤ人も食べられる。

チャルキ

ネイティブアメリカンが作った干し肉。肉を帯状に切って塩水に浸し、日干しにする。後にビーフジャーキーの名で知られるようになる。

ボルツ

モンゴルの干し肉。凍らせながら干すという変わった製法を用いる。完成した牛1頭分の干し肉は牛の膀胱に収まる。軍隊の兵糧として重宝した。

用語解説

- **硝石**→硝石は発ガン性物質で、新鮮ではない肉の色をきれいに保ってしまうこともあり、現在では使われなくなった。
- **使い物にならない**→東洋など、地域によっては溶けた塩漬け肉を調味料として用いることもあった。

No.068

中世の野菜泥棒は罪にならなかった

中世人にとって野菜は好ましい食材ではなく、貧者は仕方なく口にしていた。王侯貴族が野菜のうまさに気づくのは16世紀以降である。

●時代が変わる度に見直される食材

中世の人々にとって野菜は微妙な位置にある食材だった。野菜は無税の食材だったから、農民は裏庭で栽培した野菜をよく食べた。当時の野菜とは全ての**野草**を指し、毒でなければ何でも、生か煮て食べた。雑草と野菜の境界があいまいだった時代、野菜泥棒は罪にならなかった。

カブ、キャベツ、ホウレンソウ、ダイコン、サラダ菜、ニンジン、フェンネル、ラディッシュ、ヒョウタンの近似種、タマネギ、ニンニク、イラクサ、アザミ、スイバなどを食べた記録があり、食材に乏しい冬期に食べられる野菜も多かった。豆類やソバは収穫量が期待でき、主食の代わりにもなった。

後には、**大航海時代以降**に入ってきたトウモロコシやジャガイモも農民の貴重な食材となった。トマトやトウガラシなども後発の野菜だ。トウガラシはスペインやポルトガルでのみ普及し、その一種であるパプリカはトルコ経由でハンガリーに入って熱狂的に受け入れられた。

サラダで食べる場合、レタス、タマネギ、スミレの花弁などが材料とされ、酢と油と塩で作ったドレッシングをかけた。

修道院ではキャベツ、ホウレンソウ、ネギ、ハーブなどの各種スープ、または数種の豆とタマネギ入りのスープを食した。

富裕層であまり野菜を食べなかった理由はいくつもある。卑しい農民の主食であり、四体液説(No.052参照)上では病人食とされ、特に**生野菜**は手のかかっていない料理ということでも敬遠された。彼らが野菜を食べるようになるのは**食の意識改革**が起こった16～17世紀からで、肉の消費も減っている。このころに美味ではない鳥獣類、クジラやイルカなども食べなくなった。

中世の野菜の概念

野菜とは、
- 農民の食べ物。
- 庭で植えた野菜と道端の野草。
- 雑草と野菜の境界はあいまい。
- 野菜泥棒が罪に問われなかった時代もある。

古代～中世の野菜

カブ	キャベツ	ホウレンソウ	ダイコン	サラダ菜
ニンジン	フェンネル	ラディッシュ	ヒョウタン	
タマネギ	ニンニク	イラクサ	アザミ	スイバ

野菜は食材が特に乏しい冬に重宝。
ソバ、豆類は穀類の代用として用いた。

大航海時代以降の野菜

トウモロコシ　ジャガイモ　サツマイモ　カボチャ
トマト　トウガラシ　パプリカ
が加わる。

富裕層の菜食化

16～17世紀、食の意識改革が起こってから積極的に食べるようになった。
肉の消費量が減り、美味ではない鳥獣類や海獣も食べなくなった。

トマト

1554年にペルーからイタリアにトマトが伝えられた。最初は「ポモドーロ」（黄金の林檎）という品種で観賞用だった。

イタリアではすぐ広まったが、本場はナポリだ。屋台で「ヴェルミチェッリ」（細麺）をゆで、煮詰めたトマト汁とチーズをかけたのがトマト普及の始まりだという。トマトソースは南部から中部までで好まれ、ローマから北ではホワイトソースの方が好まれる。

トマトはヨーロッパ全般には18世紀に普及し、北欧では19世紀まで食べなかった。

用語解説

- **野草→**消化に悪いセルロースが多い植物は現代では食用にしないが、当時は雑草も食べていたので腹を壊す人もいたと思われる。それが生野菜が嫌われた原因のひとつだった。
- **生野菜→**とは言え、サラダはイタリアでは料理と認められていた。医師グエネリオがサラダは体内を浄化すると唱えたからである。

No.069

中世に24時間営業のレストラン

当時、田舎と都会には大きな格差があった。田舎の人は地物を細々と食べるしかなかったが、都会には24時間営業の軽食屋さえあったのである。

●需要に応じた供給、余剰物の利用

外食産業の歴史は意外に古く、中世ではロンドンやパリ市内の屋台および軽食堂が有名だ。12世紀後半、ロンドンはテムズ川の岸辺の一角では、あらゆる料理店が24時間体制で営業していた。金持ち向けの美味な料理から貧民向けの安い肉料理まで、何でもそろっていた。

売っていた料理は串焼き肉、揚げ肉、ゆで肉、ミートパイ、揚げ物、粥《かゆ》、魚と小魚、ワッフルなど多岐にわたる。最も多かったのは**パテとラグー**を出す店らしい。鹿肉、鶏肉、小鳥の肉などは金持ち向けだ。

13世紀になると、飲食店街はロンドンの東に広がっていく。その一帯には、台所の無い家に住む貧しい独身者が暮らしていたのである。

一方、パリの飲食店街は「死の谷」と呼ばれた肉市場の付近に出来た。

当時の肉市場は連日の食肉処理で臭ったので、そういう恐ろしげな別名があったのである。当時の肉屋は、悪臭や病気などの公害を防ぐためと、家畜をまとめて売り買いするために固まって営業していた。市場で動物を解体して出てきた肉を、周辺の軽食屋で調理して出していたというわけである。恐らくくず肉が多かっただろう。客は市場の労働者が主体で、市の立つ日には市場の真ん中に焼き肉の屋台が出たりもした。

ちなみにロンドンの飲食店街は**1410年の事件**をきっかけに夜の営業を禁止されてしまう。ある祭日の夜半過ぎ、そこで食事をしていた英国の王子たちがケンカに巻き込まれたのだ。身分の高い者も、平民向けの店に立ち寄って食事を楽しんでいたのである。

中世の初期にはどこの国でも、食産業者といえば、パン屋、肉屋、粉屋、ワインやビールの醸造業者だけだった。だが、都市部はめざましく発展し、さまざまな飲食業者が生まれた。

中世の屋台と軽食堂

12世紀後半～	ロンドンのテムズ川畔に飲食店街が存在。 金持ち向けの美味な料理 貧民向けの安い肉料理 → 何でもそろっていた。
13世紀	飲食店街はロンドンの東、貧しい独身者の街に移っていった。
1410年	事件 が起こって 夜の営業が禁止される。

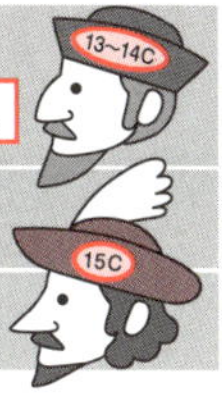

お忍びで食事をしていた英国の王子たちがケンカに巻き込まれた…

店の売り物

串焼き肉	揚げ肉	ゆで肉
ミートパイ	揚げ物	粥
魚	小魚	ワッフル
パテ	ラグー	鹿肉
鶏肉	小鳥肉	

飲食店の不正

人々のモラルが低かったため、中世の飲食店や食産関係者は食品偽装をするのが当たり前と疑われていた。

粉屋は客から穀物を預かって粉にひく。穀物を少しかすめても分からないので、ごまかしがあった。

パン屋は客から粉を預かってパンを焼くが、粉屋と同じように粉をちょろまかす。悪質な場合はふすまや石膏や土を混ぜてパンを焼く。

居酒屋に置いてあるワインは銘柄通りとは限らず、安酒を偽装する。

肉屋は羊の皮の下に息を吹き込んでふくらませ、皮を剥がしやすくして太っているように見せかけた。去勢した獣の肉や豚の耳は高価だが、偽装して売った。脚肉は蹄を付けたまま計るなどして目方をごまかした。

用語解説

●**パテとラグー**→パテはハンバーグやミートボールなどひき肉の料理。ラグーはミートソースのようなものか煮込み料理を指す。

No.070

RPGに出てくるような宿屋は14世紀から

古代ローマ時代に建てられた各地の宿は暗黒時代に崩れ去ってしまい、領主がそれぞれに再建する必要があった。

●中世ヨーロッパの宿の実態

古代のヨーロッパでは、慣習として旅人はどこにでも無償で3日間宿泊し、火や水、飼い葉などの提供を**受けることができた**。古代ローマ時代には植民地とされたヨーロッパにも飲食店や宿屋が置かれたのだが、ゲルマン大移動などの混乱もあって、中世にはすっかり廃れていた。**民宿**が現れるのは、イタリアやフランスなど当時の先進国で8～9世紀、**公共の宿**の再整備は13世紀以降だ。

店の看板は文盲《もんもう》や異邦人でも分かるように絵で示された。緑の枝、王冠、樽のタガ、旗などがあり、店名は聖人や動物、幻獣の他、宿屋の主人の好みの名前が付けられた。旅館ではワインかビール、パン、チーズ、肉少々といった最低限の食料、馬の飼い葉と水が用意されていた。

1階が食堂兼酒場、2階がベッドやタンス付きの部屋、それに馬小屋もあるRPGに出てくるような宿屋が登場するのは14～15世紀になってからである。宿屋の収容人数は10～20名、多くて60名といったところだ。

当時田舎だったドイツでは、16世紀になっても客は1つの部屋に雑魚寝《ざこね》していた。宿屋が整備されたのは先進国のごく一部だけで、バルカン諸国など辺境では19世紀にもろくな宿は出来なかった。

宿屋を利用するのは、巡礼者や行商人である。特にこの時代、行商人は各国の物資流通を担う重要な存在だった。宿屋は都市では数軒、大都市では数十軒も店を連ねるようになった。それは都市の入り口付近にあり、人が集まるゆえに歓楽街も形成された。

これと別に田舎には、ブドウ作りを兼業するこぢんまりした民宿があった。田舎の宿の常連客は、周辺の農村を行き来する農民や、遠征途中の兵士たちだった。

中世の宿屋

中世の初め、世界の混乱からそれまで存在した各地の宿屋は消滅していた。

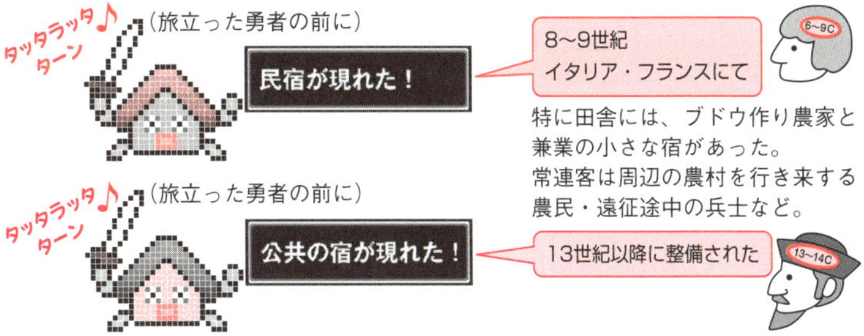
タッタラッタ♪ターン
(旅立った勇者の前に)
民宿が現れた！
8~9世紀
イタリア・フランスにて
6~9C
特に田舎には、ブドウ作り農家と兼業の小さな宿があった。
常連客は周辺の農村を行き来する農民・遠征途中の兵士など。
タッタラッタ♪ターン
(旅立った勇者の前に)
公共の宿が現れた！
13世紀以降に整備された
13~14C

14~15世紀西欧の宿の様子

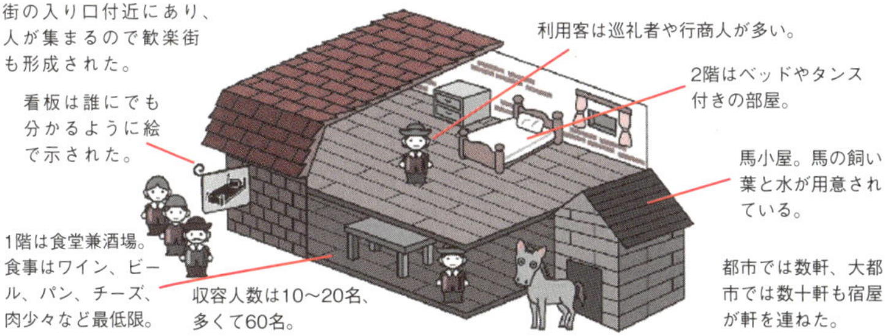
街の入り口付近にあり、人が集まるので歓楽街も形成された。
看板は誰にでも分かるように絵で示された。
利用客は巡礼者や行商人が多い。
2階はベッドやタンス付きの部屋。
馬小屋。馬の飼い葉と水が用意されている。
1階は食堂兼酒場。食事はワイン、ビール、パン、チーズ、肉少々など最低限。
収容人数は10~20名、多くて60名。
都市では数軒、大都市では数十軒も宿屋が軒を連ねた。

❖宿が出来るまで旅人はどうしていたのか？

旅人はそれほど数は多くないが、いつの時代も存在した。

彼らがどこに泊まったかというと、金持ちは知己を頼り、王族は家来を引き連れて同じ王族や領主貴族の城を訪ねた。

僧侶は各地の教会や修道院やその関連施設を宿に使った。

何の当てもない平民や商人は、民家の軒先をどうにか借りるしかなかった。

用語解説

●**受けることができた**→ただし食料は一定の信頼関係があるか旅人が何らかの取引をしないと入手できなかった。これに対し、イスラム圏では旅人は歓迎され、何でも無条件で提供されるのが習わしだった。

●**公共の宿**→裕福な領主や王は流通を活発にするため、街道筋に宿場や旅人向けの飲食店、酒場を作るよう働きかけた。

No.071

家に食堂がなかった中世期

現代では家屋にダイニングルームがあるのは当たり前だが、中世ヨーロッパには、たとえ王侯貴族でも食堂を造るという習慣はなかった。

●食堂なし、庶民の家は煙突もかまども窯《かま》もなし？

18世紀までヨーロッパの家屋に**食堂**というものは**なかったらしい**。食事をする部屋のテーブルと椅子は、習慣的にいちいち片付けていた。

テーブルはないが、テーブルクロスや食器は財産として扱われ、富裕層の嫁入り道具にも含まれるほどだった。布類は当時高価で、真っ白なクロスは貴重品だった。比して、農家にはそもそも部屋が1つしかなく、食事時にテーブル板や椅子を出して食事をする。寝る時は同じ部屋のベッドに家族全員が裸で入り雑魚寝《ざこね》した。

食堂が重要視されていなかったのは、中世人が屋外でよく食事をしたという証拠でもある。少なくとも13世紀には、**ピクニック**の習慣があったことが分かっている。正確には貴族の狩りに婦人たちも同行し、青空の下でクロスを広げて食事をしたのである。夫たちが捕ってくる獲物を待ちながら、パン、鶏のパテ、菓子などの弁当を用意していた。狩りと昼食が終わった後は、日が暮れるまで野山にいてチェスや踊りを楽しんでいた。

では、**厨房**《ちゅうぼう》はどうだったかというと、大きな家であれば厨房があり、テーブル代わりの板が常設されていた。王宮では火事を恐れて厨房を離れた場所に造ったので、料理は運ぶ間に冷めた。そのため、後世には食堂のそばに料理を温めるための暖炉が造られたりした。

農家には中世後期まで煙突がなく、かまどの煙は家の中にこもっていた。都市部では外食をする人も多く、かまどがある家は4割ほどだった。

パンは専用の窯でないと焼けないが、農村では領主の家にだけあるのが普通で、そこを借りていた。都市部では、公共の焼き窯に依頼してパイやパンを焼いてもらった。もちろん、富裕層の家にはパン焼き窯があり、毎日焼きたてのパンを食べることができた。

ヨーロッパの食堂

食堂 18世紀フランスに初登場

昔のヨーロッパ家屋には食事専用の部屋＝食堂というものがなかった。
食事をする部屋のテーブルと椅子はいちいち片付けた。

厨房

昔からあり、作業台として板が常設。
防火のために厨房は離れにあった。
近代には食堂そばに料理を温め直す暖炉が造られた。
一般の農家だと煙突がなく、都市部の家庭でかまどがある家は4割。

ピクニック 貴族の狩り。
男女で出かけ、狩りだけでなく
さまざまに楽しんだ。

弁当持参
・パン
・鶏のパテ
・菓子

男たちは獲物を狩る。
婦人らは森の幸を摘んだり、敷物を広げるなど昼食の準備。

青空の下で　食事

食後のレクリエーションに、日が暮れるまで野山で遊んだり、チェスや踊りを楽しむ。

ヨーロッパのキノコ

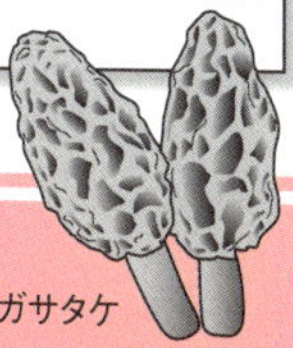

アミガサタケ

化石として残りにくいため、キノコがいつから食べられていたかは定かではない。少なくともエジプト人やローマ人はよく食べ、パプアニューギニアでは力と勇気の源とされていた。猛毒を持つ種も知られ、毒キノコが要人暗殺に使われることも多かった。

中世人は雷からキノコが生まれると考えていた。彼らから見れば「雨の後に成長する花も実もならない不思議な植物」だった。

ヨーロッパの森ではさまざまなキノコが採取され、特に高級品とされたのは紀元前5世紀のギリシャでも食べられたトリュフ、それからアミガサタケ、ムスロンなどだ。古代のパリでは馬糞を苗床にしてマッシュルームが栽培されていた。

用語解説

- **18世紀**→初めて食堂が設置されたのはフランスでのことだった。
- **なかったらしい**→なぜそうだったかは研究不足でよく分かっていない。ゲルマン民族の大移動など混乱時代が長かったためとも言われる。

No.072

中世農家の日常メニュー

記録には残りにくい具体的な農民の生活だが、飢饉でもなければパンにワイン、スープとチーズくらいの食は保障されていたようだ。

●毎食ほぼ同じメニューでスープは回し飲み

身分差がはっきりしてからの時代の農民は、可能であれば森のそばで暮らし、穀物、豆、野菜などを栽培し、森で豚を放し飼いできれば、冬に食肉にして食べたり塩漬け肉を作ることができた。

農家の食事としては、黒パン、ワイン、チーズ、それに豆か野菜を煮込んでどろどろにしたポタージュスープというのが典型的だ。北方であればパンが粥《かゆ》に、ワインがビールに変わる。スープには、魚かほんの少しの塩漬け肉が入ることがあるかも知れない。ハーブが採れるなら少しはましな味になっただろう。

農家ではスープなどの温食は1つの器に入れて食卓に出し、家族で回し飲みをしていた。15～16世紀くらいまではスプーンもなかったので、食べやすくするためにヨーグルト程度のとろみが付けられた。とろみのある汁は中世料理の特徴のひとつでもある。

農家のかまどには鍋が常にかかっていて、スープを温め直しては毎食食べていた。結果としてどろどろになってしまうが、当時の人々は栄養不足で歯が弱いこともあり、軟らかい食べ物を好んだ。

間食はワインかスープに浸したパンだ。チーズを鍋で溶かしてフォンデュに浸けたパンを食べることもできた。

農民が食べるパンは硬くて、汁に浸さなければとても食べることができない。重労働のため1日に何度も食べ、農夫の体臭はよく使う食材であるニンニクやタマネギかネギの匂いだった。そういったこと全てが下品なこととされ、富裕層からさげすまれた。

農夫は地物の果物もよく食べた。ヨーロッパではリンゴ、梨、サクランボ、プラムなどが採れ、重要な栄養源となった。

農家の食事

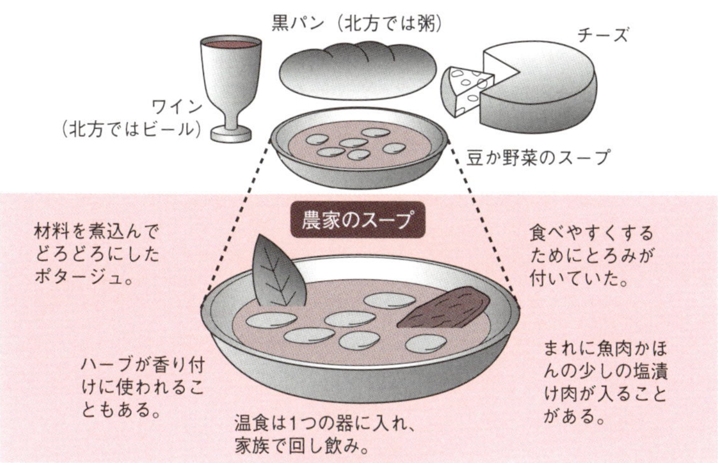
黒パン（北方では粥）
チーズ
ワイン
（北方ではビール）
豆か野菜のスープ
農家のスープ
材料を煮込んで
どろどろにした
ポタージュ。
食べやすくする
ためにとろみが
付いていた。
ハーブが香り付
けに使われるこ
ともある。
まれに魚肉かほ
んの少しの塩漬
け肉が入ること
がある。
温食は1つの器に入れ、
家族で回し飲み。

農家の食生活

毎回ほぼ同じメニュー。

重労働のため1日に何度も食べた。

パンは硬過ぎて、汁に浸さなければ食べられなかった。

ニンニクやタマネギをよく食べ、そのためその体臭がした。

間食はワインかスープに浸したパンや、溶かしたチーズに浸したパン。

リンゴ、梨、サクランボ、プラムなどの果物もあれば食べた。

かまどに鍋が常にかかっていてスープを温め直して食べた。

ペストに勝ったニンニク？

ニンニクは「貧者のスパイス」「貧者の解毒剤」などと揶揄（やゆ）されたが、現実には全階級の人々に親しまれ、愛されていた。

1720年代のペスト流行時、死体から衣服を剥いでいた4人の盗賊が捕まった。盗賊たちがペストにかからなかったのは、酢漬けのニンニクを食べていたためと考えられた。以後、酢ニンニク液で消毒をしたり、マスクに液を振りかけるようになった。ただし、防疫に役立ったのは酢で、ニンニクではない。

数珠つなぎにしたニンニクを首にかけて守護を祈ることもあるが、伝染病＝悪魔＝吸血鬼ということで、魔除けに数珠ニンニクを用いるのも、この「4人の盗賊の酢」のエピソードに関連しているらしい。

No.073

ハレの日の農村の食事

最下層の生活を強いられた各地の農民だが、日曜、祝祭日、結婚式など、たまにはうまい物を食べることもできた。

●農家でのたまのぜいたく

当時の家庭は大家族であることが多く、食事の支度をする主婦は大忙しだった。貧乏で忙しい上に、宗教上の理由で**水曜と金曜**は食材が制限され、場合によっては断食しなければならない。このため、1週間のメニューは決まった物になりがちだった。

日曜日は安息日で、少々ぜいたくが許される。平日と違う食材を使うか、でなければ同じ食材でも違う調理でメリハリを付けていた。

領主が領内の農夫に賦役を命じる時には、城からその日の食料が配給されるのが普通だった。例えば1268年、フランスのある農村の賦役で農民夫婦が割り当てられた食料は、大きなパン1個、小型パン2個(計2.25キロ)、ワイン4リットル、肉200グラムまたは卵とエンドウマメ――これだけもらえれば食費は浮いたことだろう。

クリスマスは年に一度の最大の祭日で、庶民でも牛の足、レバーのプディング、豚の鼻などにありつくことができた。富裕層となれば、イノシシの味付け肉、鳥肉の卵黄まぶし、果実入りパイ、牛のレバーなどさらに豪華なごちそうを作る。金持ちはクリスマスに2倍の料理を作るのが習わしで、余った分は貧者に分けることになっていた。そういうわけで、クリスマスには皆が幸せな気持ちになれるのである。

結婚式は一生にあるかないかの慶事だ。農村では祝賀を自宅で行っていたが、用意が大変なので**民宿**が整備されてからはそこを借りてやるようになった。

民宿のおかみは町で出稼ぎをした経験があって、接客や大人数に出す料理にも慣れていた。時代が下ると、こうした民宿から都会の流行が農村に広まることもあった。

中世の農村のごちそう

日曜日

違う食材で平日と同じ料理を作るか、平日と同じ食材で違う調理をする。

領主からの配給

賦役の代償の食料配給。十分な量のパン、ワイン、肉などがもらえた。

金持ちはクリスマスに2倍の料理を作るのが習わし。余った分は貧者に分ける

クリスマス

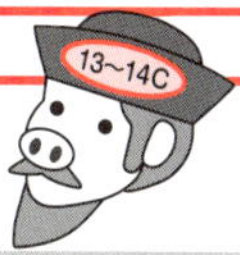

最大の祭日。

庶民のごちそう
- 牛の足
- レバーの煮こごり
- 豚の鼻

など

富裕層のごちそう
- イノシシの味付け肉
- 鳥肉の卵黄まぶし
- 果実入りパイ
- 牛のレバー

など

結婚式

一生にあるかないかの慶事。
ごちそうを振る舞う。
自宅で祝賀をするか、大勢の接待に慣れている村の民宿で宴会を開いた。

農村の保存食

燻製	栗。すのこの上で2カ月燻製にする。
乾燥品	アーモンドとハシバミの実。
蜂蜜漬	マルメロの実、梨、桃。
天日干し	イチジク。干した後でローリエと一緒に壷に入れる。
ドライフルーツ	その他の果物。暖炉で乾燥させてドライフルーツに。
ジャムなど	その他の果物。

ドライフルーツのラード煮

ポットで煮る。穀物が取れにくい山間部で主食代わりになっていた。

クルミの蜂蜜漬け

領主の館の保存食。クルミを軽くゆでてクローブとショウガを詰め、蜂蜜に漬ける。

酢漬け

領主の館の保存食。カブ、ニンジン、梨、桃、瓜、パセリやフェンネルの根など。

干し牛タン

軽くゆで、8~9日間塩漬けにする。暖炉の中に置いて、次に乾燥した部屋に置く。3年保存できる。

用語解説

●**水曜と金曜**→肉類や乳製品を食べてはいけない。
●**民宿**→平日でも居酒屋として村人の憩いの場になる。

No.074

食べないことで神に近づこうとした尼僧

修道者は食欲を理性で抑えることで神に近づき、聖者になれると信じていた。そのため、中世の時代には食事を拒んで餓死する者まで出た。

●食を拒んで死亡した聖女たち

キリスト教の教義がヨーロッパを覆っていた13世紀から15世紀にかけて、各地で拒食症の聖職者が報告されるようになる。もちろん聖職者の中でもほんの一部だけだ。

もともと僧侶は清貧をよしとしていた。つましい生活を送ることで、死後の財産が積み上げられ幸福が約束されるという考えもあった。

この時代、高位の聖職者や修道院は私腹を肥やし、富裕化していくが、彼らに対する反発や抗議の気持ちもあったかも知れない。

徹底して禁欲したのは尼僧《にそう》が多かった。その食べ物はせいぜい儀式で祝福された聖体パンくらいで、他の食物は体を汚すと考えた。

犠牲者の代表としては、シエナの聖女カタリナが挙げられる。16歳でパンと水と生野菜しか食べなくなり、23歳でパンも食べなくなった。以後は聖体パンと冷たい水だけで過ごした。本当は何も食べたくなかったのだが、食事をしないでいると周囲の者が怪しむため、人の見ている前で食事をしたのである。後で密かに苦い草を団子状にした物をしゃぶり、食べた物を吐いていた。そしてついに33歳の時、水さえも受け付けなくなり、苦しみながら死んだ。

また、コレット・ド・コルビーは、信心深いために幼少時から肉を食べず、40日間も飲まず食わず眠らずで過ごしたと伝えられる。自分の食事は仲間の修道者や貧者に全部差し出していた。フランチェスカ・ブッサという女性は1日1回だけ、味の付いていない苦い草の食事をした。

行き過ぎた信仰を行って記録に名を残したのは修道女だけではない。コルトナのマルゲリータという主婦は、1日中礼拝を続けるために食事の支度をボイコットしたという。

拒食した尼僧たち

13世紀～15世紀、ペストや異常気象、飢饉などが頻発した時代。
教会権力が絶頂に達し、信仰が人々の心を覆い尽くしていた時代。

各地で拒食症の聖職者が報告された。
徹底して禁欲したのは尼僧が多い。

儀式で祝福された聖体パン以外の食物は体を汚すと考えた。

シエナの聖女カタリナ

16歳でパンと水と生野菜しか食べなくなり、23歳でパンも食べなくなった。以後は聖体パンと冷たい水だけで過ごした。食事をしないと怪しまれたので食べるふりをして後で吐いていた。こうした生活を続け、33歳の時に水さえも受け付けなくなり苦しみながら死んだ。

コレット・ド・コルビー

信心深いために幼少時から肉を食べず、40日間も飲まず食わず眠らずで過ごした。自分の食事は仲間の修道者や貧者に全部差し出していた。

フランチェスカ・ブッサ

1日1回だけ、味の付いていない苦い草の食事をした。

コルトナのマルゲリータ

主婦だが、1日中礼拝を続けるために食事の支度をボイコットした。

◆困窮していた地域の食糧事情

中世の食糧事情を通して見ると、最も環境がよかったのはフランスで、悪かったのはドイツなど中央ヨーロッパだという。ドイツは特に肉が悲惨で、一家の主が週に1回1本のソーセージを食べられるかどうかというレベルだった。またスペインは土地が痩せていて、意外に食糧事情が悪かった。

No.075

スパイス狂いの中世人は何を得たか

中世人がスパイスに熱狂的だったことは確かだ。彼らはスパイス欲しさに世界に乗り出し、おかげで後には国際社会で頂点に立つことになる。

●目指すは権力か健康か楽園か

ヨーロッパではさまざまな香辛料が用いられるが、区分はおおよそ2種に分かれる。熱帯や亜熱帯などの外国産で、強い香りや辛みがある植物の乾燥品が「**スパイス**」、地元産で香りのある植物が「**ハーブ**」。「**シーズ**」というのはハーブの中でも種子を乾燥させたものである。

スパイスはローマ時代から使われ続けたが、中世期には手に入りにくくなり**薬屋**で扱われていた。豊かな宮廷では年間1人1キロものスパイスが消費され、調理に不可欠なものとなっていたのに、海洋貿易を支配していたイスラム商人から買うしかなかったからである。それで自力でスパイスを入手しようという気運が、大航海時代の到来につながった。

ヨーロッパ人がスパイスに熱狂した理由は、**エデン**伝説にも関連している。当時、オリエントないしインドには楽園があると信じられ、そこの産物であるスパイスは天国の食材だった。これにあやかってスパイスを珍重した王侯貴族もいた。オランダのシエダムにいた聖女リュディヴィーヌは砂糖、シナモン、ナツメヤシ、ナツメグを我が身に振りかけて天国気分を味わったというし、ミイラを作る時もスパイスが使われた。またヨーロッパを荒らし回ったペストにサフランが効くという迷信もあった。

中世の宴会ではスパイスを使い過ぎていた。料理人に求められたのは美味ではなく高尚な味＝強烈な味の追求だった。素材の味をスパイスで覆うのがよしとされたのである。念入りに砕いたスパイスは調理の最後に加え、香りを最大限に発揮するように工夫された。

また、生のままスパイスを口に入れ、飴のようになめ続ける人もいた。11～14世紀までの富裕層は胡椒《こしょう》を大量に使ったが、14～15世紀には流行遅れとなり、17世紀末には美食家たちがスパイスを否定し始めた。

スパイスに熱狂したヨーロッパ

スパイスとは、

強い香りや辛みのある植物の乾燥品（香辛料）。
熱帯や亜熱帯などが産地。
ヨーロッパ以外が産地。

10~12C

ハーブ／シーズとは、

香りのある植物（香草）。
ヨーロッパ内が産地。
シーズは種子を乾燥させたもの。

中世ヨーロッパ人は最高で年間1人1キロものスパイスを消費した。

料理に不可欠なのに、海洋貿易を支配するイスラム商人から買うしかなかった。

自力でスパイスを入手しようという気運が大航海時代の到来につながった。

スパイスやハーブの原産地

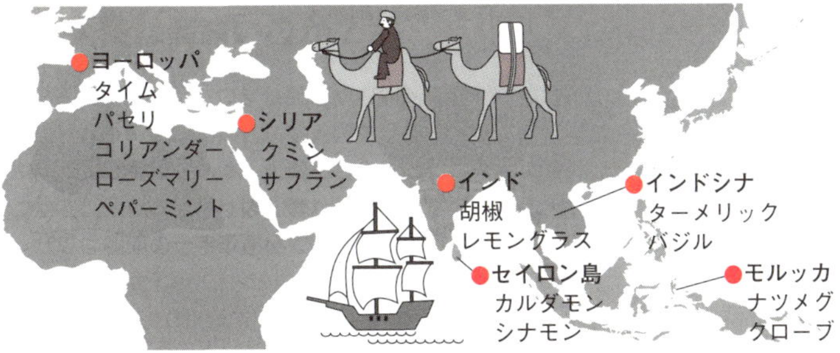
ヨーロッパ
タイム
パセリ
コリアンダー
ローズマリー
ペパーミント
シリア
クミン
サフラン
インド
胡椒
レモングラス
インドシナ
ターメリック
バジル
セイロン島
カルダモン
シナモン
モルッカ
ナツメグ
クローブ

◆ 庶民の香辛料

スパイスは高価だったので、昔の庶民はハーブを使っていた。タマネギ、ニンニク、ネギ、アサツキ、ニンジンなど香りの強い野菜を食べる人もいた。

13世紀～15世紀には胡椒はだんだん値下がりしていく。16世紀にはショウガやシナモンが加わり、それらより安いマスタードも人気があった。また砂糖も入手可能になった。

ヨーロッパに根付いたスパイスも多い。サフランは14世紀からスペインやイタリア、英国などで栽培が始まった。ただし、サフランは1キロ得るために10万輪の花が必要であり、現代でも高価である。

用語解説

●**薬屋**→実際、スパイスは薬として料理に添加されていた。ニンニクやドライフルーツ、砂糖、米などの珍しい食材もスパイスの一種とされ、薬屋で扱われていた。

●**エデン**→聖書に登場する東方の楽園。エデンには長命な人間と珍しい生物がいるとされた。

No.076

大航海時代の船上での食事

船旅には日持ちする食品を積み込めばよい。しかし長期に及ぶ航海だと、ほとんどの食材は石のように固くなるか腐ってしまった。

●保存食を食べ続け、火の使用も制限

ヨーロッパ人が本格的に海に乗り出したのは15世紀ごろの大航海時代である。そのころの食糧事情を見てみよう。

大雑把に言って、当時の船乗りが海の上で日常的に食べることができたのは豆類、ビスケット(乾パン)、それに塩漬け肉や干し魚くらいである。塩漬け肉などは保存食といえどもそう長くは持たない。腐臭を放つ肉を食べ続けなければならなかった。また、水はすぐ腐ってしまうので、ビールやワインを飲んでいた。

カリブの海賊などは可能な限り肉を食べようとしたらしい。船倉の食料の他、沿岸の村を襲うか取り引きをして肉を手に入れることもあった。無人島で狩りもしたし、海亀を捕まえて食用にもした。

船上での煮炊きは、船首のかまどで行うことができる。かまどでは豆や米、それに塩漬け肉や魚を一緒に煮込んだ料理が作られた。決しておいしいものではなかったが、波がある場合、船火事を警戒して火の使用が禁止されていたので、温かい食べ物というだけで御の字だったはずだ。

長期保存がきく**ビスケット**は、ひどく硬くてまずかった。それで他の食料がない場合に仕方無く手を出したが、航海の間にネズミに食い荒らされ、糞だらけで、しかもウジが湧いていることも多かった。

ちなみにネズミの害は想像以上のもので、駆除専門の船員が乗り組んでいたくらいだ。

1519年、世界一周に挑んだ**マゼラン**の船団は、ビスケット、豆類、穀類、塩漬け肉、干し魚、チーズ、イチジク、ニンニクなど多彩な食料の他、牛や豚など食肉用の家畜を生きたまま船倉に積み込んでいた。船団や船体が大きく、スポンサーもいたからこそそれだけのことが可能だったのである。

大航海時代の海上食糧事情

16~17C

船乗りが常食にできるものは限られていた。

塩漬け肉
塩漬け魚
干し魚
トホホ～
豆や肉を煮た料理。
新鮮ではないため
まずいが温かい。
火気は使用制限！
海が静かな時だけ煮炊き可能。
豆類
小麦粉
乾燥ニンニク
油、酢、塩
ビスケット
ビール
ワイン
最後の頼みの綱。硬い。
しかもネズミとウジに食われ、
糞まみれ。
ガマンして食べるしかない。
長旅では腐ってしまう。
大型船にだけ積まれるごちそう。
真水
生野菜
果物
その他の生もの
生きた家畜
鶏　豚　牛　ヤギ

用語解説

●**マゼラン→**フェルディナンド・マゼラン。1480-1521。ポルトガルの航海者、探検家。南米大陸南端のマゼラン海峡を発見し、世界一周を成し遂げた。自身はその中途、フィリピンで戦死している。

No.077

遠洋航海と壊血病

航海中に限らず、人間は野菜か果物を摂取しないでいると恐ろしい病気にかかる。この壊血病の克服も船乗りの重要な課題だった。

●ビタミン不足が招く大きな災い

壊血病《かいけつびょう》とは、ビタミンCの欠乏を原因とする病気だ。倦怠《けんたい》感と顔色の悪化に始まり、歯茎《はぐき》や口腔《こうこう》粘膜からの出血、皮膚内出血、手足のむくみが起き、最後は衰弱死する。

西欧では当初、謎の病とされ、特に船乗りが大勢命を落とした。例えばインド航路を発見した**ヴァスコ・ダ・ガマ**の船団乗組員は、10カ月ほどの航海の間にその60%以上が壊血病で死亡したという。

陸にいれば何がしかビタミンの含まれた食物を口にすることができるだろうし、作物が育たない寒冷地の民族は生肉を食べる習慣によってビタミンを補給していることが多い。

しかし、食糧事情が悪い遠洋航海中ではどうしようもなかった。野菜や果物などの生鮮食料品は、出港時に積んであっても旅の序盤で底を突く。野菜を積極的に食べないという当時の食習慣も災いした。

壊血病への対策を初めて講じたのは、18世紀の探検家**キャプテン・クック**である。**ザウアークラウト**(キャベツの漬け物)を積み込ませ、これを食べることを義務付けた。他に麦芽汁、野菜を煮詰めた固形スープなども持って行って試したという。

その後、18世紀末になってから英国の軍艦にはライムやレモンの果汁が積まれることになった。柑橘《かんきつ》類は高価で、保存もしにくかったため、それまではなかなか船に積まれることがなかった。

一方、北欧の海で活躍したヴァイキングたちは、長期保存できる遠征用のパンを用意していた。松の樹皮が混ざったそのパンにはビタミンが含まれ、壊血病にかかることはなかった。大航海時代のはるか以前、8世紀に生きた彼らの方が海上でのサバイバルに長けていたのだった。

船乗りの敵、壊血病

壊血病

【原因】　ビタミンCの欠乏
【症状】　倦怠感、出血、むくみ

当時は原因が分からなかったので謎の病気として恐れられたんだ

衰弱死

例えば、インド航路を発見したヴァスコ・ダ・ガマ（1469？-1524）の船団では、10カ月ほどの航海中に乗員の60%以上が壊血病で死亡した。

15C

どうやら野菜を食えばよいようだ

1753年、英国海軍省のジェームズ・リンドは、新鮮な野菜や果物を取ることで壊血病が防げることを発見した。

1768〜71年の第1回航海において、ザウアークラウトを積み込み乗組員に食べさせた。おかげで航海は成功した

キャプテン・クックことジェームズ・クック（1728-79）は、多くの功績を残した英国の探検家。史上初めて壊血病死者を出さずに世界一周を成功させた。

壊血病はビタミン欠乏で起こる

と証明されるのは20世紀になってからである。

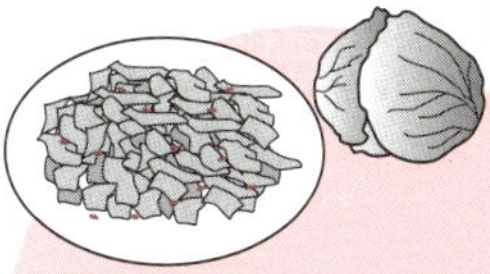

ザウアークラウト

16〜18世紀にヨーロッパ全域に広まった漬け物。千切りキャベツと塩などを瓶で発酵させる。一般で食され、船団でも採用されたのは安価かつ簡単に出来たため。

No.078

コロンブス交換による大変革

十字軍遠征や大航海時代など歴史上のイベントには、新しい食材との出会いが付き物だった。遠い異国には未知の食材があふれていた。

●イスラムや新大陸から届けられた食材

11世紀に十字軍遠征が始まると、イスラム世界の食材がヨーロッパにもたらされた。砂糖にコーヒー、サフランやシナモンなどの香料、ナスやホウレンソウ、スイカやレモンなどの農産物は、十字軍時代ないしイスラム支配下にあったスペインやシチリア経由で順次流入してきた。

とりわけ14世紀から16世紀にかけて、ヨーロッパ中が熱狂した食材がスパイスだった。特に胡椒《こしょう》は大航海時代を支える原動力のひとつとなった。権力の誇示のため、肉の保存や消臭のため、それに当時の医学的または栄養学的な見地からも胡椒はぜひとも必要な食材とされた。

15世紀に新大陸航路が発見されると「**コロンブス交換**」と呼ばれる大変革が起こる。この時代、ヨーロッパには過去にないほどの膨大な新食材が持ち込まれ、物によってはアジアやアフリカにまで拡散した。

新大陸で主食だったトウモロコシは、南欧、アフリカやインドまでの熱帯で主要な穀物としての地位を築いた。**ジャガイモ**やサツマイモは貧者のパンとなって北ヨーロッパやアジアの人口増加を支えた。

トウガラシはヨーロッパでは一部地域にしか広まらなかったが、中東やインド、アジアやアフリカの食文化を変えるほどの存在となった。その他、食卓を彩るカボチャやトマト、インゲンや落花生などの野菜や豆類、新たな嗜好品《しこうひん》となったカカオも忘れてはならない。

同時に、新大陸にもヨーロッパとその周辺地域から多くのものが持ち込まれた。広大な土地で穀物や家畜が育てられ、熱帯の諸島部では砂糖やコーヒー、バナナなどがプランテーションで生産された。

さらに病原菌は免疫のない新大陸人を激減させ、人手を満たすために1000万人ものアフリカの黒人が奴隷として送り込まれ、現地に定着した。

新しき食材

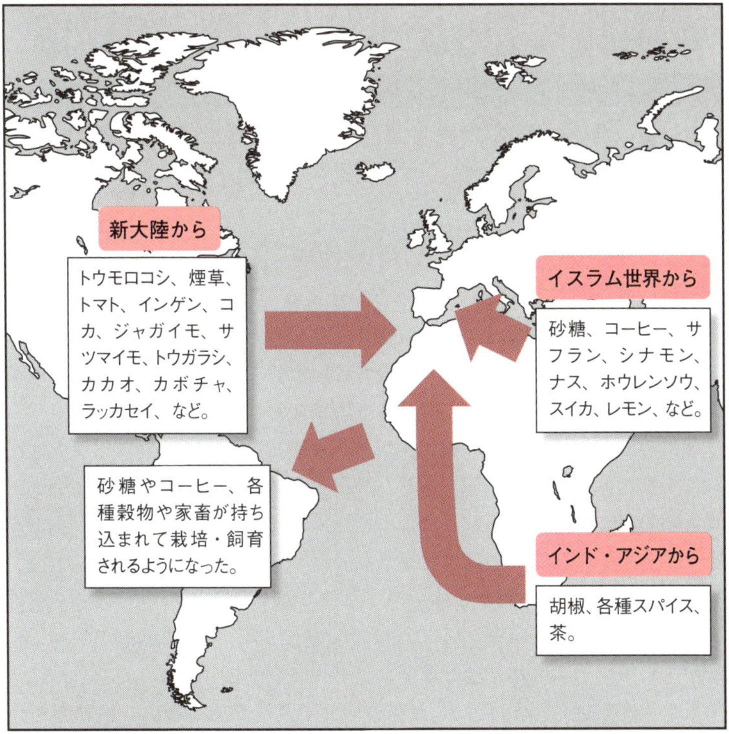
新大陸から
トウモロコシ、煙草、トマト、インゲン、コカ、ジャガイモ、サツマイモ、トウガラシ、カカオ、カボチャ、ラッカセイ、など。
イスラム世界から
砂糖、コーヒー、サフラン、シナモン、ナス、ホウレンソウ、スイカ、レモン、など。
砂糖やコーヒー、各種穀物や家畜が持ち込まれて栽培・飼育されるようになった。
インド・アジアから
胡椒、各種スパイス、茶。

アフリカでは熱帯に適したトウモロコシが主要な穀物になった。

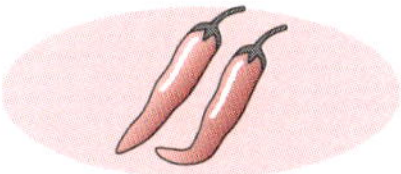

トウガラシは新たなスパイスとしてインドやアジアへと進出。

ジャガイモ、サツマイモ、カボチャは世界中で食べられるようになった。

用語解説

●**コロンブス交換**→新大陸とヨーロッパというより、東半球と西半球の間でのさまざまなものの交換。これによって世界各地の生態系、農業、文化が変化した。植物、動物、食材、人口、病原菌、鉄器、銃、思想までが交換された。

●**ジャガイモ**→言ってみれば、これも30年戦争などの歴史上の事件を切っ掛けに広まった。広範囲を巻き込む戦争により、人々はそれまでの食材を入手できなくなった。

No.079

砂糖はいつからヨーロッパで用いられたか

ヨーロッパの砂糖は文明の発展に大きく貢献した。もしも砂糖がなかったら、後に入ってきたコーヒーや茶も普及しなかっただろう。

●早い時期から出荷制限されていた砂糖

その昔「蜜の葦《あし》」と呼ばれた**サトウキビ**はインド原産で、紀元前500年ごろに砂糖製造が始まり、以後東西に広まっていった。アレクサンダー大王の遠征前後には西洋に砂糖が到達していたので、古代ローマでは既に砂糖が知られていた。しかし中世にはその供給が停滞する。

砂糖の生産が行われたのはアラブ人が入植したシチリアとスペイン、それにオリエント(近東)地域であり、サトウキビが育たない中部や北部ヨーロッパの国では輸入するしかなかった。砂糖はベネチアに運んでいったん溶かし、再精製されて各国に流通した。

12～13世紀に十字軍が中東のサトウキビ畑を奪ったが、オスマン帝国に駆逐される。1453年のコンスタンチノープル陥落後は取引が減り、15世紀末には全く入らなくなった。

だが、幸いにも1419年に大西洋のマデイラ島が発見され、技術者を送り込んでの砂糖生産が始められた。熱帯地域に領土さえあれば砂糖は生産できたのである。1480年にはカナリア諸島でも生産が始まるが、供給過多による値落ちを防ぐため、取引は制限されていた。16世紀英国では、1ポンド(0.45キロ)の砂糖で240個のレモンが買えたというから、かなりの高値に設定されていたようだ。

以後、砂糖を使った料理や菓子が多数考案され、食文化は大きく変化した。富裕層には砂糖の取り過ぎで**虫歯**を患う人が増え、それをほじる爪楊《つまよう》枝《じ》も発明され、**歯医者**も登場した。歯をほじるのは当時のステイタスで、楊枝には金属製ブローチのように彫刻や宝石が付いていた。

大航海時代にはサトウキビの生産ができる場所を探すことも行われた。大生産地となるカリブやメキシコにも圧搾《あっさく》機《き》と人員が送り込まれた。

砂糖を欲したヨーロッパ人

中世初期

砂糖供給が停滞

スペイン、シチリア、オリエントなど生産地のアラブ人が独占。
ヨーロッパでは大変高価だった。

▼ 砂糖欲しさの世界進出。

12~13世紀

十字軍がオリエントを奪いサトウキビ畑を入手。
オスマン帝国に駆逐され15世紀末に砂糖供給ストップ。

▼ 砂糖供給ストップ、しかし！

1419年
1480年

大西洋のマデイラ島発見。砂糖生産を開始。
カナリア諸島でも生産開始。

▼ 以後、続々と生産可能な土地が発見される。
供給過多による値落ちを防ぐため取引は制限。

▼ 砂糖を使った料理や菓子が多数考案。
料理にも使われて食文化は大変化。

甘味を味わえるようになった
富裕層

▼ 砂糖の取り過ぎで虫歯が増加

▼ **歯医者の登場**
爪楊枝の発明

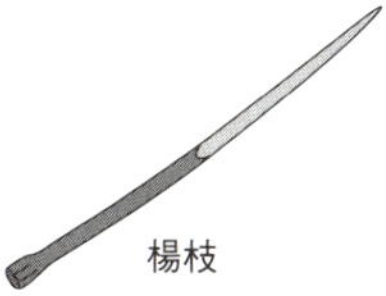

楊枝

砂糖の原料
サトウキビ

インド原産。
紀元前500年ごろに砂糖製造開始。蜜の葦と呼ばれ世界に広まっていく。古代ローマでも砂糖が知られていた。

❖ 虫歯と歯医者

　古代から中世まで虫歯は王侯貴族特有のぜいたく病だった。エジプトの古代王のミイラも虫歯があったというし、16世紀のエリザベス女王は歯が虫歯で真っ黒だったと伝えられる。

　中世当時は虫歯を治療しようにもよい治療法がなかった。医者のできることは虫歯を抜くか、まじないを施すことくらいだった。黒くなった歯は灰や石膏の粉で磨いたり、硝酸で漂白することもあった。歯が完全にダメになってしまい、家来に食べ物を噛んでもらう金持ちもいた。

用語解説

●**歯医者**→当時は医者が床屋を兼任し歯医者も営んでいた。

No.080

焼き菓子から糖衣菓子・チョコ菓子へ

ヨーロッパで菓子の大ブームが起きるのは１６世紀だ。当時は砂糖が薬と見なされていたので、砂糖菓子にも薬効があると信じられた。

●砂糖とアーモンドとチョコレート

中世初期の菓子というとタルトやビスケット、**プレッツェル**のような焼き菓子で、パンと菓子は似たようなものだった。実際、1440年に菓子職人ギルドが出来るまでは、パン職人が菓子も作っていたのである。

菓子職人は初めは魚や肉のパイを作り、そのパイにやがてフルーツやクリーム、チーズ、アーモンドなどが載るようになった。菓子屋ではワインや揚げ物も売っており、修道院でも菓子やフリッターを作っていた。

14世紀から18世紀まで、菓子はフランスでよく発展し、パリには菓子店が並ぶ通りが出来た。18世紀には同じくパリで流行ったカフェよりも品がよいとして大人気を博し、菓子店ではココアも出していた。

菓子の革命は16世紀に起こった。砂糖が十分に流通してチョコレートが伝来すると、菓子のバリエーションが広がったのである。

最盛期のベネチアやジェノバの富豪の家では、砂糖と香辛料を混ぜた菓子「**ドラジェ**」が供された。消化促進効果があるとされ、招待客は寝室まで持っていき、寝る前に食べたという。

砂糖菓子や糖衣菓子は当時は数多く、他の地域でもベリーやショウガの砂糖漬けにスパイスをまぶしたり、アーモンドバターに砂糖とバラか香水を混ぜた塊が作られた。それらは四旬節で出す菓子となった。四旬節は魚しか食べられない断食日なのだが、甘味を食す楽しみもあった。

国王**アンリ３世**はベネチアを訪問した際、固めた砂糖（スパン・シュガー）で出来た皿やパン、ナイフやフォーク、テーブルクロスやナプキンで迎えられた。ナプキンはペリンと割れたというので、飴《あめ》細工のような余興だったのだろう。このように砂糖で卓上の飾りを作ることは16世紀のイタリアで流行し、後にオーストリアの宮廷でも継承された。

ヨーロッパの菓子の歴史

中世初期の菓子

焼き菓子中心で、パンと菓子は似たようなものだった。
菓子職人が15世紀に出現する前はパン屋が菓子も作っていた。
菓子屋では菓子の他、ワインや揚げ物も売っていた。

菓子革命

16世紀

砂糖の流通によって砂糖菓子が出回るようになる。
砂糖とスパイスやアーモンドを混ぜた塊が一般的。
菓子は四旬節の楽しみとなる。

菓子文化の発展

16～18世紀

フランスで菓子が発展。パリに菓子店が並ぶ通りが出来る。
チョコレートが伝わると、ココアやチョコ菓子が登場。
18世紀はオーストリアでも菓子文化が進む。

ドラジェ

ベネチアやジェノバの富豪の家で出された砂糖菓子。消化促進効果があるとされ、客は寝室まで持っていって寝る前に食べた。

現代のドラジェ。
アーモンド入り。

祭事に使われた菓子

菓子は、ヨーロッパでは昔から神事や祭事に使われた。特にガレット（原始的な焼き菓子）には魔力があるとされ、神に捧げたり、貧者に恵んだり、子供に与えていた。

フランスでは、恋人に菓子を贈ることが結婚の申し込みであり、初めてのキスは山積みのワッフルの前で行った。結婚式では硬い菓子を用意し、新郎の付添人が拳で叩き割る。また葬儀でも菓子を配っていた。

16世紀前後から、フランスの富裕層の結婚式では砂糖菓子「エピス・ド・シャンブル」を配るようになった。ショウガやクローブ、アニスを砂糖で煮てアーモンドに糖衣させて作るが、香水を混ぜることもある。このシャンブルには腸のガスを抜き、精液を多くする薬効があるとされた。

用語解説

- **プレッツェル**→結び目の形に作られる焼き菓子。
- **アンリ３世**→在位1574-1589。ヴァロワ朝最後のフランス王でポーランド初の選挙で選ばれた王でもある。多くの美食家を輩出した名門メディチ家の流れを汲む人物で、カトリーヌ・ド・メディチの子。

No.081

ヨーロッパの食糧事情は何度も激変した

中世期全てでろくな食材もなく飢饉にあえいでいたわけではない。気候がよく人口のバランスが取れ、うまい物を食べていた時期もある。

●よい時代と悪い時代が交互に何度も訪れた

実はヨーロッパの食糧事情は中世期から20世紀に至るまで何度も激変している。気候変動や疫病、急な人口増加や戦争などが原因で数回の破滅が起きたのである。主食の種類が2～3回変わるほどの激しさだった。同じ中世でも10世紀と15世紀では食べていたものは違うし、同じヨーロッパでも地域によって気候や作物などの格差は大きかった。

1270年ごろ、開拓のおかげで耕地面積が最大になる。さらに人口が段階的に減ってきたので余裕が出来た。この時代、農産物は潤沢《じゅんたく》で誰もが肉を存分に食べることができた。

しかし、14世紀になると気候変動に見舞われ、1320年代から1450年代の間に収穫量は半分になった。寒くなって北ではブドウが採れなくなった。さらにこの時期、ペストの嵐が吹き荒れた。英仏間では百年戦争も起こって、軍隊や海賊の略奪が横行する。税を払えない農民が反乱を起こしたり逃亡して農地が放棄され、食糧危機に陥った。まさにヨーロッパ全域が地獄絵図となったのである。

なお、スペインなどでは8世紀から15世紀まで侵略者(イスラム教徒)との**長い戦い**が続き、人々の心は閉塞《へいそく》していた。

度重なる災厄で文明レベルが後退するほど人口が激減したが、その後に食肉の生産と消費が盛んになった。それで都市と農村に**格差が出来た**。

14世紀から17世紀までの間には、ルネサンス、宗教改革、大航海時代など明るい出来事も続き、ヨーロッパは変容していく。

18～19世紀、またも人口が増え過ぎたための**食糧危機**に陥る。この時、貴族は農民の土地を接収したり農奴化してしのいだ。

また、ヨーロッパを舞台に起こったいくつかの戦争の影響も小さくない。

中世の社会と食糧事情（時代の対比）

近代より中世の方が悲惨なイメージがあるがそうでもない。
食糧事情は何度も変化し、よい時代もあれば悪い時代もあった。

中世 → ルネサンス・宗教改革・大航海時代 → 近代

中世

・4世紀以降、森林資源が多く人口は少なかった時期。人々は集落で細々と暮らした。
・1270年ごろ、開拓で耕地面積が最大に。
・人口が段階的に減ってきて余裕が出来た。
・食糧は豊富で誰もが存分に食べた。
・14世紀、気候変動が起こり**収穫量激減**。北方でブドウが採れなくなる。
・ペストの嵐。百年戦争。軍隊や海賊の略奪が横行。
・農民の反乱や逃亡で土地荒廃。**食糧危機**。

近代

・文明レベルが後退するほど**人口激減**。一方で食肉の生産と消費が盛んになる。
・都市と農村の格差発生。
・新しい作物で食文化が変容。
・18～19世紀、七年戦争、ナポレオン戦争などで**混乱**。
・国際交流と技術革新で豊かになる。人口が増加。食糧生産が追い付かず**食糧危機**に。
・困窮した貴族は農民の土地を接収したり農奴化した。

中世の社会と食糧事情（地域の比較）

南方　伊・南仏　vs.　北方　英・独

南方　伊・南仏

・カトリック地域。
・食文化が豊かで繊細。
・菜食中心で洗練。
・祭祀を大事にして産業化が遅れた。
・食事しながらワインを飲む。
・客があれば一緒に食卓を囲むのは当然。
・ラテン系の人々は伝統的に**積極的に食を楽しむ**。
・土地が豊かな地域には、18世紀以降に**華やかな食文化**が開花した。

北方　英・独

・プロテスタント地域。
・食文化への関心が薄い。
・肉食中心で粗野。
・**合理主義**で工業化が早かった。
・ビールかウィスキーを食前に飲む。
・ゲルマン系の人々は食に関する事柄は人に話さない。
・キリスト教の影響により食い道楽には罪の意識がある。
・外食文化が発達しにくく、飲食店も少ない。

用語解説

●**長い戦い**→長く顔を突き合わせていたからこそ両文化の有益な交流も行われた。
●**格差が出来た**→食料がよく流通し、都市では小麦のパン、農村では雑穀の黒パンや粥を食べるようになった。また、特に都会の人は豚よりも羊肉を好むようになった。
●**食糧危機**→人々の体格が前世紀より小さくなるほどの事態だった。ただ英国では早くに農業改革が行われたので他よりましだった。

No.082

こうして近代フランス料理が生まれた

中世の宮廷料理は味より色優先、スパイスまみれで調理はやり過ぎだった。これが改められ、西洋料理は現代のものに近づいていく。

●貪欲に美味を吸収し続けるフランス料理

中世の調理法と味はゆっくりと変化していく。大きく改革に寄与したのは食の先進国であるイタリア、それに影響されたフランスだった。スパイスまみれの料理を敬遠し、素材の味を大切にするようになっていく。

1533年に**カトリーヌ・ド・メディチ**がアンリ2世に嫁いでからフランスにイタリア料理が流入し、劇的に技術が進歩した。ジャム、砂糖菓子、ケーキ、氷菓子、トリュフや料理にかけるソースもこのころに生まれた。王妃が開く毎夜の晩餐《ばんさん》でフランス人は美食に目覚め、後にアンリ4世、ルイ14世などの美食王が登場する。

しかし17世紀に「**オートキュイジーヌ**」(宮廷料理)を完成に近づけたのは、絶対王制下の貴族たちだった。この時代の貴族は王から権力を取り上げられたため、趣味としての美食に走り、ブームを引き起こした。

それまで一体となっていた甘味と塩味を分け、酸味を控えめにした。異国のスパイスを大量に使うことをやめて、ニンニク、タマネギ、パセリを少しだけ用いた。肉の塊を出すのをやめてフライパンで少量だけ焼き、肉汁を煮詰めてソースを作った。肉類を減らして、野菜類を増やした。とは言え、農園で育てる上品で珍しい野菜だ。アーティチョーク、アスパラガス、ハーブ、マッシュルームなどが好まれた。料理を食べる順番を軽い物から重い物にしていって胃への負担を軽くした。

革命を経て18世紀になると、今度は**ブルジョア**が美食の研究を引き継ぎ、地方の伝統料理を含めた近代フランス料理文化が確立した。

フランス人は近隣国の美味な物も自国に採り入れ、名前をフレンチ風に変えていた。それで最終的に「フレンチ」のブランド力が上がり、フランス産のワインや食品にプレミアが付くようになった。

中世宮廷料理から近代フランス料理へ

1533年

フランスへのカトリーヌ・ド・メディチの嫁入り。
イタリア料理が流入。調理技術が劇的に進歩した。

ジャム、砂糖菓子、ケーキ、氷菓子、トリュフ、ソースの誕生。

17世紀

オートキュイジーヌ（宮廷料理）の完成。
絶対王制下の貴族たちが美食を趣味としてブームを引き起こした。

- 甘辛、酸味など味の整理。
- 食べる順番の工夫。
- スパイスの過剰使用からの脱却。
- 肉汁の利用。
- 上品で珍しい野菜を食卓へ。

18世紀

貴族に代わって台頭したブルジョアが近代フランス料理文化を確立。
地方の伝統料理を統括。
近隣国の美味な食材や料理も取り込んで自国風にアレンジ。

美食を振興した名家

近代に生まれた美食概念は、各国の名家が親戚筋に伝えて発展させた。

豊かな食文化を持つイタリア。
大富豪メディチ家に発す。

→

豊かな食材を誇るフランス。
アンリ4世、ルイ14世や
マリー・アントワネットが
大成させる。

→

欧州随一の帝国オーストリア。
ハプスブルク家で
完成した。

◆英国料理はどうしておいしくないと言われるのか？

中世期、英国も他国と同じような料理を食べていた。

しかし、その後フランスで起こった美食ブームに英国人は「乗らなかった」ようなのだ。ドイツのような遅れてブームが起こった国では、それなりの美味な料理が生まれている。

英国料理の発達は大陸と一線を画していた。料理の担い手が料理人ではなく主婦だったのである。宮廷料理への反発もあって、料理書に載るのは、田舎風の料理や保存食の作り方だった。それらは高級料理ではないから調理も味付けも繊細ではなかった。このため英国料理は素朴でシンプルな方向へと向かった。

用語解説

●**ブルジョア**→富裕な市民層。フランスでは革命によって王侯貴族が衰退し、ブルジョアが社会の主役となった。

No.083

レストランは薬膳スープ

フランス革命が街の「レストラン」を誕生させ、宮廷だけのものだったフルコース料理を広めた。その「レストラン」の語源は薬膳スープである。

●フルコース料理とレストランの登場

16～18世紀はヨーロッパの給仕方式が確定していった時代である。

西欧では食事が始まると、大皿がどんどん出てきた。上座には高級料理が、下座にはそれなりの料理が並ぶ。それらを食べるには会食者が大皿から好きなだけ取るか、給仕が席を回って取り分けるのである。これだと順番を待たなければならないし、食事の時間は長くなり、料理は冷める。給仕がいない場合は自分から**離れたところにある料理**が食べられなかった。この古い方式は「**フランス式サーヴ**」と呼ばれた。

一方、ロシアのような寒い国では料理がすぐ冷めてしまうので、現代のコース料理のように一皿食べ終わるごとに出された。この方式は19世紀にフランスから各国に広まり、「**ロシア式サーヴ**」と呼んだ。

コース料理を提供するような「レストラン」が誕生したのは、フランス革命後のフランスにおいてである。それまで、ぜいたくとされる料理は王侯貴族だけのものだったが、革命で貴族が減り、彼らが雇っていた多くの料理人が失業した。そうした料理人がやがて市街で店を開き、店と料理が市民に広まっていったのである。なおこの時代に(建前だが)身分制度が撤廃され、礼儀さえ身に着いていれば誰でも同じ食卓を囲めるようになった。

レストランの語源は「体力を回復させる栄養食」、言ってみれば薬膳スープである。牛、鶏、根菜、タマネギ、ハーブ、スパイス、氷砂糖、パンや大麦、バター、乾燥させたバラなど数種の香料を材料としていた。その薬膳スープを提供する店でコース料理を提供するようになり、やがて高級料理店をレストランと呼ぶようになった。

また18世紀英国の「タバーン」も料理店のルーツのひとつだ。それまでのヨーロッパには屋台や軽食屋だけで、料理専門店はなかった。

サーヴ（給仕方法）の変化

フランス式サーヴ（旧式）

18世紀までの西欧の食事。

料理は大皿で提供。
会食者自身で取るか、給仕が取り分ける。

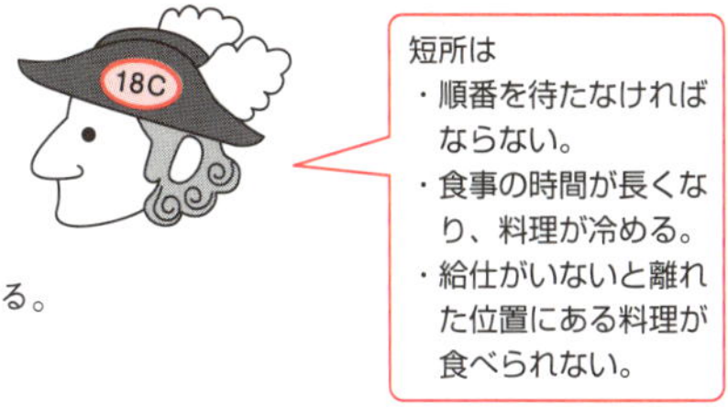
18C
短所は
・順番を待たなければならない。
・食事の時間が長くなり、料理が冷める。
・給仕がいないと離れた位置にある料理が食べられない。

ロシア式サーヴ（新式）

フランス人が発案。19世紀に広まる。

料理は1人分が一皿食べ終わるごとに
給仕される。

長所は
・寒い国でも料理が冷めない。
・1人分ずつなので不公平さがない。
19C

レストランの誕生

フランス革命後、貴族が減って多くのお抱え料理人が失業。
料理人らが市街で店を開き、大衆化したもの。
フランスのレストランと、英国のタバーンが料理店のルーツ。
それまでヨーロッパには（軽食屋だけで）料理専門店がなかった。

宮廷料理の払い下げ

オーストリアの女帝マリア・テレジアは美食家で大食いだった。

彼女の時代から、宮廷で出した料理の残り物を近くのレストランに払い下げるようになった。その特権を得たのは、バーバラ・ロマンという女の「ゴールデンシップ」という店だった。店には宮廷料理を一度食べてみたいと願うグルメが殺到し、大繁盛した。

宮廷で出る残り物は使用人が食べたり、こっそり売るのが普通だったから珍しいことである。バーバラは「宮廷料理のつまみ食い猫」と呼ばれたが、その子孫が経営するレストランは現在もまだウィーンで健在である。

用語解説

●**離れたところにある料理**→英国では離れた位置にある皿から料理を取るのは禁じられていた。嫌いな料理だとしても近くの物を食べるしかない。
●**フランス式サーヴ**→古い方式の配膳を英国式と呼ぶこともある。
●**ロシア式サーヴ**→考案者はユルバン・デュボア。フランス人である。紛らわしいが、現在のフレンチはフランス人が考案したロシア式サーヴで出されている。

No.084

改革を進めた偉大な料理人たち

料理人は決して身分が高かったわけではないが、あらゆる場所で必要とされる専門家だった。その働きが世間に認められることもあった。

●今も昔も実力でのし上がる料理人の世界

中世の料理人は使用人の一種であって、血と脂に関わることから社会的身分は低かった。彼らは中世から近代の食文化の成熟とともに出世していく。料理長ともなると館の貯蔵庫の管理責任者も兼ねることがあった。

三代のフランス王に仕えた**タイユヴァン**は料理体系を整備し、調理の分業化を行ったという。彼や同時代の料理人**シカール**のような天才たちの存在が、料理人の地位を押し上げていった。

料理人は**貴族の旅**や嫁ぎ先にも同行した。地方や外国ではどんな食事が出てくるか分からないので安全のためだ。出張料理もするし、船にも乗り込むこともあった。

ちゃんとした調理ができる料理人は貴族の元にしかいなかったが(中世の屋台や軽食屋は料理人ではない)、後にはレストランが出来、店に来る客に料理を出す料理人も現れる。彼らは出店免許を持っていた。

食文化が刷新された18世紀、**ハプスブルク家**の宮廷料理監査長や宮廷専属料理長のポストは平民の料理人がなれる最高の職業となり、年収は現代の感覚で1000万円を超えたという。

この時代の料理人**アントナン・カレーム**は国際的な有名人だ。新型鍋やフランス料理の基本となる4種のソースを考案した。コック帽を発明し、ロシア宮廷料理に影響を与え、後年は菓子職人としても腕を振るった。

他に料理に関わる者としては、主婦や修道士が挙げられる。修道院では修道士たちが交替で調理していた。しかし料理が複雑になると専任者が調理するようになった。後は趣味で料理をする美食家だが、中世における美食は粗食や節制といったキリスト教の教義に合わず批判されたので、ごちそうの話はこっそりと語られた。

歴史に名を残した料理人たち

タイユヴァン

1310-95年。本名はギヨーム・ティレル。14歳でフランスの宮廷厨房に入り、1345年にはフィリップ6世の料理人となり、シャルル5世、シャルル6世とその後二代の王にも仕えた。

料理体系を整備し、調理の分業化を行った人物。フィリップ6世の時代には赤ワインの評価を行い、社会に影響を与えた。

アントナン・カレーム

1784-1833年。フランス料理の発展に大きく貢献し、「国王のシェフかつシェフの帝王」と呼ばれた。外交官の美食家タレーランの元で修行し、1814年のウィーン会議の間、料理の腕を披露して有名人となる。

新型の鍋やフランス料理の基本となる4種のソース、コックの帽子の発明者。後年は菓子職人としても腕を振るった。

料理人の地位

もともとは社会的身分が低い使用人だった。

↓

食文化の成熟とともに地位が上がっていく。

↓

王侯貴族に仕え、城の倉庫管理を任されることもあった。

↓

18世紀には努力次第でかなりの高給取りになれた。

↓

レストランが出来、免許を持つ料理人も出現した。

宮廷の調理組織

18世紀のこと。中部ヨーロッパの名門ハプスブルク家は食文化を重視し、大勢の料理人を抱えた。宮廷内には厳密な階梯も存在していた。女王の趣味で容姿端麗な者しか採用されず、上位スタッフは晩餐会にも顔を出す。
その時の正装は赤い上着、赤いズボン、白のベスト。

用語解説

- **シカール**→詳細は不明だが、タイユヴァンより40年ほど遅い生まれ。ブルゴーニュ公フィリップ2世、1403年からはサヴォイア公アメデオ８世など有力貴族に仕えた。
- **貴族の旅**→料理人を同行しないまでも、材料だけ自分で用意して店で調理してもらう人もいた。
- **ハプスブルク家**→ドイツ系でヨーロッパ随一の王家と言われる。ウィーン会議で豪華な食事を提供したのをきっかけに、美食の分野でも注目を浴びた。

No.085

料理書や食のエッセイとガイド

食の世界で自己を体現した人々は多い。料理人はもちろん、うまいものを食べ歩くのが好きな美食家も名著によって歴史に名を残した。

●本当にあった美食倶楽部

王侯貴族お抱えの各国の料理人は、主君の命令で**料理書を残した**。それは王の権威を向上させるのに役立ったのである。

タイユヴァンの料理書『ル・ヴィアンディエ(食物譜)』(1390年ごろ)は中世フランス料理を知るための手がかりとなった。**アントナン・カレーム**の『19世紀のフランス料理術』(1833年～34年)は5巻からなるフランス料理レシピの百科事典である。

料理人が自ら料理書を著すのはヨーロッパだけの習慣で、他の地域では学者や医者、役人などの美食家が料理書を書くことが多かった。料理人が書く料理書はあいまいな解説をしているが、美食家の料理本は材料の正確な分量が載っていた。

料理書を読んで調理する者もいれば、現実には食べられない高級料理や食材を想像して満足する者もいた。また、食のエッセイや飲食店ガイドといった書物も数多く出て、度々ベストセラーを記録した。

ルネサンス期の役人**バルトロメオ・サッキ**の『正しい食事がもたらす喜びと健康』(1475)はさまざまな美食の伝承をまとめた本でベストセラーとなった。フランス革命を生き延びた**ブリヤ・サヴァラン**の『美味礼賛』(1825)は世界的に評価が高いエッセイで、当時のさまざまな文化に触れつつ食について語っている。

アレクサンドル・グリモ・ドゥ・ラ・レニエールは味覚鑑定委員会という美食サークルを率い、『美食年鑑』を発表する。これはレストランと食材生産者を紹介するガイドブックだ。

『ミシュランガイド』のようなものとしては、フランスの『ゴー&ミヨー』、ドイツの『食通のためのアトラス』などがあった。

料理関係書

料理書

ヨーロッパの料理人が書いた料理書は主君の権威を向上させた。
他の地域では学者や医者、役人などの美食家が料理書を書くことが多かった。

料理書の傾向 → 料理人が書く料理書はあいまいな解説。
美食家の料理本は材料の正確な分量が載る。

『ル・ヴィアンディエ』(食物譜)
伝説的な料理人タイユヴァンの料理書。中世フランス料理を知る手がかりとなる。

『19世紀のフランス料理術』
近代料理界の天才アントナン・カレームの著作。フランス料理レシピの百科事典。

食のエッセイ・飲食店ガイド

ヨーロッパでは度々ベストセラーを記録した。
現代日本でも食のエッセイやガイドは安定した人気を誇る。

『正しい食事がもたらす喜びと健康』
ルネサンス期の美食家バルトロメオ・サッキの著。美食の伝承をまとめた本。当時、美食家や美食本は教会の批判を受けやすかったが、これは健康や医学的な内容で批判を免れた。

『美食年鑑』
アレクサンドル・グリモ・ドゥ・ラ・レニエールが率いる味覚鑑定委員会が発表した食のガイドブック。

『美味礼賛』
18世紀フランスの美食家サヴァランの著。世界的に評価が高い食のエッセイ、さまざまな文化に触れている。

料理書やエッセイなどの読者
・実際に調理する者。
・食べられない高級料理や食材を想像して満足する者。

用語解説

●**料理書を残した**→文盲率が高い時代であれば代筆で料理書が書かれた。
●**バルトロメオ・サッキ**→1421-1482。プラーティナの名義を使っていた。『尊ぶべき喜び』とも訳す本書は四体液説、古典文学研究書、マナー、医学書などの側面のある食百科的な本だった。
●**ブリヤ・サヴァラン**→ジャン・アンテルム・ブリヤ=サヴァラン。1755-1826。革命時にスイスへ亡命し以後は各国を転々とした。『美味礼讃』は死の2カ月前に出版された。

No.086

近代人の心強い相棒となったコーヒー

アラブ圏で飲用されたコーヒーは教会のお墨付きでヨーロッパに広まった。それは現代に至っても当時と同じ「善き」役割を果たしている。

●近代という時代にマッチした合理的飲料

アラブで既に人気だったコーヒーがヨーロッパに印刷物で紹介されたのは1583年ごろ、ドイツ人医師のラウウォルフによってである。その後、各国で知られるようになるのは17世紀になってからとなる。

1669年、トルコの宮廷武官スレイマン・アガはフランスのルイ14世にコーヒーを献上するなど、積極的なセールスを行った。フランスではマルセイユでだけ売られたが、パリに運ばれたものは香りを閉じ込めるために革袋入りの豆をさらに木箱に入れてネジ止めしてあった。こうした珍しさもあって値段はさらに高騰した。

供給に関しては、1616年にオランダ人がジャワにコーヒーを移植したのが皮切りで、一般普及する18世紀までにはアジアや中南米のプランテーションで盛んに生産されるようになり、価格は落ち着く。

アラブから持ち込まれた飲み物ということで、体に害があるとか悪魔からの贈り物だという人もいたし、薬効があるという人もいた。教会が禁止令を出す流れになる前に、ベネチアのコーヒー商人は法王**ウルバヌス８世**に味見させた。法王はその味と香りに魅了され「こんな美味なものをイスラム教徒に独占させる手はない」と述べ、合法としたという。

当時の社会も合理主義が台頭してきたころで、コーヒーを受け入れる環境が整いつつあった。ワインやビールを水代わりにしていた17世紀までのヨーロッパでは、飲む＝酔うことだった。労働者も休憩時間に酒を飲むので能率が下がってしまう。近代にコーヒー、後には茶が大衆化されると、それらは「理性的飲料」「善き飲み物」などともてはやされた。

ちなみにアイスコーヒーは17世紀中ごろから既に存在し、カフェオレは18世紀には庶民の飲み物となっている。

コーヒーが築いた近代文化

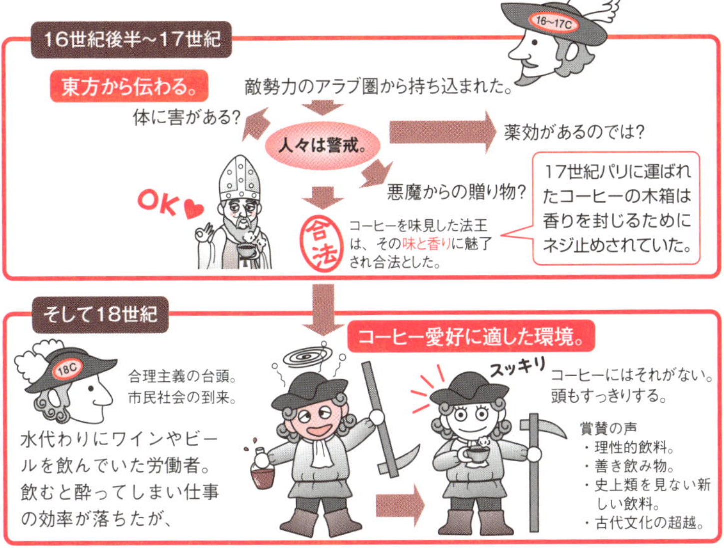
16〜17C
16世紀後半〜17世紀
東方から伝わる。
敵勢力のアラブ圏から持ち込まれた。
人々は警戒。
体に害がある?
薬効があるのでは?
悪魔からの贈り物?
OK
合法
コーヒーを味見した法王は、その味と香りに魅了され合法とした。
17世紀パリに運ばれたコーヒーの木箱は香りを封じるためにネジ止めされていた。
そして18世紀
18C
合理主義の台頭。
市民社会の到来。
水代わりにワインやビールを飲んでいた労働者。飲むと酔ってしまい仕事の効率が落ちたが、
コーヒー愛好に適した環境。
スッキリ
コーヒーにはそれがない。頭もすっきりする。
賞賛の声
・理性的飲料。
・善き飲み物。
・史上類を見ない新しい飲料。
・古代文化の超越。

✤コーヒーのルーツ

エチオピアの南西部カファ地方がコーヒーの原産地で、地名がコーヒーの語源になっている。カファでは葉や果実を煮たり炒めて食べていた。5〜14世紀に隣国イエメンにも移植され、現地の学者が豆を煎じて飲んだのが飲料としての始まりである。

9世紀にペルシャで愛好され、後にはイスラム文化圏で徹夜の儀式用の秘薬として扱われた。当時はバンチュムという丸薬やペーストの形だった。最初は高官だけが口にできる強壮剤で、一般化した後はカフェで飲まれた。

イスタンブール（コンスタンチノープル）に1554年、最初のカフェが誕生している。飲酒が禁止されていたイスラム圏で、興奮作用があるコーヒーは広く愛された。しかし、カフェに人が集まって謀議などが行われることもあって、オスマン帝国では何度も禁止令か出された。コーヒー禁止令が出たという点は、アラブでも後のヨーロッパ諸国でも同じである。

用語解説

●**ウルバヌス8世**→在位1623-1644。ガリレオの裁判を行ったり、三十年戦争に介入するなど、中世的権力を行使した最後の法王と言われる。

No.087

宣伝工作によって英国に定着した紅茶

コーヒーも広く普及したが、それに遅れてヨーロッパに入った茶はより世界中で親しまれた飲料であり、バリエーションも多い。

●ティータイム文化を創り出した新飲料

1606年、ポルトガルのリスボンで**初めて茶が飲まれた**が、これは日本茶だった可能性がある。当時は東洋風の取っ手のないカップに注がれ、熱い茶を受け皿に少しこぼして冷めたのをすするのが流行った。

やがて茶はフランス、イタリア、スペインでは上流階級の飲み物（大衆のコーヒーに対して）となり、英国やオランダでは全階級が飲むようになっていく。

紅茶と茶が同じものだとヨーロッパ人は長らく気づかず、製法も知らされなかった。緑茶を酸化発酵《はっこう》（半発酵）させるとウーロン茶になり、さらに発酵させると紅茶になる。途中で熱を加えると発酵は止まるのである。

ヨーロッパ人は大航海時代以降、中国や日本から茶を輸入していたが、**東インド会社**は植民地でより安価に茶を作ろうと画策した。それでセイロンでの大量生産を始めたが、同社の茶の売り上げは最大で年商の81％にも達したという。茶は急速に質が落ちるので、快速船「**クリッパー**」で運ばれた。航海はレースとなり、勝者には多額の報奨金が贈られた。

英国人は生涯に10万杯の茶を飲むというが、コーヒーより茶が好まれるようになったのには多くの理由がある。中でも18世紀に東インド会社の宣伝が成功したこと、茶の関税が引き下げられたこと、そして英国の水質が茶に向いていたことが大きい。またコーヒーより作る手間がかからなくて、薄めて飲んでも問題なかったこともある。さらには「コーヒーは男性を不能にする」との噂が流れたせいで茶に人気が移ったともいう。

ちなみに英国の宮廷に茶の習慣を持ち込んだのは、ポルトガルのブラガンサ家のキャサリンである。東洋趣味が流行中だった1662年、英国王チャールズ2世との結婚の際、彼女は中国茶と砂糖を持参した。

英国に茶が普及するまで

1606年

ポルトガルのリスボンで初めて茶が飲まれた。
以後、フランス、イタリア、スペインに普及。
ヨーロッパでコーヒーは市民の飲み物、紅茶は上流階級の飲み物となる。

1662年

英国に嫁入りしたポルトガルのブラガンサ家のキャサリンが、初めて中国茶と砂糖を持ち込む。
当初は中国や日本から輸入。
東インド会社はセイロンなどの植民地で安価に大量生産を行った。

18世紀

消費を促進するため、英国で
大宣伝が行われた。
結果、英国とオランダでは全階級が飲むようになる。

英国人は生涯に10万杯の茶を飲むという

英国ではなぜ茶がコーヒーよりも普及したのか

薄めて飲んでも楽しめる。
茶の関税が引き下げられた。
英国の水質が茶に向いていた。
コーヒーより作る手間がかからない。
「コーヒーは男性を不能にする」との流言があった。

実は紅茶と茶は同じもの

収穫された茶 → 緑茶
酸化発酵 → 半発酵でウーロン茶
完全に発酵 → 紅茶

茶を運ぶ快速船クリッパー。
英国に運ぶ航海はレースとなり、報奨金が出た。

用語解説

●**初めて茶が飲まれた**→他に1609年にオランダ東インド会社の船が日本から茶を持ち帰ったとか、1637年に茶を飲んだ人の記録が残っている。最初の茶便はマカオからオランダ船かポルトガル船が届けたという話もある。
●**東インド会社**→アジア地域の貿易独占権を持つ一種の国策企業。英国、オランダのものが有名で祖国に莫大な利益をもたらしたが、他の国にもあった。

No.088

どこにあっても高貴であり続けたチョコレート

チョコレート（以下チョコと略）は、ヨーロッパの他国におけるコーヒーや茶と同じようにスペインやイタリアで好まれた飲料だった。

●チョコは最初は飲料だった

新大陸から持ち込まれた珍しい農作物のひとつにカカオがあった。スペイン人はこれを原産地と同じやり方で**飲料**にして楽しんだ。

チョコはコーヒーや茶よりもカフェインが少ないが、栄養豊富で「生命の飲料」と呼ばれた。カカオがスペイン支配下の植民地でしか育たなかったので、16世紀からの100年間はスペイン人が**独占**し、良家の娘が嫁ぎ先への持参金として持たされることもあった。1693年当時のフランスでは、1杯のチョコが茶やコーヒーの2～3倍の値段だったという。

当初は味が苦いので人気がなかったが、植民地に入植した修道女たちがバニラや砂糖、クリームなどを加えて美味にした。1585年、ヨーロッパに初陸揚げされた高価なカカオは飛ぶように売れたという。

チョコには胡《こ》椒《しょう》、牛乳、卵、ワインやバラの花を加えることもあったが、特にシナモン入りは女性に大変な人気があった。

しばらくの間、チョコは貴族や文化人のこじゃれた飲み物で、特に朝食前のベッドでのんびりと飲まれた。コーヒーとは対照的に、優雅でぜいたくでアンニュイな雰囲気の中で楽しむ嗜好品、特権階級の象徴だった。コーヒーハウスと対照的なチョコレートハウスもあり、そこには貴族や芸能人が出入りしていた。1847年以降、チョコが**固形の菓子**になると、オペラ座の楽屋口に菓子屋が開店し、そこで売られるようになった。

ルイ13世の妻アンヌ・ドートリッシュはチョコが好物だったし、貴族趣味で知られる文豪ゲーテはコーヒーを嫌いチョコを愛した。ルイ15世の妾デュ・バリー夫人は愛人にチョコを贈り、性豪カサノヴァはシャンパン代わりにチョコを飲んだ。当時はかなりの催淫効果があると考えられていたようだ。

セレブが好んだチョコレート

中南米
カカオ
16世紀にスペイン人が新大陸からカカオを持ち帰ったよ
カカオの飲み物
スペイン
そのままだと苦い。
16~17C
バニラ、砂糖、クリームを加えると美味になり人気が出た。
胡椒やワインもいいね
シナモン入りは女性に人気だよ
飲み物としてチョコレートが流行。
100年間独占してもうかった。
茶やコーヒーより高価だったからね
18世紀初めのスペインの陶製ショコラトール（チョコレート用の急須）
チョコレートは
優雅　ぜいたく　アンニュイ
特権階級の象徴だった。

❖チョコレートのルーツ

カカオは中南米原産で、現地では神の食べ物と言われ、捧げ物や王侯貴族の飲み物にする他、通貨としても使われた。マヤ人の間ではカカオの断片10個でウサギ1羽、カカオ4粒でカボチャ1個、8～10粒で女を一晩、100粒で奴隷が買えた。

カカオ豆（豆ではなくその中の仁）を煎って砕き、熱湯を加えて攪拌すると泡立つ。この飲み物をマヤ語で「チャカウア」、アステカ語で「チョコアトル」という。チョコの語源だ。さらに蜂蜜、果物、スパイス、トウモロコシ粉、トウガラシ、ジャコウ、赤い着色料、幻覚キノコを加えることもあった。

用語解説

- **飲料**→現代のココアまたはホットチョコレートとも微妙に違う。ココアはカカオ豆成分から脂肪を半分除去し、粉末にして飲みやすくしてある。
- **独占**→17世紀には他国も新大陸にカカオのプランテーションを設け、アフリカやアジアへも移植された。
- **固形の菓子**→19世紀には固形チョコがオランダやオーストリア、ベルギーの名産品になる。

No.089

蒸留酒は現世の辛さを忘れさせる特効薬

ワインやビールよりも強い酒が欲しければ蒸留して造るしかない。それが誕生したのは意外に遅かった。酢も蒸留技術で造っていた。

●蒸留酒は錬金術から生まれた

蒸留技術自体は紀元前4000～3000年ごろのメソポタミアにあり、当時は花から香油を集めるのに利用していた。ギリシャでも、アリストテレスが海水から真水を得る方法を知っていたという。

蒸留酒に直接つながる技術は、8世紀コルドバの錬金術師ジャービル・イブン・ハイヤーンによって偶然に編み出された。これが後にヨーロッパに広まって、まずイタリアの修道院が11～13世紀にブドウから**リキュール**を造るようになった。最初は「生命の水」といって薬品として扱われた。熱病、下痢、中風に効果があって、精神的苦痛も減らすとされた。

アイルランドで造られた麦の蒸留酒も、同じく「**生命の水**」と呼ばれた。商品化は11世紀ごろだが、もっと以前から造られていたようである。同時期にスコットランドでも蒸留酒が生まれ、これらアイリッシュ・ウィスキーやスコッチを参考に、ロシアでエンバクからウォッカが造られた。

15世紀の医者は「スプーン半分の蒸留酒を毎朝飲むと病気予防になり、気分よく仕事ができ、死が近い病人でも最後の一言を発する力が湧く」などと蒸留酒を推奨した。特に寒い地方では、強い酒はすぐ酔って体が温まるので人気があった。蒸留酒は16～17世紀に一般化し、農民は朝出かける前に1杯の酒を飲むようになった。

腐敗しにくくコンパクトなので、大航海時代には高価な商品として流通した。海外の取引先では蒸留酒が大人気だったし、植民地の原料でラムなどの酒を造って持ち帰れば利益も期待できたのである。

なお、東洋では西洋より早い時期に蒸留技術が広まっており、紹興酒《しょうこうしゅ》や焼酎《しょうちゅう》など蒸留酒が広く飲まれていた。日本の薩摩焼酎は16世紀前半から製造されている。

西洋世界の蒸留酒

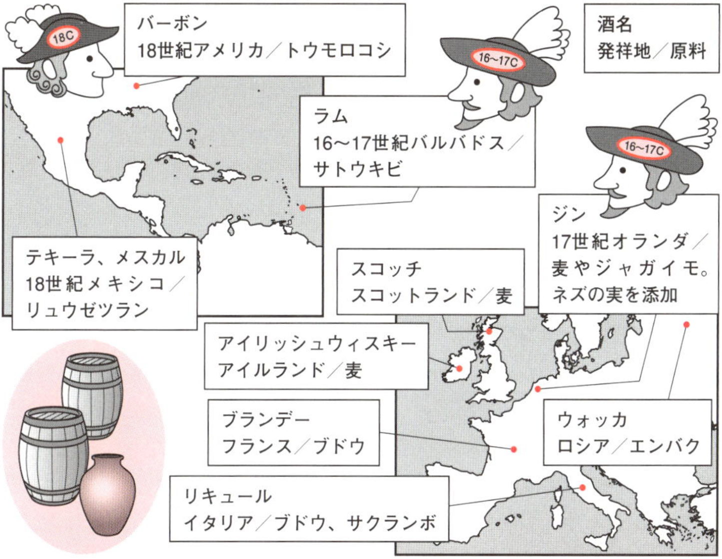
酒名
発祥地／原料
18C
バーボン
18世紀アメリカ／トウモロコシ
16~17C
ラム
16～17世紀バルバドス／サトウキビ
16~17C
ジン
17世紀オランダ／麦やジャガイモ。ネズの実を添加
テキーラ、メスカル
18世紀メキシコ／リュウゼツラン
スコッチ
スコットランド／麦
アイリッシュウィスキー
アイルランド／麦
ブランデー
フランス／ブドウ
ウォッカ
ロシア／エンバク
リキュール
イタリア／ブドウ、サクランボ

密造が横行したウィスキー

農民の間で自家生産されていたウィスキーは、1505年には製造者が制限されるようになり、1644年から税がかけられた。これに反発する者は多く、以後ずっと農民による密造が横行する。一説では、正規の蒸留所8カ所に対し、4000カ所の密造所があったという。監視の目を欺くためにウィスキーを柩に入れて運ぶことさえあった。

その昔、ウィスキーはストレートで飲むのが当たり前だったが、水割りにして砂糖を加える飲み方もあった。

19世紀後半、ヨーロッパの貧困は極まり、貧者にアル中が増えたが、社会はそれを許容していた。水代わりだったワインやビールとは違って蒸留酒は酔うための飲み物で、労働者の副食ともなった。

用語解説

●**リキュール**→現代のリキュールはブドウから造らないので同じ呼び名でも別物である。
●**生命の水**→不老長寿の水、燃える水とも呼ばれた。ラテン語で「アクア・ヴィテ」。フランス語では「オー・ド・ヴィ」。アイルランドでのゲール語読み「ウイスゲ・パー」はウィスキーの語源となった。

No.090

食べないパンの皿トランショワール

ルネサンス期まで富裕層は皿を使わず、わざわざパンを硬くして皿代わりに使い、汁物に不可欠なスプーンの存在を知りながら使っていなかった。

●宗教上の理由で不自由していたのか？

15～16世紀、徐々に平皿が使われるようになるまで、中世の人々は食べられる皿「**トランショワール**」(英語では**トレンチャー**)に料理を載せ、手づかみで食べていた。なお、スプーン、ナイフ、汁物の器やグラスが1人ずつ用意されるようになるのも平皿の登場と時を同じくしている。

中世より前のローマ時代にスプーンも皿も使っていたのに、中世人が使わなかったのは、宗教的に**食器が汚れている**と断じられたからである。

トランショワールは一週間置いて硬くなった平らなパンだ。肉料理を載せると肉汁が染み込んで柔らかくなり、おいしく食べられる。しかし、富裕層ではこれを食べるのは下品なこととされた。食べるパンは別にあり、トランショワールは使用人や貧民や犬にやるものなのである。それでトランショワールは別名を「施し皿」という。

トランショワールを直接テーブルに置かず、長方形か正方形の木の板、錫《すず》の円盤を下に置くこともあった。その方がより衛生的ではある。

庶民の家庭では、トランショワールは食事の一部で最後に食べる。トランショワールの用意すらできない貧民は前述の木の板に料理を載せるか、でなければ汁物しか食べなかっただろう。

ちなみに北欧神話のロキ神は、食べ比べの話で皿まで食べるが、この皿とはトランショワールのことらしい。

ヨーロッパ人は肉をよく食べたため、切り分け用の大きなナイフだけは早い段階から用意されていた。当初、肉の切り分けはその場の最高権力者の仕事だった。平等に切り分けることが、統治能力と同一視されていたのである。また中世後期には「プレザントワール」という、肉を載せて席まで運ぶのに便利な幅広ナイフも登場した。

皿代わりの平板パン

トランショワール（仏語）　＝　トレンチャー（英語）

一週間置いて硬くなった平らなパン。

15～16世紀に平皿が普及するまで、
長らく中世の食卓で高級な料理を載せる皿の役割を果たしていた。

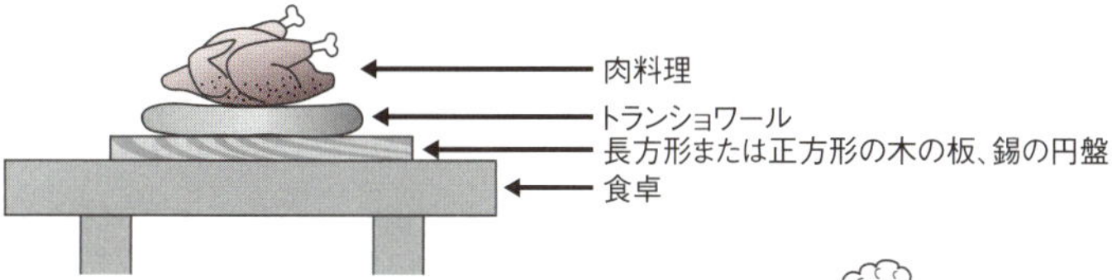

トランショワールに肉料理を載せると、肉汁が染み込んで柔らかくなる。
うまそうだが食べるパンは別にあるので、トランショワールを食べるのは下品なこととされた。

使用人、貧民、犬や家畜に恵んでやるもの。

別名を「施し皿」。

とは言っても…

庶民の家庭ではトランショワールは食事の一部で、最後に食べていた。

トランショワールを用意できない貧民は、日常的に汁物しか食べない。

平皿がトランショワールに取って代わったのと同じ時代に、スプーン、ナイフ、汁物の器、ワインの杯が1人ずつに用意されるようになった。
それまでは全て手づかみ、共用食器で食事をしていた。

用語解説

●**食器が汚れている**→中世の絵画や版画などの記録にはスプーンは登場しないが、意図的に描かれなかったことが分かっている。もしかすると15世紀の前に使われたことはあったかも知れない。

No.091

スプーンは愛の証でナイフは信頼の証

ルネサンス期を迎え、ようやくスプーンが解禁になる。またこの時代、食器には食べる道具として以外の意味もあった。

●ルネサンスと宗教改革で見えた卓上の希望

スプーンは2万年前の西アジアで発明され、以後世界中で広く使われていた。しかし宗教的な理由があって、中世ヨーロッパでスプーンが公に使われるようになるのはルネサンス以降のことだった。

スプーンの材質には動物の角製、金属製、木製があり、順に高価である。角スプーンは金属製よりも軽く、滑らかで木製よりざらざらしていない。しかも手入れも楽ということで大変に人気があった。

またスプーンは縁起物としても見られた。

新生児にはスプーンをプレゼントするが、金持ちの家に生まれた子は銀のスプーンが与えられる。このことを「銀の匙《さじ》をくわえて生まれてきた」と表現した。愛のシンボルとも考えられ、恋人同士でスプーンをプレゼントする習慣もあった。

ところで、英国にはスプーンや爪楊枝《つまようじ》を帽子に刺して歩く習慣があった。というのも、外食先で用意されないことがほとんどだったからだ。むしろ、スプーン持参で食事会に参加するのはエチケットだった。

スプーンだけでなく、**ナイフ**、ナプキン、灯りのロウソクといった、当時は少々値の張る道具を客自身が持ち込むことも珍しくなかった。食器は貴重品であり、厳重に管理されるほどだったのである。

この中でナイフは誰かに借りることもあり、危険な道具を貸し借りする仲ということで信頼の証《あかし》となった。

ナイフは料理を切るだけでなく、(フォークがまだない時代は)肉を刺して取ってもよいことになっていた。ナイフがない場合、指を使ってはいけないのでパンの端で肉を切ったりした。また、ナイフはパンにバターを塗るのにも必要だった。

使用禁止だったスプーン

スプーンは2万年前に西アジアで発明された。

中世ヨーロッパでは初め宗教的理由で使われなかった。

中世の聖職者の意見

食べ物は神の恵み
それに触れてよいのは神が作った人間の手のみ
道具の使用は神への冒涜！

ということで（地域によるが）、
人々は可能な限り食器を使わないことにした。

汁物だけは器に入れざるを得なかったが、スプーンを使わずに器から直飲みした。

手づかみで食事。

皿には
トランショワールを使う。

スプーンや爪楊枝は帽子に刺して歩く。

<英国の習慣>
さまざまな食事の道具は当時貴重で、外食先では貸してくれないのでエチケットとして持参した。

縁起物としてのスプーン
・新生児へのプレゼント（幸運祈願）。
・恋人同士でプレゼント（愛の誓い）。ケルトの習慣が始まり。

用語解説

●**ナイフ→**肉を切るのに必要で、その昔は大皿に添えられているだけで各人が持つことはなかった。

No.092

フォークが普及するまでの紆余曲折

ナイフとフォークを左右の手に持って食べるというスタイルが定着するのは18世紀のこと。それまで実質、ヨーロッパ人は手づかみで食べていた。

●ヨーロッパで嫌われ続けたフォーク

フォークは他の道具よりも遅れて普及した。ヨーロッパに紹介されたのは11世紀のことで、イタリアに嫁いできたビザンティン帝国の姫が持ち込んだ金のフォークが始まりである。実際にはその数十年前、イタリアの百科事典にフォークで食事をする修道士の絵が載っていた。

一部の洒落者《しゃれもの》を除けば、フォークを使う者はなかなか現れなかった。むしろ使っていると小馬鹿にされたくらいである。

最初にフォークが一般化したのは、15～16世紀のイタリアである。ゆでたばかりのパスタやマカロニ、熱々のラザニアを素手で食べるのは不便で危険だったからだ。**麺《めん》はイタリア以外には普及しなかった**ので、フォークの普及もここでいったん止まる。当初、フォークは「フュスキーナ」(小さな熊手)と呼ばれ、二股で使いやすくはなかった。イタリアではまた、14世紀に大皿用の「セルヴィート」という同型の器具も採用されていた。

フォークがなぜ使われなかったかというと、凶器のイメージが強く、食卓にそぐわなかったためだ。特に女性は使いたがらなかった。また教会も採用に反対していた。

しかし手づかみで食べるのが不潔だという考えもあり、16世紀後半から徐々に定着する。材質は鉄、銅、銀製だが、英国では肉はナイフに載せて口に運んでいた。二股ではホールド力が足りなかったのである。

フランスでは革命後に急速に普及したが、平民との身分の違いをアピールしたいと考えた生き残りの貴族が率先して用いたからである。そうすると、平民らもすぐまねをして広まっていった。

その後、実用性が重んじられて三股あるいは四股になり、18世紀になってスプーンとフォークがセットという現在の形に落ち着く。

フォークの普及史

11世紀　イタリアに嫁いだビザンティン帝国の姫が金のフォークを持ち込む（ルーツはビザンティン帝国？）。

なかなか普及せず、使っていたら馬鹿にされることもあった。

15～16世紀　イタリアでパスタを食べる道具として普及。

しかし麺もフォークもイタリア以外の国に普及しなかった。

先端が鋭いため、凶器のイメージが強く、食卓にそぐわなかった。特に女性は使いたがらなかった

16世紀後半　料理を手づかみで食べなくなり徐々に定着。

初め、フォークはイタリアでフュスキーナ（小さな熊手）と呼ばれ、二股だった。

やがて実用性を重んじて三股あるいは四股になった。

フランス革命後　フランスで急速に普及。
平民との違いをアピールするために生き残りの貴族が用いた。
すると、貴族に憧れを持つ平民らもすぐまねをして広まった。

食の先進国フランスで広まると各国にもすぐに普及した。

用語解説

●**麺はイタリア以外には普及しなかった**→不思議な話だが、東洋ではアジア各国で麺を愛好したのに西洋では広まらなかった。

No.093

重宝された銀器と企業秘密だった磁器

中世から近代にかけての時代、ヨーロッパの王侯貴族の間で用いられた豪華な食器は富や権力の象徴であった。

●よい食器を使えば料理も映える

昔は塩入れ、鉢、壷、水差し、ワイン入れ、それにテーブルクロスも高価で、ナプキンはテーブルクロスを汚さないように発明されたものである。

個人用の食器にはワインを入れる盃がある。材質は木製や陶器だが、ガラスや錫のグラスも重宝された。

ナイフやスプーン、フォークは宴会で使うと盗まれたりするので厳重に監視し、客には貸さない時代もあった。

食器の中でも、**銀製食器**は特に好まれていた。銀はきれいで長持ちするだけでなく保温性に富んでいて、食器としての実用価値が高かった。毒に反応するという性質もあったので、毒殺予防のためにもよく用いられた。

ルイ1世は3000枚の皿を持ち、うち10％が金、残りは白銀や金をメッキした銀製だった。

時代が下ると、料理の皿に蓋《ふた》が付くようになるが、それも銀製であることが多い。これは保温用なのだが、白粉《おしろい》が料理に落ちるのを防ぐためのものでもあった。当時の貴族はファッションで白いカツラを被ったが、それには白粉が振りかけてあったのである。

磁器は、良質の土を産する中国では600年ごろから生産されていた。これをマルコ・ポーロが持ち帰り、ヨーロッパでは13世紀から用いた。

磁器のブランド「マイセン」は、**ザクセン選帝侯アウグスト2世**が錬金術師ヨハン・フリードリヒ・ベドガーに命じて作らせた。このベドガーは秘密が漏れるのを防ぐために幽閉され、酒浸りになって若死にした。

後にウィーンの宮廷武官ドゥ・バキエーはマイセンの技術者を連れ出し、オーストリアでも磁器が生産されるようになった。その後この工房は女帝マリア・テレジアによって国有化され、名品を世に送り出した。

テーブル上の食器類

手の込んだ装飾
のある塩入れ

深皿

盃（カップ）は木製や
陶器が一般的。時には
ガラスや錫、古くは角
製の盃もあった。

ナプキンはテーブル
クロスを汚さないよ
うにと発明された。

水差し

他に鉢、壷、ワイン入れなどがある。

銀器と磁器

銀器は特に好まれた。

その理由は

- 見た目がきれいで長持ちする。
- 保温性に優れている。
- 毒に反応するという性質もあった（毒殺予防のためにも用いられた）。

磁器はマイセンが有名。

中国の磁器を基に錬金術師が苦労の末に製法を編み出した。後にオーストリアでも国有化。

食器の銀の蓋
保温用だが、貴族のカツラの白粉が料理に落ちるのを防ぐためでもあった。

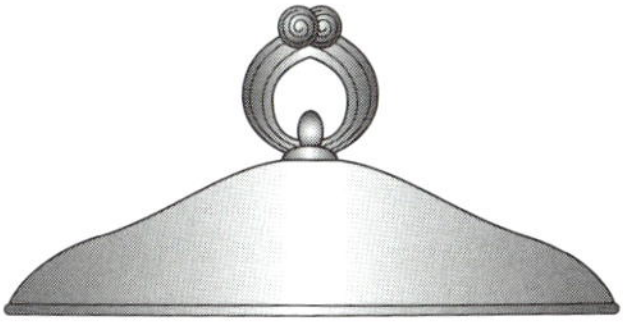

用語解説

●**ザクセン選帝侯アウグスト2世→** 1670-1733。ポーランド・リトアニア共和国国王も務めた。驚異的な怪力の持ち主で素手で蹄鉄をへし折ることができた。「強健王」「ザクセンのヘラクレス」「鉄腕王」などの異名を持つ。

No.094

中世ユダヤ人の祭日の食事

ヨーロッパに暮らしたユダヤ人はキリスト教徒とは違う祭祀を行い異なる食文化を持っていた。その料理は中世ではかなり淡白だった。

●平日とそれぞれの祝祭日用メニューの大きな差

14～15世紀のユダヤ人家庭の日常食材は、パン、キャベツ、サラダ、油、ワインなどだった。彼らは総じて大食いで、肉は羊肉が好まれた。魚は食べてもよいが好ましくない食材で軽視されていた。

食事回数も独特で、朝起きてすぐに食べ、次が1日の**仕事の後**。計2回の食事だった。その他、軽食を1回取る。

前菜や主菜、デザートのような区別はなく、食べる順番も決まっていないが、食前の手洗いや祈りなどは厳格に定められていた。

日曜は安息日で、料理は禁止されていたので前日に食物を用意しておいた。また、祭の日は自分で焼いた無《む》発酵《はっこう》パンを食べなければならなかった。ほとんどの場合、共同パン焼き場で普通のパンと一緒に無発酵パンを焼き、ユダヤ人が薪や枝をくべることで自分で焼いたことにしていた。

祝い事ではそれぞれの儀礼にあやかった料理を食べた。

結婚式では魔除けの効果がある「**コルパン**」を、少し裕福であれば「**タラレス**」が出た。新婦は結婚1週間後に締めくくりとして、魚を何匹か買ってきて床に置き、3度またいだ。これは「魚のように子宝に恵まれる」ためのまじないだった。

「ハダス」の儀式は新生児の祝いで、客は母親の部屋に集まってガレット、ドラジェなどの菓子、蜂蜜を塗った薄切りパンなどを食べた。また男子のお披露目では、雌鶏料理、蜂蜜と油で調理した米、揚げ菓子の「ペニェ」が出た。このように子供関連のお祝いでは甘い物が多かった。

葬式では、固ゆで卵と緑の野菜を食べ、飲み物は水だけが許されていた。この水は共同井戸か、7ブロック以上離れた家から汲んだ水でなければいけなかった。

中世ユダヤ人の祭日の食事

14～15世紀 ユダヤの日常食材

パン、キャベツ、サラダ、油、ワイン、羊肉

日曜は安息日 料理など労働は禁止。
前日に食物を用意。

祭日の決まり

自分の無発酵パンを焼かなければならない。

でもパン窯は借りられない。

枝をくべてその行為の代わりとした。

結婚式後の新婦の儀式

子宝祈願として、生魚を床に置いて3度またいだ。

ハダス（新生児誕生祝い）の食物

ガレットやドラジェなど菓子、蜂蜜を塗った薄切りパン、男児であれば雌鶏料理、蜂蜜と油で調理した米、揚げ菓子ペニェが出る。

葬式の食物

固ゆで卵、緑の野菜、飲み物は水だけ。共同井戸の水か、遠くの家で汲んだ水でなければならない。

ユダヤの特徴的な料理

ハミン	固ゆで卵と肉と豆が入ったポタージュ。スパイスやハーブ、ホウレンソウやタマネギなどの野菜が加わることもある。
フリカッセ	ホワイトソースの肉野菜炒め。
クロケット	スパイス入り牛肉団子を油で炒め、スープで煮るかソースをかけた料理。
エンパナディジャ	小型のミートパイ。主菜かデザートとして出る。
サラダ	セロリとサラダ菜に酢をかけたもの。
野菜の揚げ物	ナスやホウレンソウ、カボチャ、タマネギなど。
固ゆで卵	ユダヤ人は冠婚葬祭でしばしばゆで卵を食べた。
カッサハート	チーズで作るユダヤのアイスクリーム。

用語解説

- **●仕事の後**→スペインのユダヤ教徒は２回目の食事を正午に取っていた。
- **●コルパン**→小形のゴマ入りパン。
- **●タラレス**→小麦粉と砂糖と油で出来たブレスレット形菓子。

No.095

ユダヤの食のタブー

ユダヤ教にはさまざまな戒律が存在する。食材や調理法にもタブーがあり、現代でも厳格な信者は全ての戒律を守り続けているという。

●故事や経験に培われたさまざまな戒律

ユダヤの食習慣は、ユダヤの思想にギリシャ文化やそれより北の民族の習慣が合わさって出来た。生活全般に規定があるが、食事に関する戒律を「**カシュルート**」という。

最も有名なのが「蹄《ひづめ》が割れていて反芻《はんすう》するもの」は食べてよいという旧約聖書中の一文だ。牛、羊、ヤギ、鹿などが当てはまるが、このように条件に合致した生物は、ユダヤでは清浄であるがゆえに食材となる。もし条件が2つ重なれば2倍に清いとされた。

海や川にいる生物は「ヒレと鱗《うろこ》があるもの」は食べてよい。魚類全般はよいが、ウナギやナマズ、イルカなど鱗がない魚は食べられない。イカやタコ、貝などもダメだ。しかしイセエビだけはよしとされた。

「翼で飛ぶもの」は食べてよいが、「肉食するもの」はダメだったので食べてよいのはカモ、鳩、鶏《にわとり》などだ。その他、「神の構想に添わない生物」すなわち不浄な生物には歩く魚(カニ)、走る鳥(ダチョウ)などがある。「肉球があるもの」も禁止なので、キツネや猫も食用にならない。

植物では、植えて3年以内の木の実は食べないことになっていた。

ワインは自家製であることが求められ、異教徒に触れられないよう管理せよとのことだったが、これはヨーロッパに暮らすユダヤ人には到底無理な話だった。なお、カシュルートで禁止されている食品などを異教徒に売ることは許されている。

旧約聖書には「子ヤギを母ヤギのミルクで煮てはいけない」という言葉もある。このことから調理の戒律が生まれ、肉と乳製品を一緒に調理してはいけないことになった。転じて、乳製品と肉は6時間以上の間隔を空けて食べなければならないとされた。

ユダヤの食に関する戒律

カシュルート（食の戒律）

ユダヤでは以下のような条件に合致した生物だけが清浄なので食材にできる。

蹄が割れていて反芻するものは食べてよい。

牛、羊、ヤギ、鹿はOK。豚、ウサギ、馬、ラクダ、イヌ科、ネコ科はNG。

海や川にいるもののうち、ヒレと鱗があるものは食べてよい。

魚類全般OK。ウナギ、ナマズ、イルカは鱗がないのでNG。イカやタコ、貝やカニもNG。しかしイセエビだけはよしとされる。

羽毛があって飛び、肉食しないものは食べてよい。

鳥類はカモ、鳩、鶏がOK。猛禽類や雑食性の鳥、ダチョウはNG。

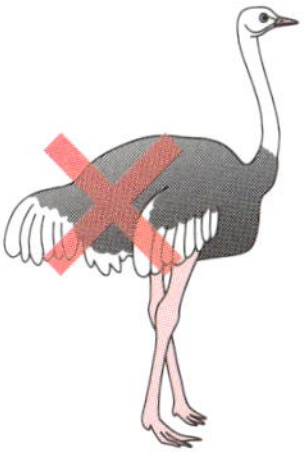

「腹を引きずって歩くもの」は食べてはいけない。

爬虫類や両生類全般、モグラやネズミなどの小動物が入る。また虫はイナゴだけがOKだった。

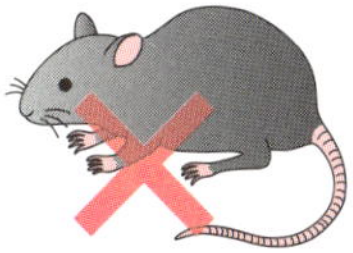

ユダヤの戒律の理念

ユダヤでは境界があいまいな生物には悪が介入し、それを食べた人間も悪に感染すると考える。

生活全般の話をすれば、純粋なものや自然な状態がよく、混在や雑種は許されない。馬とロバを交配してはいけないし、畑では小麦か大麦かどちらかだけを植え、牛とロバを組にして畑を耕すのも禁止。亜麻の服でも毛の服でも着てよいが、混ぜた布の服を着てはいけない。そして異性の服を着るのも禁止だ。同性愛や近親相姦を行った者は死刑と主張する人もいる。

用語解説

●**ユダヤの食習慣→**もともとはユダヤ人が住んでいた中近東の風土に合わせた食習慣の取り決めである。食用以外の用途に使える動物や、腐りやすい食材を口にするのを禁じたものだ。

No.096

評判がよかったユダヤの食肉

雑菌まみれで血抜きもしていないようなまずい肉が流通していた時代、ユダヤ人が解体した肉は大変な好評を得ていた。

●慈悲を持って一撃で殺された家畜

ユダヤ教徒はヨーロッパでは広くキリスト教徒と共存しており密接に関わり合っていた。時として食習慣の違いは軋轢《あつれき》を生んだが、キリスト教徒に都合のよいこともあった。それが食肉処理の仕方である。

中世期、ユダヤでは肉をよく食べたが、供されるのは共同体に雇われた専門の処理人「**ショヘット**」が所定の手順で処理した動物でなければならなかった。動物は食肉処理前に健康かどうかの検査を行い、鈍器で気絶させ、食道とのどを一撃で切り裂く。血が流れ出た後「メリハ」(塩水)に漬けてさらに完全に血抜きをした。13世紀以降は**ラビ**が作業を監視するようになる。処理場には、他に内臓を検査する「ボデク」という職員もいた。

ユダヤでは血は命の源であり、肉だけを食べることが許されていた。坐骨神経や脛《すね》の腱は「神がヤコブの腿関節にダメージを与えた」という故事があるために食べない。脂身も神に捧げられた故事から食べない。

ユダヤの処理場では肉はよく余った。血抜きに失敗した家畜や上記のような戒律で食べない部位もあったからだ。それらはキリスト教徒に安く払い下げられた。ユダヤ人がさばいた肉は清潔で種類が多く、処理が上手いので美味、しかも安かったためによく売れた。

だが、キリスト教徒側からすれば、失敗したり不要とされた肉を買うのは屈辱だった。中世期の教会は何度か禁止令を出して罰則を設け、罰金などを取った。競争相手の肉屋もよく嫌がらせをしたし、市販の肉より高く売るよう強制されたこともある。

そしてペストが大流行した時代、清潔な肉を食べていたユダヤ教徒の死亡率は低かった。このため、キリスト教徒からは「伝染病はユダヤ人が井戸に毒を入れたからだ」というような言いがかりをつけられた。

中世社会のユダヤの食肉

ユダヤの食肉処理の手順

①動物が健康か検査をする。

↓

②鈍器で気絶させ首を切り裂く。

↓

③血が流れ出た後、塩水に漬けて完全に血抜きする。

ショヘット
食肉処理の専門家

ボデク
内臓の検査人

ラビ
作業を監視するユダヤ僧

ユダヤ人が食べない肉の部位や条件

神に捧げるために食べない部分と、不浄なために食べないものがある。

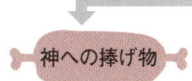

神への捧げ物

動物の坐骨神経、脛の腱、脂身、ユダヤの伝承にまつわる部位、または昔から捧げ物にしていた部位。

不浄とされる肉（ユダヤ人は食べない）

絞め殺された動物。
病気だったり去勢された動物。
他の動物に殺された動物（爪や牙の跡がある死体）はユダヤ人は食べない。

↓

戒律で不適格とされた肉

↓

捨てないでキリスト教徒に安く払い下げた。
ユダヤ人がさばいた肉は人気だった。

- 清潔で種類が多い。
- 処理が上手いので美味。
- しかも安い。

←

クズ肉を分けてもらう立場のキリスト教徒には屈辱的。

←

教会や肉屋はよく規制や罰金を科したり、嫌がらせを行った。

ペストが大流行した時は、ユダヤ教徒の死亡率が低いので「ユダヤ人が井戸に毒を入れた」などと言いがかりをつけた。

用語解説

●**ショヘット**→ヘブライ語でシュヒタ（のど切りで殺す）を行う人という意味で固定給をもらっていた。動物を苦しめずに処理し、血抜きを完璧に行うプロだ。
●**ラビ**→ユダヤの僧侶。

中世の豚の話

豚からは牛のような労働力、羊毛のような資源、乳製品などは得られない。一方で、凶作に断然強く、森に放牧しておけば何でも食べ、多産ですぐ増えて大きくなるのも早い。肉を取るのには最適な家畜だと言える。

そんな豚だが、古来、世界中でさまざまな扱いをされてきた。インドでは豚の肉は不浄とされた。豚は汚物を食べるからだ。（ちなみに猫、魚も不浄とされた。猫は汚いネズミを、魚は汚物や死体を食べるからだ）。

豚をタブーとするくらいに嫌ったのはユダヤ、イスラムなどである。逆に、クレタでは多産なことから女性のシンボルとして神聖視された。中国人は豚が大好物で、そのために豚を嫌うイスラム教が中国では広まらなかったという説があるくらいだ。またインド、エジプト、ギリシャでは古代の一時期に瑞獣とされた。

ヨーロッパでの扱いは、他の文化圏同様「（有用だが）卑しい動物」である。

中世フランスの片田舎では、豚という単語を出すならその前に「失礼ですが」と言わなくてはならなかった。「豚に真珠」は聖書にある言葉だし、「豚のようにガツガツ食べる」という言い回しもある。ヨーロッパで差別されたユダヤ人は「汚い、意地汚い」と豚にたとえられたが、ユダヤの戒律で禁忌とした豚にたとえられたのだから皮肉である。食べ過ぎると病気になるという噂もあった。

豚に与えられたイメージは大食、色欲、無知、不潔、利己主義、貪欲で、確かに年中発情しており、何でも食べる。それでも豚は人類が最も消費してきた肉、庶民の食材として長らく愛されてきた。

西欧では気候がよい地域なら、どんなに貧しい農家でも豚１頭くらいは養うことができた。森で放し飼いにされた豚は、現代の豚の３分の１か４分の１の大きさしかなく、50キロの肉が取れた。黒か赤っぽい剛毛で覆われ、耳が尖っていて凶暴だった。同じく森で暮らすイノシシと交雑することがあり、豚とイノシシの境目はあいまいだ。肉は赤身で森で歩き回ることから締まった体付きをしていた。当時の豚は生後１年か２年で食肉にした。

豚は都会でも堂々と歩き、ゴミを食べていた。13世紀から16世紀まで何度も豚の徘徊を禁ずる法律が出たが効果はなかった。家屋に侵入して赤ん坊に噛み付く事件も起こる。しかし、豚の持ち主はまず見つからないので、豚自身が（食肉となって）損害を賠償した。死刑執行人は街で豚を見つけたら、捕まえてもよかった。これは持ち主が保釈料を払わない限り殺される運命だった。各地を巡回する処理人もいれば、日暮れ前に徘徊豚を城砦の外に追い出す都市もあった。

徘徊豚はのどかな街の風物詩だったが、12世紀、フランスのフィリップ王子が雌豚のせいで落馬して死んだため、都市内での飼育禁止令が出た。そのころパリ市民の半数が豚を飼っていたという。以後は農村の豚を都市まで歩かせて食肉にしたが、疲れて空腹なために肉は硬くまずくなった。また豚不足で腐った肉が以前より多く出回るようになり、加工肉とスパイスの需要が高まったという。

第4章
日本の食・世界の食

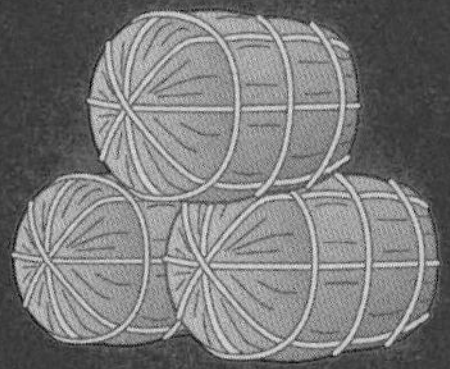

No.097

日本の食文化は奈良時代から

大雑把に言えば、奈良時代に基礎が出来、室町時代には貴族向けの料理文化があった。その後、江戸時代に庶民の食文化が開花した。

●独自の美学の宮廷料理と豊かな庶民の食

日本式の食事は奈良時代に確立した。しかしそれらは鎌倉時代まで作法らしい作法はなく、平安貴族は**お椀《わん》を膳《ぜん》に載せたまま**食べていた。続く室町時代には1人用の膳で食べるようになる。本膳料理の始まりだ。お椀に入った飯と汁、魚と野菜が一皿ずつという構成が基本だった。

調理人は烏帽子《えぼし》を被り、日本刀と同じ鋼鉄の包丁を使っていた。食材を美しく盛り付け、皿の上に小宇宙を形成するのは日本料理独自の美学だ。熱を加えるなどの調理をなるべくしないことが真髄であり、**調味料**や香辛料でさえ避けた。これは上流社会の食文化だが、世界でも珍しい。

ちなみに納豆や唐《から》揚《あ》げは平安時代から存在しており、揚げ物は飛鳥時代に中国から伝わっていたようである。

食事回数は江戸時代に入るまでは朝夕2回だったが、農民や兵士など力仕事をする者は昼の休憩にも食べていたらしい。

戦国時代、日常の食事は高位の武将でも質素だった。毎食雑炊《ぞうすい》を食べ、まれに菜飯《なめし》が出た。戦国時代には茶の湯文化から懐石《かいせき》料理の基礎も生まれた。この時代までは獣肉もよく食べ、人々の体格はかなり大きかった。

平和な江戸時代になると、庶民は繁栄し、豊かな大衆料理を発展させていく。支配階級である武士は逆に貧しくなり、しかしプライドを保つために、庶民とは違う質素な食文化を継承することになった。

17世紀半ばにソバ屋が誕生して以降、外食産業が活発化する。**天ぷら**やウナギの屋台、歩きながら売る物売りが出現した。

茶屋は初め寺社近辺にあったが、街道筋にも現れるようになる。普通は茶や軽食を置くが、芝居小屋そばの茶屋では酒を置いたり、遊廓《ゆうかく》そばの茶屋では刺身《さしみ》が用意されたり座敷(休憩所)が併設された。

日本の食文化の歴史

日本料理の美学

・宮廷調理人は烏帽子を被り、包丁は日本刀と同じ鋼鉄製。
・食材を小さく切るなど細工したり、美しく皿に盛りつける。
・熱を加えるなどの調理はなるべく避ける。
・調味料や香辛料を避け、素材の風味を楽しむ。

古代から室町時代まで	日本式の食事は奈良時代に確立。 食事回数は朝夕2回。（農民や兵士など力仕事をする者は昼の休憩時も食事。） 室町時代からは、1人用の膳で食べるようになる。 ‖ 本膳料理の始まり。（基本メニューは椀の飯と汁、魚と野菜が一皿ずつ。） 揚げ物は飛鳥時代に伝わり、納豆は平安時代からあった。
戦国時代	日常の食事は高位の武将でも質素。（毎食雑炊で、まれに菜飯。） 茶の湯文化から懐石料理の基礎も生まれる。
江戸時代	仏教の影響で、菜食中心の暮らしへ。（体格が小さくなる。） 庶民は繁栄し、豊かな大衆料理が発展。 外食産業が活発化。（屋台や茶屋、徒歩の物売りが現れる。）

茶屋のメニュー

茶屋と同じころに居酒屋も登場している。日本では茶屋と居酒屋の区別はあいまいだった。茶屋では酒を出すし、居酒屋では食事もできた。

1862年の『大津絵落葉籠』他の史料によれば、煮染《にし》め、焼き団子、天ぷら、焼き芋、ぼた餅、はじけ豆、寿司、麦湯、ウナギ、ゆず卵、水菓子、大福、麦飯、燗《かん》の酒、茶漬け、豆腐汁、煮豆、白飯、奈良漬け、生大豆、梅干、うどん、ソバと多くの食品が売られていたようである。

用語解説

●**お椀を膳に載せたまま**→世界的にはこれが普通で椀を手に持つのは日本独自の作法だ。
●**調味料**→日本の主要調味料の醤油（しょうゆ）は、江戸時代前期まで酒と同等の値段だった。需要が少ないから高価だったのかも知れない。
●**天ぷら**→1772年に初めて記録に登場する。揚げ物自体の歴史は古いが最初はぜいたく品だった。

No.098

そうめんが日本の麺のルーツだった

実のところ、日本人は世界でも有数の「麺好き」民族で、現代では多くの種類の麺が食されている。そのルーツはそうめんにあった。

●奈良時代に伝来した索餅《さくべい》

日本の文化の多くは中国から伝来したが、麺《めん》もそのひとつである。

漢や唐の時代の文書では「**索餅**」という食物だが、日本では当初「麦《むぎ》縄《なわ》」と呼んだ。その名が示す通り、小麦粉や米粉を合わせた生地を手でこねて延ばし、縄のようにねじったものである。麦縄の記録は750年ごろの公文書に初めて登場し、日本最古の辞典にも「**牟義縄《むぎなわ》**」という文字で記されている。

麦縄はうどんよりだいぶ太く、生のものをちぎって食べていたらしい。これだと麺のイメージとはかけ離れているが、927年撰進の法令集『延喜式』には、ゆでて冷やし、酢や醤《ひしお》、塩や糖であえ、薬味を添えて食べていた、とある。皇族や貴族の食べ物で、時には僧に供されることもあった。平安時代は7月7日に食す縁起物で、神に供《そな》えて無病息災を祈っていた。

鎌倉時代の終わりごろ、読みは「むぎなわ」のまま、字が「索餅」に変化する。以後の文献では「索麺」「素麺」などと文字が混乱し、江戸時代には「**素麺**」と書いて「**そうめん**」と呼ぶようになる。このことから、日本における麺のルーツはそうめんであると言われるようになった。

そうめんは俗語で「ゾロ」「ソゾロ」「ゾロゾロ」などとも呼ばれたが、食べる時の音を表すと同時に、「細物」を暗示する呼び名でもある。当初は極太だったそうめんは時代とともに次第に細くなり、すすることができるほどになったのである。

索餅が素麺に変化していく間、室町時代には麺の文化が開花した。冷麦《ひやむぎ》、うどん、にゅうめんなどがその時代に登場したのである。ちょうどそのころ、中国から新たな製粉技術と、平らに延ばした生地を切って麺にするという方法が伝わったおかげでもある。

麺

麺を食べる習慣のある地域

古くからは、 ―― 東アジア　イタリア　中近東

200年ほど前からは、 ―― 東南アジア　北アフリカ

日本での麺のはじまり

750年ごろ	麺が唐から伝来（うどんより太かった）。
平安時代	皇族や貴族、高僧に供される食物となる。 大陸で「索餅」と呼ばれる麺 ➡ 日本の「麦縄」「牟義縄」 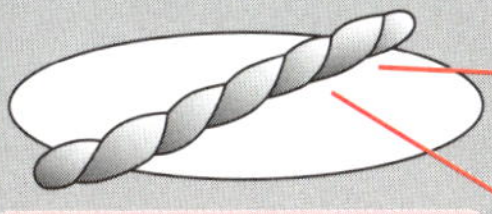 小麦粉と米粉の生地を手延べにして、縄のようにねじった物。 最初は生のままをちぎって食べた。 索餅は中国菓子の麻花に製法や形が似ている。これが汁に付けて食べる麺に進化していった。
927年ごろから	ゆでて冷やし、酢や醤、塩や糖であえ、薬味を添えて食べるようになった。 ７月７日に食べる縁起物で、神に供え、無病息災を祈った。
鎌倉時代	「索餅」「索麺」「素麺」などと名前が変わる。
室町時代	生地を切って麺にする技術から、冷麦、うどん、にゅうめんの原型が登場。
江戸時代	「索餅」は「素麺」になり、定着。 このことから ⬇ 日本における麺のルーツは、「そうめん」であると言われるようになった。 **そうめんの俗語** ゾロ、ソゾロ、ゾロゾロという。 食べる時の音を表すと同時に、細い物を暗示する呼び名でもある。

No.099

ソバとうどんの歴史

ソバとうどんは今ではライバルとして語られることもあるが、もともとは関東・関西の文化圏を代表するといった食材ではなかった。

●ソバは庶民から、うどんは貴族から

多くの麺《めん》類の原料となる小麦は、縄文時代末期から弥生時代に日本に伝わっていた。それが奈良時代から平安時代に朝廷が西日本での**栽培を奨励**するようになり、続く室町時代には全国に広まった。

米が主食の我が国において、麦と小麦は稲の収穫の後に植えられ、粉にひかないで、飯に混ぜて食べたり粥《かゆ》にすることが多かったようである。

その後、麺としては奈良時代にぜいたく品として「索餅《さくべい》」が誕生し、室町時代からはさまざまな調理の工夫が加えられた。「熱麦《あつむぎ》」と呼ばれたのがうどんの原型で、日本における食文化が開花したころの話である。ちなみに、現代によく見られる平らなうどんが登場したのは江戸時代になってからである。

一方、ソバは育成が麦よりはるかに楽で、日本では縄文時代から栽培されていたようである。最初は粉にして水で練って、いわゆる「**ソバがき**」とし、煮たり焼いたりして食べていた。

記録を見てみると、ソバはかなり昔から食用にされてきたはずだが、貴族や僧といった上流階級には認められず、農民ですら飢饉《ききん》時の非常食と見ていた節がある。一定の評価を受け、文化として認められたのは江戸時代以降のことだろう。

麺となったソバはソバがきと区別するために「**ソバ切り**」と呼ばれたが、これが生産地の長野県や山梨県から外食文化の盛んな江戸へ伝わり、庶民に愛されるようになった。

ソバは粉にしないと食べにくいが、つなぎを加えないと細長く延ばすことができないため、近世まで麺にできなかった。実のところ、ソバは西洋でもクレープにして食べるが、麺に加工するのは日本と中国だけだという。

ソバ vs.うどん

うどん

関西代表
ちゅるる
麻呂はうどんが
好きでおじゃる

材料は小麦。

弥生時代から栽培。室町時代に全国に広まる。日本では米が主食なので副食として存在した。麦粥にしたり米飯に混ぜることもあった。

奈良時代に「索餅」が誕生。
そのバリエーションの熱麦が「うどん」の原型。
しばらくの間は皇族、貴族、高僧が食べる高級品。

江戸時代に、現代に見られる平らなうどんが登場。

VS.

ソバ

関東代表
てやんでぇ！
江戸っ子は
ソバにかぎらぁ！
ズズ〜

材料はソバ。

縄文時代から栽培され歴史が古い。
育成が楽で飢饉時の非常食と考えられていた。

ソバがき
粉にひいて水で練り、煮たり焼いたりして食べた。

その昔は取るに足らないとして上流階級に認められない食材だった。

江戸時代になった後、庶民から一定の評価を得られるようになった。

ソバ切り

ソバを麺にしたものはソバ切りと呼ばれ、ソバがきと区別されていた。

長野県や山梨県でよく食べていたが江戸に伝わり、外食文化を通じて庶民に愛されるようになった。

ソバは粉にしないと食べにくいが、つなぎを加えないと細長く延ばせないので、近世になるまでは麺にできなかった。

西洋でソバはクレープにするが、麺に加工するのは日本と中国だけだ。

用語解説

●**栽培を奨励**→奈良・平安期には五穀のひとつとして重視された。しかし食用にする手間を惜しんで家畜の飼料に転用されることもあった。

No.100

日本の携帯食

長く続いた日本の戦国時代には、現代でも残る実用品から、ニンジャが隠し持っていそうな回復アイテムまで、多くの携帯食が考案された。

●鰹節《かつおぶし》も立派な携帯食だった

弁当のメニューとして一般的なおむすびは、戦国時代に携帯食として使われたこともよく知られているが、さらに起源がある。日本では「**むすび**」という言葉は、万物を生み出す神霊とその力を表す。また古代人にとって、山は神の住まう聖域だった。神通力を授かるため、米を山型に「むすび」、食べたのがおむすびの始まりだという。

今では調味料に使われる鰹節は、燻製《くんせい》の一種で、戦国時代は兵糧《ひょうろう》だった。携帯食として採用されたのである。当時は煮たカツオを火であぶったもので、現代ほどは硬くなかった。江戸時代になってから現在の形に近い鰹節が作られるようになったという。魚の身は自己消化で液化しやすいが、煮れば長期保存が利く食材となる。

芋茎縄《いもがらなわ》は、最も実用的とされる携帯食である。サトイモの茎を切って干し、縄に編んで味噌で煮れば完成だ。これを腰に巻いたり荷縄に使ったのである。戦地ではそのまま汁と実になる。

味噌玉は、大豆を煮てすり潰し、麹《こうじ》を加えて丸い玉にしてある。持ち歩く間に発酵《はっこう》して味噌《みそ》に変わり、汁の素になる。

兵糧丸や飢《き》渇丸《かつがん》は、さらに本格的な戦闘食だ。穀物や脂肪性の材料を水か酒で練り、4～5センチに丸めて蒸すか乾燥させる。3個食べれば1日活動できると言われたが、それは大げさで、気休め程度の効果しかない。

水渇丸《すいかつがん》は梅干、氷砂糖、麦芽《ばくが》、朝鮮人参《にんじん》を混ぜて丸め乾燥したもので、渇きを癒《いや》すとされた携帯食である。しかし、実際には丸石を口に含んだ方が効果的なようだ。これに似たもので、中国に「千里歩ける」千里茶がある。砂糖、**ヨクリョウ**、ハッカ、カンゾウ、蜂蜜を練って丸くしたものだというが、効果は推《お》して知るべしだろう。

兵糧丸

材料

ソバ粉、麦粉、寒ざらしにした米。朝鮮人参やナンテンなど薬効植物。
麻の実やゴマなど脂肪の多い実など。

さらに追加で、
氷砂糖、蜂蜜、ナツメなどの甘味や、鶏卵、鰹節、ウナギの白子を加えることもある。

水渇丸

材料

梅干、氷砂糖、麦芽、朝鮮人参。

実のところ、兵糧丸にせよ水渇丸にせよ、あまり当てにはならない…

芋茎縄

サトイモの茎を切って干し、縄に編んで味噌で煮る。
縄は腰に巻いたり荷縄に使う。邪魔にならない。
戦地で煮れば、そのまま味噌汁と実になる。

この携帯食は当てになる！

芋茎縄
なるほど便利！

用語解説

●**むすび→**『古事記』には高御産巣日神（たかみむすびのかみ）と神産巣日神（かみむすびのかみ）という、「むすび」という単語が入っている神が２柱登場する。天地創造の際に初めて現れた神々である。
●**ヨクリョウ→**松の根に生えるマツホドというキノコの外皮を取り除いて乾燥させた薬。

No.101

日本の印象的な発酵食品

発酵食品は世界中にあるが、特に日本や東南アジアなどは高温多湿という好条件のためにさまざまな発酵食品が考案された。

●大豆《だいず》の発酵《はっこう》食品と寿司の先祖

味噌《みそ》と納豆《なっとう》は同じ大豆の発酵食品で、違いは発酵時に塩を加えるか加えないかである。塩と大豆が麹《こうじ》によって発酵すれば味噌になり、その液体を搾《しぼ》ったものが醤油《しょうゆ》となる。朝鮮では味噌や醤油は自家製が多く、大豆にカビを生やして作った味噌玉を塩水で熟成させ、味噌と醤油を造る。

味噌の起源は中国の「醤《ひしお》」だが、日本に輸入後、奈良時代には醤を租税化したり、その後も独自に発展してきた。

アフリカのサバンナには､豆や綿の種を無塩発酵させた「スンバラ」「ダウダウ」「カールゴ」などの発酵食品があり、潰《つぶ》して味噌のように使う。

醤油は室町時代から造られ、海外で高く評価された。出島《でじま》からオランダ人が持ち出した醤油を、ヨーロッパでは肉料理の隠し味に用いた。ルイ14世も醤油が好きだったが、とても高価だったので単品では使えなかった。

納豆は蒸した大豆を**藁**《わら》で包んだり被せて作られる。平安時代からあるが、平安貴族にはゲテモノ扱いされた。

同じ製法の食品が朝鮮では「清麹醤《チョンククジャン》」と呼ばれる。インドネシアの「テンペ」、ネパールの「キネマ」、ブータンの「スーリ・トーデ」なども煮たり蒸した大豆を葉に包んで発酵させたものである。インドネシアには「オンチョーム」という落花生《らっかせい》にカビを付けた納豆もある。これらは揚げ、焼き、煮たり蒸したりして食べる。

なれずしは、塩漬けにした魚をご飯に挟んだり混ぜ合わせたもの。米の乳酸が発酵を促し、雑菌を抑えて魚を保存する。古代には鹿やイノシシ肉のなれずしもあった。日本の庶民に親しまれてきたが、出来るまでに時間がかかるのが難点だった。そこで江戸時代に酢を使ってなれずしを表現しようとして握り寿司が生まれた。握り寿司はもはや発酵食品ではない。

世界有数の臭い発酵食品

世界には数多くの発酵食品があるが、発酵作用がうまく働かない地域では敬遠されることもあった。特に臭いがきつい発酵食品を紹介する。

キビヤック

極寒の地に住むイヌイットが、羽毛を付けたままの海鳥数十羽をアザラシの生皮に詰め、2カ月から数年埋めて作る。シベリアのチュクチ人がセイウチの肉を発酵させて作る「コパリギーン」と並ぶ極地ならではの発酵食品。強烈な臭気を放つ。

海鳥を取り出し、肛門に口を着け、発酵して液状になった内臓をすすったり、皮を裂いて肉を食べる。液状の内臓を調味料として焼き肉に付けて食べることもある。

ホンオフェ

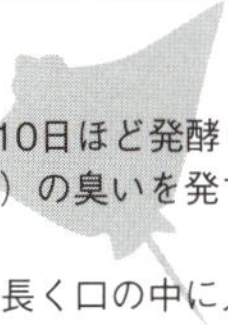

ガンギエイの身を壷に入れて堆肥（たいひ）に埋め、熱で10日ほど発酵させる。朝鮮の伝統食で、世界有数（納豆の14倍、キビヤックの5倍）の臭いを発する。現地では高級食品で、冠婚葬祭に欠かせないごちそうである。

エイの持つ尿素が分解されてアンモニアが発生するため、長く口の中に入れておくと口内粘膜がただれてしまうこともある。

シュールストレミング

スウェーデンの塩漬けニシン缶詰。世界一臭い食べ物と言われ、耐えがたい臭いがするので、屋外で食べることが多い。また、缶は発酵作用でパンパンにふくらんでおり、水中で空けないと中身が飛び散るので危険だ。塩気が強いが、生魚の食感も残っている。発酵がさらに進んで液状になった身を好む人もいる。

同じく北欧には「ハカール」という、サメを数カ月も発酵させた料理もあり、臭気はシュールストレミング以上だという。

くさや

伊豆諸島の特産物で、「くさや液」に8～20時間漬け込んで干した魚のことである。昔はただの塩漬け魚の干物だったが、当時は塩が高価だったので、漬け汁を使い回しているうちに、魚の成分や微生物が液を発酵させた。つまり発酵しているのは魚ではなく漬け汁の方である。

用語解説

●**味噌**→大豆を使うことが多いが、麦や米でも味噌を造ることができる。
●**藁**→納豆菌は稲の穂に付いている。

No.102
アジアで愛される魚醤

ガルムは古代ローマの食文化を支えた偉大な魚醤だ。同じようなものは今でも東アジアを中心に不可欠な調味料として使われ続けている。

●アジア世界のうまみ調味料

ガルムと同じようなものは、アジアにも存在し、古くから親しまれてきた。材料として、魚の他にオキアミなど小エビ類を使うことも多い。

まず、中国では広東省やマカオの「魚露《ユーロウ》」、福建省の「𩶘露《キエロウ》」、山東半島には「蝦醤《シャージャン》」がある。朝鮮の「エクチョッ」は、キムチやチゲの味付けにも使われる。

東南アジアに目を移せば、タイの「ナンプラー」、ベトナムの「ニョクマム」は割と有名な方だ。カンボジアの「トゥック・トレイ」、ラオスの「ナンパー」、ミャンマーでは「ンガンピャーイェー」、フィリピンでは「パティス」、それにインドネシアの「ケチャップ・イカン」、マレーシアには「ブドゥ」というのがある。

ラオスではナンパーをミルクに混ぜて乳児に与えたり、マレーシアではブドゥを野菜ドレッシングに用いるなど、少し変わった使い方をする。

また、ガルムに対するアレック、醤油に対するもろみのように、魚醤《ぎょしょう》の搾りかすも各国でペースト状調味料として利用されている。

古代へ目を向ければ、メソポタミアでも「ジック」という一種の魚醤が用いられていた。「ジック」は調味料または保存料として使われ、バッタを材料にすることもあったようだ。日本でも縄文時代の昔から「魚醤《うおびしお》」、「肉醤《ししびしお》」という、魚や肉や臓物の塩漬け調味料が好まれていた。ところが、仏教の普及で生臭物《なまぐさもの》が忌避され、植物由来の醤油が主流となった。

ところで、魚醤に含まれる**うまみ**は世界共通の味覚ではない。古来、日本人と中国人は4つでなく5つの味を識別しているとされ、第5の味がうまみなのである。うまみ成分であるグルタミン酸を発見したのは日本人化学者の**池田菊苗《きくなえ》**である。

魚醤

アジア各地の魚醤

① 広東省やマカオの魚露（中国）
② 福建省の鯑露（中国）
③ エクチョッ（朝鮮）
④ ナンプラー（タイ）
⑤ ニョクマム（ベトナム）
⑥ トゥック・トレイ（カンボジア）
⑦ パティス（フィリピン）
⑧ ナンパー（ラオス）
⑨ ンガンピャーイェー（ミャンマー）

魚醤副産物のペースト調味料

① 蝦醤（マカオ）
② プラホック（カンボジア）
③ バゴオン（フィリピン）
④ ンガピ（ミャンマー）
⑤ トラシ（インドネシア）
⑥ ブラチャン（マレーシア）

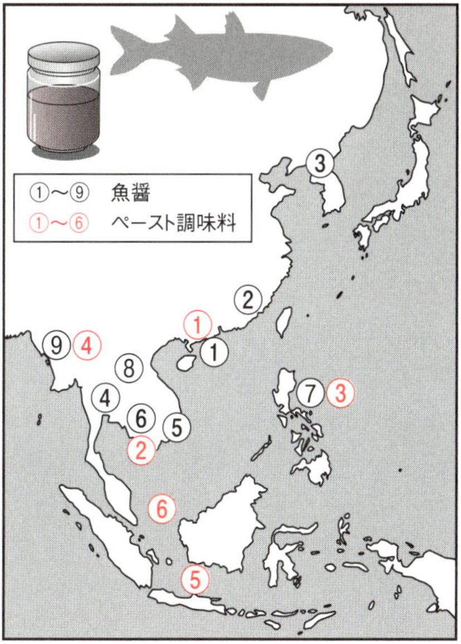

日本の魚醤

各地に残る魚醤は古代の調味料の末裔である。

縄文時代の魚醤・肉醤
→ 石川 イシル
→ 秋田 ショッツル
→ 香川 イカナゴ醤油

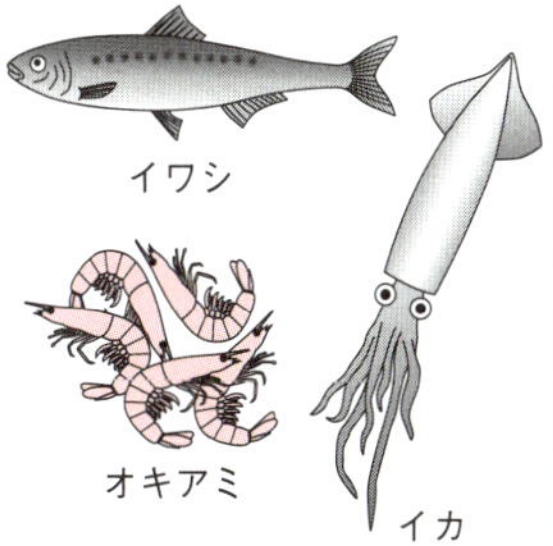

魚醤に使われる海産物

用語解説

●**うまみ**→中国語では鮮味（シェンウェイ）という
●**池田菊苗**→ 1864-1936。東京帝国大学教授。1907年にグルタミン酸を発見、その翌年に製法を特許化、1909年から「味の素」が発売された。

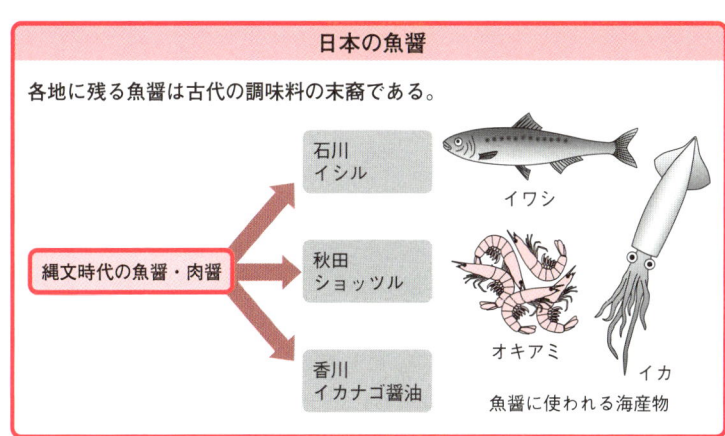

No.103

洋の東西を問わず最も愛された茶

茶のデビューは西洋では遅かったが、東洋では古くから各国で愛飲されていた。通貨や薬として用いられ、独特の文化も育んだ。

●茶のルーツと普及

茶は中国南部からインド北部が原産で、数千年前から知られていた。中国では刻んだ葉とタマネギやショウガなどを合わせて**葉粥**にして食べていた。タイ北部でも蒸すかゆでた茶葉を団子状にし、塩、油、ニンニク、油脂、干し魚と一緒に食べた。葉を噛めば元気になることや、傷口に貼る薬として効果があることも知られていた。茶葉には殺菌効果があり、煎じた水は腐ることもない。

伝承では**紀元前2737年**に飲まれるようになり、仏教や道教の僧が祭《さい》祀《し》の時に用いて集中力を高め、疲労を吹き飛ばす興奮剤だった。中国の文献には紀元前1世紀に登場し、老子は茶を不死の霊薬と言った。

3～4世紀に普及して栽培が始まったが、大衆化は6世紀からである。それまでは米や粟《あわ》のビールを飲み水にしていたが、アルコールを嫌う仏教の普及とともに茶に替わった。

茶の塊を紙幣の代わりに使うこともあった。特に地方では茶の値段が高く(紙幣の価値は下がる)、いざとなれば飲めるので人気があった。

760年、唐の陸羽によって『茶教』という茶の煎れ方・飲み方・作法を記した書が著された。**陸羽**は利き水もできるほどの舌の持ち主で、茶の煎れ方にもこだわりがあったという。

唐の時代、茶は人気で各地に「茶館」があった。食べながら楽しむ「飲《ヤム》茶《チャ》」の習慣が出来るのはもっと後で、13世紀に飲茶店が登場した。

7世紀に朝鮮やモンゴル、タタールなど周辺でも飲まれ、やがて世界中に広まる。日本には平安時代以降、9世紀に最澄や空海によって伝えられた(729年説もある)。最初は薬や眠気覚ましとして用いられたが、日本では大いに喜ばれ、庶民も家で茶を育てるほどだった。

東洋での茶の歴史

数千年前	存在を知られていた。原産地は中国南部からインド北部。
紀元前2737年	伝承によれば飲まれた。僧侶が祭祀で用いる興奮剤だった。
紀元前1世紀	文献に登場し、老子は茶を不死の霊薬と言った。
3〜4世紀	普及。各地で栽培開始。
6世紀	大衆化。飲み水代わりの米や粟のビールから茶に変わる。アルコールを嫌う仏教の普及と同時に茶も広まる。
7世紀	朝鮮やモンゴル、タタールなど周辺に伝来。
760年	唐の陸羽が『茶教』を著す。茶の煎れ方や飲み方の作法書。
唐(-907年)時代	茶は人気となり、各地に茶館が出来た。
9世紀	最澄や空海によって日本に伝えられる。大いに普及し、庶民も家で茶を育てるほどだった。
13世紀	中国で飲茶を楽しむ飲茶店が登場。
16〜17世紀ごろ	西洋で本格普及が始まる。

古代アジアでは食べ物だった

中国では刻んだ茶葉とタマネギやショウガなどを合わせて葉粥にした。
タイ北部では蒸すかゆでた茶葉を団子状にし、塩、油、ニンニク、油脂、干し魚と一緒に食べた。

◆ 現代中国でも行われている処女の茶摘み

その昔、茶の木は大木の陰に植えられ、高さは1メートルで刈り込まれた。なぜなら、少女だけが茶葉を摘むことが許されていたからだ。14歳以下の処女が新しい衣服と手袋を毎日替え、その息と服には芳香を付けて、沈黙したまま作業することになっていた。

当時そのままの形ではないが、現代中国でも春一番の茶葉の収穫は処女が行うことになっている。採用条件には、なぜかバストCカップ以上という規定もある。

余談だが、日本における新茶の収穫、ヨーロッパのワインのブドウ踏みも処女が行うのがよいとされる。

用語解説

- **紀元前2737年**→あくまで伝承上の記述である。実際には紀元前1世紀ごろからと見るのが妥当だろう。

No.104

朝鮮半島の奇妙な宮廷料理

隣国である韓国（朝鮮）の食文化は、日本ではなじみ深いのに意外と詳細が知られていない。歴史とともに特徴的な部分を見ていこう。

●プルコギと犬肉とトウガラシ

朝鮮半島の文化は中国伝来のものが多いのだが、オリジナルの伝統料理としてはプルコギが挙げられる。中国の食習慣では料理に調味料を付けるが、プルコギは調味料に漬け込んだ焼き肉だ。

古代の朝鮮は狩猟牧畜の社会で肉食が盛んだったが、農耕社会に転向した高麗時代(10世紀～)には菜食傾向が強くなった。これには当時広まった**仏教の影響**もある。

その後、大陸を支配した中国の元《げん》が半島にも侵入し、モンゴルやイスラムの文化が入ってくる。この時に済州島が牧場化され、再び肉食傾向になった。外国人も多く入り、蒙古と朝鮮の文化は融合していく。蒙古が衰退するまでの間に、中国では豚肉料理が、朝鮮では牛肉料理がよく発達した。

14世紀末に成立した李氏朝鮮によって食文化は大きく変わる。この王朝は儒教を始めとする周の文化の復古を目指していた。

この時代から犬食が盛んになった。実は犬食はもともとは**中国の習慣**でアジア全体に広まっている。孔子が好物だったことから、朝鮮の犬食は奨励された。煮込み、蒸し、焼きなど多彩な調理法がある。

朝鮮に生肉や生魚の料理があるのも、周の食文化にならったものである。中国では食材に必ず火を通すのが常識だが、かつては生の料理もあった。

朝鮮宮廷料理というとテーブルいっぱいに小皿が並ぶが、これも儒教の影響がある。敬老の精神から出た、老人向けの健康食なのである。あっさりしているように見えるのはそのためで、飾り気のない食器にも思想が表れている。そして冷めても味が変わらないよう、油はゴマ油が使われる。

今では盛んに使われるトウガラシは、朝鮮に最初からあったわけではない。原産は南米で、入ってきたのは17世紀ごろの話である。

朝鮮半島の食の特色と歴史

時代に左右された食文化

10世紀	本来は肉食文化だったのが、10世紀から菜食主義に。
13世紀	モンゴルに征服され再び肉食文化が盛んになる。
14世紀末	李氏朝鮮は儒教や中国文化の復古を目指した。 これが現代の朝鮮の食文化の基盤である。
17世紀	トウガラシが伝来し、多くの料理に用いられた。

周の文化を復古した李氏朝鮮
- 犬肉料理。
- 生肉と生魚の料理。
- 儒教思想の宮廷料理。

朝鮮宮廷料理

✤ニンニクとトウガラシ

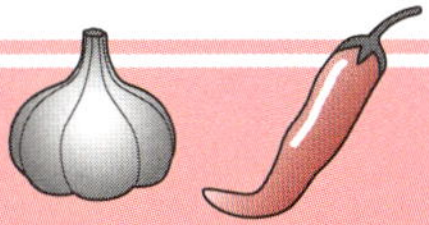

ニンニクは朝鮮の食材およびスパイスの代表格だ。ニンニクを食べた熊が建国の祖・檀君を産んだという神話があるほど親しまれている。他に山椒も原産のスパイスで、胡椒は紀元前後に伝来した。

トウガラシは日本から入ったため、「倭ガラシ」「倭椒」と呼ばれる（逆に日本ではトウガラシは朝鮮から入ったと伝えられる）。当初は毒があると考えて敬遠されたが、後に広まり、料理に多用された。

日本では食に刺激を求めない国民性があって広まらなかったが、肉には辛みが合うため、朝鮮では流行した。他には、寒さから身を守るため、暑さへの気付けに効く、赤色が魔除けになる、辛さが病魔を追い出すなどと考えられたためらしい。

キムチは17世紀末ごろの書物によれば、山椒を用いて作っていたが、19世紀初めの書物ではトウガラシと塩辛を使った製法が紹介された。

用語解説

●**仏教の影響**→もともとよく食べていたのは牛だが、仏教では牛は聖獣に分類される。よって肉食文化が一気に衰退した。

●**中国の習慣**→本家中国では、唐代以降、犬が人間に忠実であるという理由で犬食が廃れた。

No.105

イスラム圏の食事マナーとタブー

イスラム教は世界第2位の信徒数を擁するが、日本ではあまりなじみがない。彼らの正式な食事習慣やマナーを見ていこう。

●厳しい戒律下の会食風景

イスラム教では、預言者ムハンマドの行動を教徒の慣習と定め、『ハディース』という教典にまとめている。その中から、食事に招かれた時の礼儀作法やマナーをざっと説明する。

割と知られているのが、多くの人で**分け合って食べる**ことだろう。「2人分の食べ物は3人に十分であり、3人分の食べ物は4人に十分である」として、列席者が不意に増えるのは歓迎される。

大皿に盛られた料理は必ず蓋《ふた》をして運ばれてくる。悪魔が料理に悪さをするのを防ぐためで、イスラム教では悪魔を意識した行動が数多い。例えば、食事に右手を使うのは、悪魔が左利きとされているからだ。

食事の席は円形の敷物に大盆が置かれ、その周囲のゴザに座る。この時、寄りかからず、片膝《かたひざ》を立てる。これは詰めて座って多くの人を列席させるためと、胃を圧迫して食べ過ぎないようにするためである。食べ過ぎは厳しく戒められ、ベルトもきつく締めるように言われる。

食事の開始には「**バスマラ**」と唱える。いただきますのようなものだ。

素手で食べる場合、一口分だけちぎって口に運ぶ。よく噛んで、談笑しつつ、時間をかけて、音を立てず、うまそうに、近くの皿の料理を中心に食べる。皿の位置を変えたり、うまい部位を独り占めにしてはいけない。

食べ終わったら「ハムダラ」と唱えて席を立つ。ごちそうさまのようなものだ。場合によってはその後、別室で食後の紅茶かコーヒーが出される。

よく知られているように、イスラム教徒は豚肉や酒をタブーとしている。豚成分の入った調味料、豚肉に触れたことのある食器、酒をついだことのあるコップでさえ禁止なのである。このため、昔は異教徒との会食は事実上不可能だった。現代でも厳格な人は異教徒の家では食事をしないだろう。

イスラム教徒の食の常識

食事前の準備

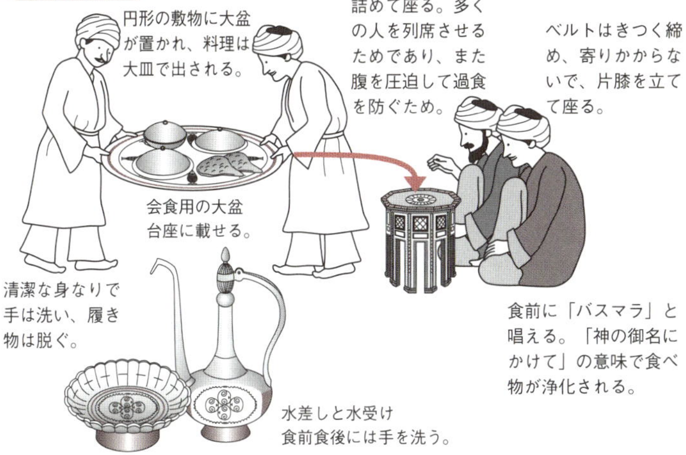
円形の敷物に大盆が置かれ、料理は大皿で出される。
詰めて座る。多くの人を列席させるためであり、また腹を圧迫して過食を防ぐため。
ベルトはきつく締め、寄りかからないで、片膝を立てて座る。
会食用の大盆台座に載せる。
清潔な身なりで手は洗い、履き物は脱ぐ。
食前に「バスマラ」と唱える。「神の御名にかけて」の意味で食べ物が浄化される。
水差しと水受け
食前食後には手を洗う。

食事のマナー

- よく噛んで時間をかけて食べる。
- 複数の料理を一度に口に入れない。
- 音を立てず、うまそうに、近くの皿を中心に食べる。
- 嫌いな料理は黙ってスルー、文句は言わない。
- 皿の位置を変えたり、美味な部位を独り占めしない。
- 勧められても客は遠慮する。食べ残しで家族が食事をするため。
- 親指、人差し指、中指で食べる。一口分だけちぎって口に運ぶ。

悪魔への警戒

- 運ばれる料理は蓋をするか平らなパンで覆う。スープや飲み物は上に棒を渡す。
- 全ての行為を右から行う。順番は右回り、歩き出すのは右足から、右側が上座。文字も右から左へ書く。補助に左手を使うのはよい。

食のタブー

厳密には「ハラール」というイスラム法上で許可された食材しか食べてはいけない。一言で言うと豚と酒は禁止。

調理場まで来て確認することがあるし、日本の調味料に豚の酵素が入っているとして、イスラム圏の現地法人社長が逮捕されたこともある。

用語解説

●**分け合って食べる**→「イスラム教徒は腸のひとつだけをいっぱいにして満足する」という言葉がある。招かれたら受けるのもエチケットである。

No.106

ゲテモノとされる食材や料理

世界は広い。タブーとは別に普通は敬遠される食材、見た目がグロテスクで避けられがちな食材を好んで食べる場合もある。

●時代や地域でゲテモノの定義は変化する

いざとなれば人間は何でも食べるので、飢饉《ききん》時に口にするような雑草やドングリ、シダ、土、革などはゲテモノの範疇《はんちゅう》には入れない。ごく限られた地域でわざわざ食べていた変な食材や料理を挙げてみよう。

まず土系。北米にはドングリの粉に赤土を混ぜて焼いたパン、南米には土を魚油で揚《あ》げたフライがあった。糞食では、北米のコマンチ族は鹿の糞を、中国南西部のトン族は牛の糞汁を調味料にした「便汁菜《ビエンチーツァイ》」というのを食べていた。朝鮮の人糞酒「トンスル」も割と有名だろう。

イソギンチャクは古代ギリシャから食べられ、現代でもフランスやイタリアなど地中海沿岸で好まれる。フライやオムレツにするようだ。また、釣り餌のゴカイは中国南部では塩辛や揚げ物にして食べた。「日本沙蚕《リベヌシッタアヌ》」という品種が最高とされる。

犬は古代では世界的に食用にされ、肉が入手しづらい山がちの地域でよく養殖された。チャウチャウやチワワの先祖はもともと肉を採るための犬だった。今でもスイス、中国の広東、朝鮮では犬食が続いている。

ふ化寸前の**ヒヨコ入り卵**は東南アジアの数か国で親しまれる。「バロット」「ホビロン」「ビトロン」などと呼び名は違うが、屋台で気軽に買うことができる。中華の前菜「ピータン」（ガチョウの卵を発酵《はっこう》させたもの）も見た目はグロテスクだが、バロットと同じく美味である。

「カース・マルツゥ」はイタリアのサルデーニャのチーズで、生きたウジ虫が入っている。ウジの排泄物がチーズのうまみを引き出すというが、衛生上の問題で売買は禁止され、闇市でだけ流通する珍味中の珍味だ。

こういうゲテモノは時代を問わず時々登場し、長く定着する場合もある。最近ではニュージーランドの馬の精液カクテルが女性に人気と聞く。

ゲテモノ料理

バロット

ふ化寸前のヒヨコ入りのゆで卵。

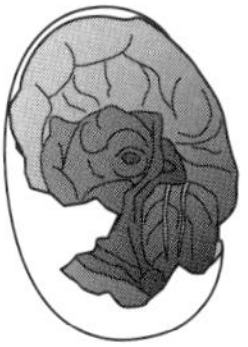

カース・マルツゥ

生きたウジ虫入りチーズ。

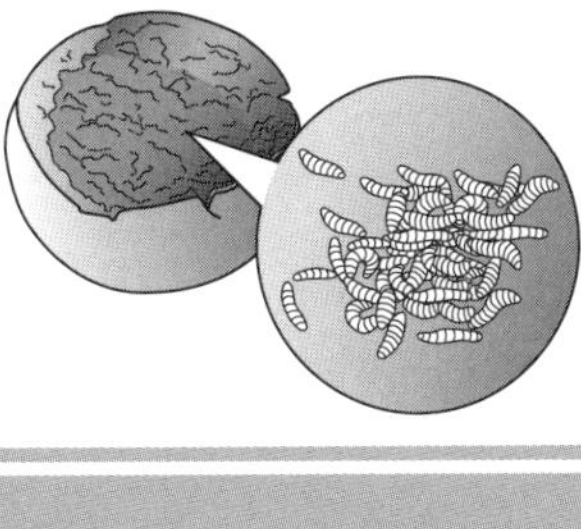

沙虫（ゴカイ）のスープ

中国南部の料理。

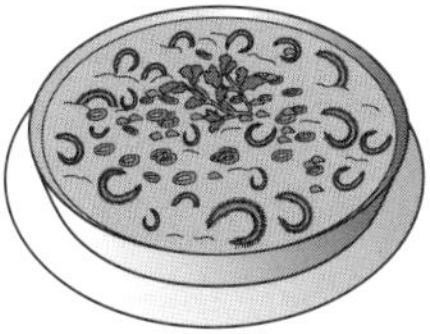

人肉は美味いのか？

食人は極限状況、つまり飢饉や遭難時に行われる。未開の地で儀式として人を食ったり、後は嗜好として人肉を好む犯罪者がたまに出現する。

古代人の遺跡からは、人減らしのために定期的に男児を食べていた形跡が見つかる。歴史を紐解けば、昔から中国では公然と人肉を食べていたし、ヨーロッパでは初期の十字軍遠征でキリスト教徒が儀式として敵のトルコ人を食べたとも伝えられる。

また、9～10世紀まで英国には食人習慣があり、ボヘミア、シレジア、ポーランドなどでは中世の終わりまで密かに食人をしていたらしい。これらのことから「赤頭巾」に登場する狼は食人者を示しているのではないかという説もある。

中世には無法者が旅人を殺して調理し、市場で売ったという話がいくらでもある。彼らはスラングで人肉を「2本足のマトン」と呼んだ。ちなみに同じ発想で中国では「二脚羊」と呼ぶ。

ローマ時代の医師ガレノスは「豚は人間の肉の味がする」と言った。またオセアニアの食人種は「ヨーロッパの探検家の肉は野豚よりさらにうまい」と言った。

関連して、中国では桃《タオ》娘《ニャン》といって、桃だけを食べさせて糖尿病にした女児を飼育することがあった。その体からは芳香がして、汗や尿は甘くフルーティだったという。金持ちは桃娘の汗や尿に回春効果があると信じ、処女を守らせたが、ほとんどは成人前に死亡した。桃娘は都市伝説の類で存在の真偽すら明らかでないが、食人伝承の珍しいケースである。

用語解説

●**ヒヨコ入り卵→**冷凍物は日本でも手に入る。鶏肉と卵が混ざった感じで塩味である。

No.107

箸は東洋の神秘

箸は身近な道具だが、どれだけ箸のことを知っているだろう。この些細な道具にも、長い歴史やさまざまなエピソードが存在するのである。

●各国の事情に合わせた進化を遂げた箸《はし》

食事に箸をよく使う国は中国、朝鮮、ベトナム、日本などである。箸を使えば手づかみより衛生的な食事ができ、熱い料理も食べやすい。扱いは少々難しいが、挟んだり切ったり刺したりできる合理的な道具なのである。

発祥は紀元前の中国で、**殷**《いん》の遺跡から青銅の箸が出土している。ただし当時の箸は儀礼用の道具で、日常で使われ始めたのは**戦国時代**になってからだ。それが一般化したのは前漢時代で、紀元前1～2世紀ごろらしい。最初は汁物の身をすくうのにだけ使い、その他はやはり手づかみだった。やがて匙《さじ》でご飯を食べるようになり、最後には箸で全ての料理を食すようになる。以後、アジアに広まっていった。

日本では飛鳥時代から使い始め、奈良時代になると貴族が箸と匙をセットで使うようになった。

現在、食事で箸を単体で使うのは日本だけで、他の国では箸と匙(やレンゲ)をセットで使っている。このため、日本では全てを箸でつかめるよう食材を切り刻むようになった。また取り箸があるのも日本だけである。

中国や朝鮮の箸は、長くて先端が丸くなっている。武器として使われることがないよう尖っていないのだが、西洋の食事用ナイフの先が丸めてあるのも同じ理由である。材質は中国では竹か象牙、朝鮮では金属が一般的で、日本では漆《うるし》塗りの木製、白木や竹などが用いられた。

箸の置き方について、横置きは日本だけで他国では西洋と同様に縦に置く。朝鮮もかつて横置きだったが、肉料理の普及でナイフを使うようになってからは、安全性の問題で刃を奥に向けたナイフにならった。

日本と朝鮮ではお膳を使うことがあるが、中国などは椅子・テーブル文化になってからは膳を使わなくなった。

日本の箸

日本の箸にはいろいろな種類がある。

塗り箸

家庭で使われる日常の箸で、輪島塗など漆で仕上げてある。正式には、慶事と平時で使う箸が違う。

柳箸

神聖な木とされ邪気を払う柳から作る。正月の食事などで用いられ、両口箸、両細とも呼ばれる。どちらか片方の端だけを使う。これには「神とともに箸を使う」意図があり、使っていない方は神が使っていると考えられた。神と一緒に慶事を祝い加護を受けるのである。

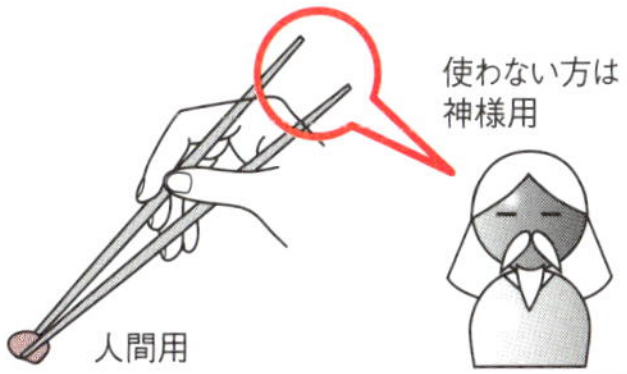
使わない方は
神様用
人間用

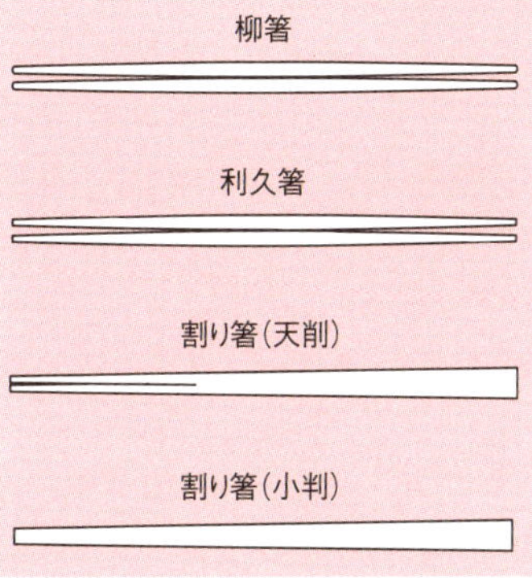
柳箸
利久箸
割り箸（天削）
割り箸（小判）

利久箸

千利休が考案した両端が細い長箸。利休は、客を招く日の朝にはいつも、取り寄せた吉野杉を自ら小刀で削って香りのする箸を作った。「利休」が「利を休む＝もうからない」を連想させ、これを嫌った商人が「利久」と字を変えた。

利休
利を休んでは
(儲からないのは)
困りますなぁ
利久

割り箸

さらに種類があり、天削箸は、頭の部分が斜めにそぎ落とされ、つまむ部分だけ丸く加工されている。割り箸の中でも高級品で冠婚葬祭に用いられる。元禄箸は角を削って割れ目に溝を入れたもので、標準的な普段箸。丁六箸や小判箸は飾り気のない廉価の割り箸だ。

丸箸

木製の箸。割らないことから縁起がよいとされ、慶事に使われる。

竹割箸

竹製の丈夫な箸。節を頭にして、先端は丸く加工してある。

箸の材料としては他に檜、杉、赤松や白樺なども使われた。

用語解説

●**殷**→紀元前1600-紀元前1000ごろまで栄えた古代文明。
●**戦国時代**→紀元前403-紀元前221ごろまでのこと。

No.108

足軽たちの食糧事情

日本の戦国時代に主戦力の座に就いた下級兵士が足軽だ。彼らの食事の実態はどのようなものだったのだろうか。

●戦争をしながら日々を生きる足軽

弘化3年(1846)刊の『雑兵物語《ぞうひょうものがたり》』には、「米は1人に6合、塩は10人に1合、味噌《みそ》は10人に2合」とある。当時の兵士は1日に6合もの米を食べていた。塩と味噌の他に副食物はほとんどない。1日1回炊いて2合を食べ、残り4合は腰にくくり付けて後で食べるのが普通だったようだ。

合戦となれば数日間の絶食も覚悟しなくてはならないから、食べられる時に食べておくのは大事だった。パンなどと違い、米は炊飯した後は日持ちしないのである。あらかじめ保存食として作っておく糒《ほしいい》というのもあったが、一般的ではなかった。よく支給されるのは黒米(玄米)だが、精米された白米も昔から存在した。

この他、生きていくには動物性タンパク質も必要なので、戦地に出た足軽や武士はしばしば山野で鳥獣や魚を捕った。ちなみに平時でも「巻狩」という集団狩猟ゲームがあり、これは鎌倉時代から存在していたが、一種の軍事演習の意味合いもあったようだ。

江戸時代になると宗教上の理由で肉食は敬遠されるようになるが、戦国時代は魚や肉を盛んに食べたため、戦国時代の武士は後の時代の武士より体格がよかったとも言われている。

農民から年貢として集めた米は領内各地の城や砦に備蓄されていた。古米は余ったら市場へ出して銭に変えた。

戦争になると、敵領の田や村は略奪対象となり、攻め込まれた側は合戦に負けなくても、経済的・政治的にダメージを被ることになる。上杉謙信や武田信玄がその領内で名将と呼ばれていたのは、農閑期に仕事のない若者を集めて他国を攻め、略奪させたからだという説もある。敵国の食糧を奪って食べることは立派な軍事行動となったのである。

足軽たちの食糧事情

1日に米6合、塩は10人に1合、味噌は10人に2合が支給される。
山野や川で、狩猟・採取して鳥や獣、魚、山菜などを手に入れる。
糒や梅干などの保存食は各自で用意するか、商人から買う。
敵地なら村や田を略奪して食糧を奪う。
年貢米。
古米は食べるか売却。
いざ戦争となれば小荷駄が輸送。
城や砦に備蓄。

No.109

官渡の戦いの決め手

中国の三国時代、長期の戦乱によって国土は荒れ果て、兵力を維持するのが困難になった。官渡の戦いはそんな時に起こった。

●英雄豪傑が綺羅星のごとく活躍する舞台裏

3世紀初頭の中国では諸国が覇権を争っていた。『三国志』でおなじみの三国時代である。大兵力が度々衝突した記録があるが、食糧事情についてはかなり厳しい時代だった。戦乱が後漢末期からずっと続いたために、各地の田畑は荒れ果て、多くの流民《るみん》が出ていたのである。

当時の主食は、米ではなく麦だった。米の生産地である江南《こうなん》の水田地帯が開発されるようになるのは宋《そう》代になってからだ。それで、この時代の人口は長江《ちょうこう》より北の畑作が多い地域に集中していた。

200年、黄河を挟んで対立する袁紹《えんしょう》と曹操《そうそう》の間で、「官渡《かんと》の戦い」が発生する。河北《かほく》の豊かな領土を背景に、袁紹は約10万の軍で黄河を押し渡って曹操を攻めた。河南《かなん》の曹操は**屯田《とんでん》政策**で食糧生産向上を図っていたが、輸送力も含めた兵站《へいたん》の再建は途上にあり、前線は約2万の軍で守るのが精一杯だった。

戦いは長引き、曹操側は食糧が尽きてしまった。このままでは撤退もやむなしかと思われたが、袁紹側の内通者もあって、烏巣《うそう》にある袁紹軍の兵站基地の襲撃に成功する。

備蓄食糧を焼かれ、輸送隊を失った袁紹軍は追撃によって散々に打ち破られ、戦いは曹操の勝利に終わった。決め手となったのは武力ではなく、率いる兵士たちの胃袋を満たすことができるかどうかだったのである。この戦いは、戦時の糧食の重要さを示す例となった。

また、天才軍師として有名な諸葛亮孔明でさえも、遠征を行う際、食糧不足で苦汁を舐《な》めたことがある。5回行われた北伐《ほくばつ》のうち、第2回と第4回はいずれも食糧不足で撤退したのである。

「腹が減っては戦はできぬ」とは、まさにこのことである。

三国時代の屯田兵

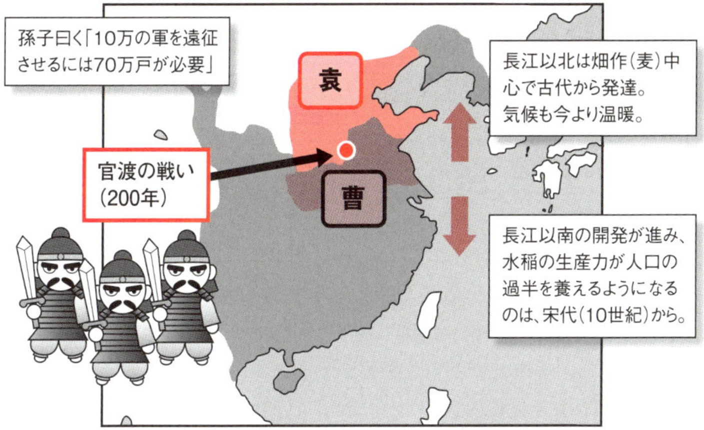
孫子曰く「10万の軍を遠征させるには70万戸が必要」
袁
官渡の戦い（200年）
曹
長江以北は畑作（麦）中心で古代から発達。気候も今より温暖。
長江以南の開発が進み、水稲の生産力が人口の過半を養えるようになるのは、宋代（10世紀）から。

トホホ～

黄巾の乱（184年）

▼

董卓の専横（189年）

▼

曹操、屯田を始める（196年）

▼

官渡の戦い（200年）

後漢末期の混乱で流民が大量発生し、田畑が荒れる。

曹操は治安維持と食糧の増産のために屯田制を実施する。

屯田の仕組み（民屯）

牛・種籾
※兵とその家族に屯田させる軍屯という仕組みもある。税が安い代わりに兵役を義務付ける。
流民になった人々
荒れ果てた田畑
軍による保護

用語解説

●**屯田政策**→兵糧を確保するために兵士に赴任地で農耕させること。住民に土地をあてがって農耕させることも指す。

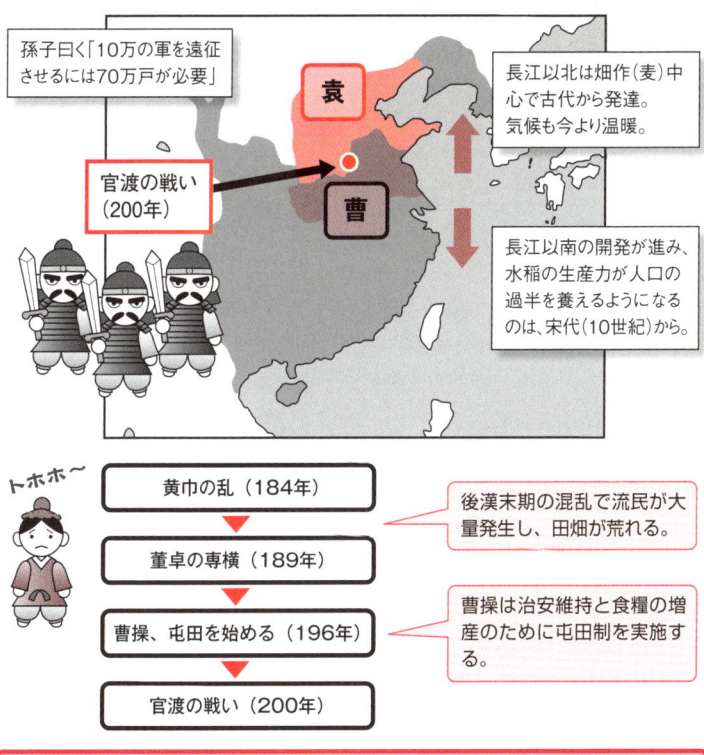

No.110

都市を食い潰して進む軍隊

近代に巨大化した軍隊は自動車という十分な輸送力を得るまで、食糧を略奪し、住民まで飲み込んで進撃するしかなかった。

●災厄となった巨大放浪軍団

食糧がなければ軍隊は維持できないのだが、極端な例として、17世紀にドイツで起こった**三十年戦争**の「自らを維持するために進撃し続けなければならない」本末転倒な軍隊を紹介する。

当時の軍隊は大規模傭兵団だが、兵士の2倍から4倍の商人や娼婦が付き従うのが常だった。兵数は集団のうちの2〜3割であっても、頭数分の食糧は毎日消費することになる。

傭兵団は進撃した先々で軍税を徴収したり、物資を略奪していた。これが苛烈を極め、占領先となる地域社会は崩壊するのが常だった。結果、生き残った住民は離散するか、侵略者である軍隊に組み込まれるようになる。

そんなことを繰り返しながら進撃したため、軍隊の頭数は数万から十万人規模にもふくれ上がった。やがて都市人口に匹敵する規模となった軍隊は、妻子を連れて放浪するほどになったという。この集団は、宿営社会あるいは略奪共同体と呼ばれる。

三十年戦争は、軍隊に飲み込まれた難民によって国土が荒らされるという悲惨な結果に終わった。その後、18世紀の**啓蒙専制主義下の軍隊**、19世紀の徴兵国民軍など規模を拡大していくが、軍隊の補充のありようはさほど進歩せず、戦地の軍隊は略奪を続けるしかなかった。

20世紀初めの第1次世界大戦では、高い輸送力を持つ鉄道網が利用できるようになった。総数で百万単位となった軍勢も養うことが可能になったが、駅から前線までは昔ながらの馬車などで運ぶ他なかった。それで結局、駅に集積された糧食が腐ってしまうようなこともよく起こった。

続く第2次世界大戦になると、自動車という輸送手段が加わった。これにより自動車生産力の高い連合国側は円滑な食糧供給が可能になった。

三十年戦争の「略奪共同体」

17世紀の三十年戦争から、軍隊の規模が数万～数十万にふくれ上がることが一般的になる。

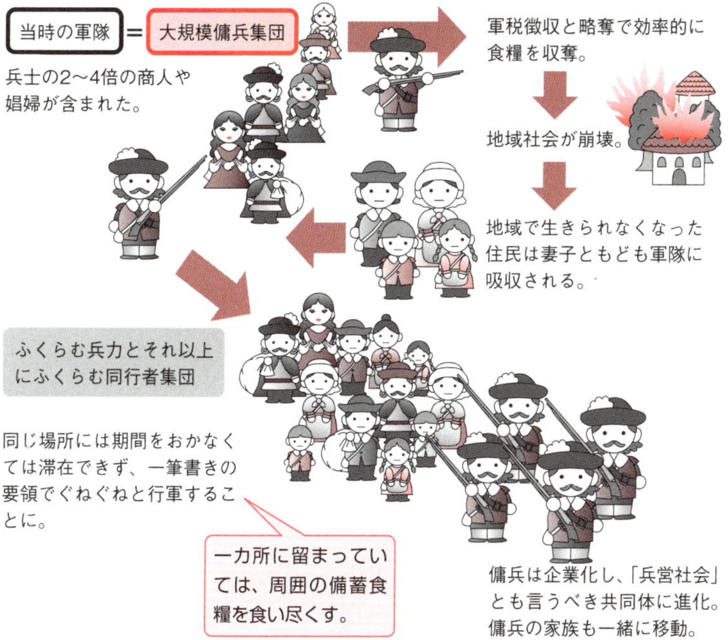
当時の軍隊
＝
大規模傭兵集団
兵士の2～4倍の商人や娼婦が含まれた。
軍税徴収と略奪で効率的に食糧を収奪。
地域社会が崩壊。
地域で生きられなくなった住民は妻子ともども軍隊に吸収される。
ふくらむ兵力とそれ以上にふくらむ同行者集団
同じ場所には期間をおかなくては滞在できず、一筆書きの要領でぐねぐねと行軍することに。
一カ所に留まっていては、周囲の備蓄食糧を食い尽くす。
傭兵は企業化し、「兵営社会」とも言うべき共同体に進化。傭兵の家族も一緒に移動。

支障がなくなった20世紀軍隊の物資食糧補給

20世紀以前
輸送手段が未発達で物資が行きわたらない。
こまったな～
第1次世界大戦時
鉄道が使えるが、前線までは届かない。
第2次世界大戦時
列車＋自動車で物資が前線まで到達した。

用語解説

●**啓蒙専制主義下の軍隊**→18世紀のヨーロッパの軍隊は、英国やフランスなど先進国から国民軍化が進んでいくが、プロイセン、オーストリアなどまだ傭兵に頼る国も多かった。

No.111

兵站と商人

軍隊に食糧を行きわたらせるのは戦争をするのと同じくらいに難しい。西洋では古代から近世までの長い間、その役割を商人が果たしていた。

●軍隊の胃袋を満たす――商人の役割

古代地中海世界において兵站《へいたん》業務を担当したのは商人だった。ほとんどの国は有事のみ傭兵を活用しており、商人が軍隊との商取引という形で必要な食糧を集め、運び、配るという方法を取っていたのである。

この例外はギリシャ、それにオリエント世界を制覇したローマ帝国だ。ギリシャは有産市民たちが自前の装備で兵隊を形成しており、市民軍が主力だった。ローマ帝国は常備軍を持ち、国家が兵站を担っていた。

ローマ帝国が倒れ、中世期になると再び商人が兵站を管理するようになる。十字軍の時代、各地の封建領主は寄せ集めの軍隊を率いていたが、地中海を股にかけるイタリア商人の助けなくしては遠征ができなかった。

その後、近代になっても兵站業務を商人が肩代わりするシステムに変化はなかった。17世紀のドイツ三十年戦争の時代、企業化した傭兵軍団は、戦闘員の倍近い数の商人を連れて行軍していたという。

国家の中央集権化が進み、たとえ傭兵軍であっても、国家が管理するようになってから流れは変わった。18～19世紀ごろのヨーロッパ各国では、武器弾薬の他、小麦やパン焼き窯《がま》を備えた兵站基地を造るようになった。ただ、これらの基地は敵国へ進撃するまでをフォローするのみで、敵地侵入後の軍は、従来通り、占領地での略奪で糧食を手に入れていた。

18世紀末のフランス革命以後、徴兵型の常備軍が整備されるようになると、軍隊への食糧供給は商人の手を離れていく。現代の国軍は備蓄から運搬、供給、調理まで全てを軍隊自身、ひいては国家が管理している。

だが近年、また変化が起こっている。紛争地帯で新たな傭兵＝民間軍事会社が活動するようになってきたのである。企業傭兵の日常生活を支え、食糧を供給するのは軍事会社の委託を受けた商人たちである。

兵站と商人

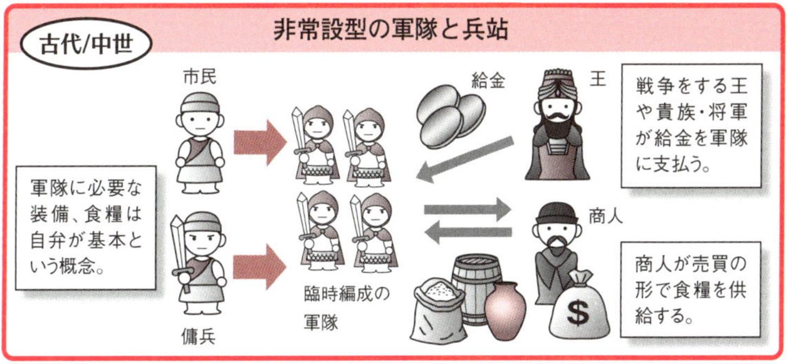
非常設型の軍隊と兵站
古代/中世
市民
傭兵
臨時編成の軍隊
給金
王
商人
戦争をする王や貴族・将軍が給金を軍隊に支払う。
軍隊に必要な装備、食糧は自弁が基本という概念。
商人が売買の形で食糧を供給する。
$

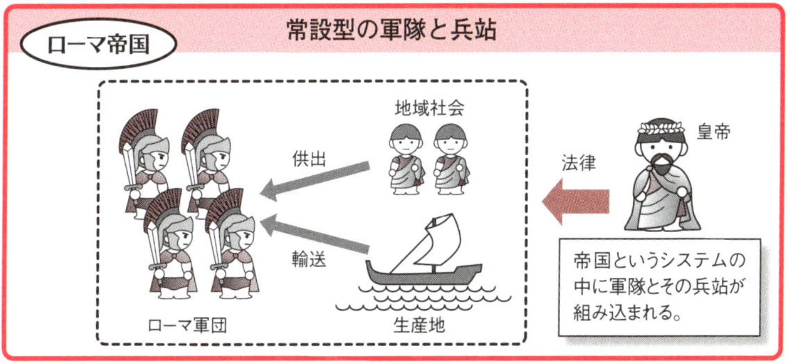
常設型の軍隊と兵站
ローマ帝国
地域社会
供出
輸送
ローマ軍団
生産地
皇帝
法律
帝国というシステムの中に軍隊とその兵站が組み込まれる。

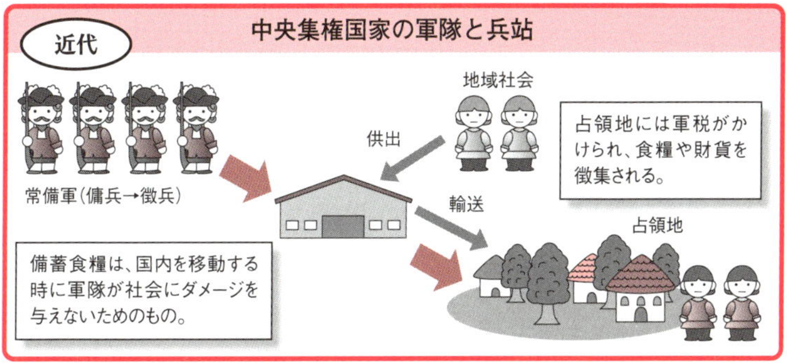
中央集権国家の軍隊と兵站
近代
常備軍(傭兵→徴兵)
地域社会
供出
輸送
占領地
占領地には軍税がかけられ、食糧や財貨を徴集される。
備蓄食糧は、国内を移動する時に軍隊が社会にダメージを与えないためのもの。

索引

あ

か

さ

た

な

は

ま

や

ら

わ

ん

参考文献

『図解 北欧神話』 池上良太 著　新紀元社

『図解 メイド』 池上良太 著　新紀元社

『図解 陰陽師』 高平鳴海、土井猛史、若瀬諒、天宮華蓮 著　新紀元社

『図解 ミリタリーアイテム』 大波篤司 著　新紀元社

『大航海時代』 森村宗冬 著　新紀元社

『海賊』 森村宗冬 著　新紀元社

『ファンタジーサバイバルブック』 いするぎりょうこ 著　新紀元社

『コスチューム：中世衣裳カタログ』 田中天、F.E.A.R. 著　新紀元社

『酒とつまみのウンチク』 居酒屋友の会 著　PHP研究所

『ワーズ・ワード：絵でひく英和大図鑑』 J・C・コルベイユ、A・アーシャンボウ 著　同朋舎出版

『ファラオの食卓：古代エジプト食物語』 吉村作治 著　小学館

『中世ヨーロッパ食の生活史』 ブリュノ・ロリウー 著／吉田春美 訳　原書房

『中世の食卓から』 石井美樹子 著　筑摩書房

『イタリア食文化の起源と流れ』 西村暢夫 著　文流

『日本人は何を食べてきたのか』 永山久夫 監修　青春出版社

『古代ローマの食卓』 パトリック・ファース 著／目羅公和 訳　東洋書林

『古代ギリシア・ローマの料理とレシピ』 アンドリュー・ドルビー、サリー・グレインジャー 著／今川香代子 訳　丸善

『ヨーロッパの舌はどう変わったか：十九世紀食卓革命』 南直人 著　講談社

『最古の料理』 ジャン・ボテロ 著／松島英子 訳　法政大学出版局

『信長のおもてなし：中世食べもの百科』 江後迪子 著　吉川弘文館

『世界食物百科』 マグロンヌ・トゥーサン・サマ 著／玉村豊男 監訳　原書房

『人類の食文化』 石毛直道 監修／吉田集而 編　味の素食の文化センター

『食の歴史Ⅰ〜Ⅲ』 J・L・フランドラン、M・モンタナーリ 編／宮原信、北代美和子 監訳　藤原書店

『食の500年史』 ジェフリー・M・ピルチャー 著／伊藤茂 訳　NTT出版

『世界地図を食の歴史から読む方法』 辻原康夫 著　河出書房新社

『酒飲みの文化史』 青木英夫 著　源流社

『ハプスブルク家の食卓』 関田淳子 著　集英社

『世界を変えた6つの飲み物』 トム・スタンデージ 著／新井崇嗣 訳　インターシフト

『チョコレートの本』 ティータイム・ブックス編集部 編　晶文社

『「ゲテ食」大全』 北寺尾ゲンコツ堂 著　データハウス

『戦国美麗姫図鑑：萌える乱世の女たち』 橋場日月 著／戦国萌姫研究会 編　PHP研究所

『もの知り超古代食の謎：野性食から文明食へ』 永山久夫 著　大陸書房

『美味礼賛』 ブリア・サヴァラン 著／関根秀雄 訳　白水社

『ティファニーのテーブルマナー』 W.ホービング 著／後藤鎰尾 訳　鹿島出版会

『中世ヨーロッパ入門』 アンドリュー・ラングリー 著／池上俊一 日本語版監修　あすなろ書房

『事典 古代の発明：文化・生活・技術』 ピーター・ジェームズ、ニック・ソープ 著／矢島文夫 監訳／澤元亘、高橋邦彦 訳　東洋書林

『アイザック・アシモフの科学と発見の年表』 アイザック・アシモフ 著／小山慶太、輪湖博 訳　丸善

『西洋事物起原1〜4』 ヨハン・ベックマン 著／特許庁内技術史研究会 訳 岩波書店

『エピソード科学史3 生物・医学編』 A・サトクリッフ、A・P・D・サトクリッフ 著／市場泰男 訳 社会思想社

『エピソード科学史4 農業・技術編』 A・サトクリッフ、A・P・D・サトクリッフ 著／市場泰男 訳 社会思想社

『たべもの戦国史』 永山久夫 著 旺文社

『帝国陸軍戦場の衣食住：糧食を軸に解き明かす“知られざる陸軍”の全貌』 学習研究社

『図説 日本戦陣作法事典』 笹間良彦 著 柏書房

『補給戦：何が勝敗を決定するのか』 マーチン・ファン・クレフェルト 著／佐藤佐三郎 訳 中央公論新社

『歴史群像 2001年10月号（No.49）』（戦史検証 日清戦争） 瀬戸利春 著 学習研究社

『激戦場 皇軍うらばなし』 藤田昌雄 著 光人社

『軍医サンよもやま物語：軍医診療アラカルト』 関亮 著 光人社

『図説 中国食の文化誌』 王仁湘 著／鈴木博 訳 原書房

『トラが語る中国史：エコロジカル・ヒストリーの可能性』 上田信 著 山川出版社

『戦略戦術兵器大全1 中国古代〜近代編』 学研パブリッシング

『歴史群像シリーズ17 三国志 上巻』 学習研究社

『歴史群像シリーズ18 三国志 下巻』 学習研究社

『ローマ人の物語』 塩野七生 著 新潮社

『海の都の物語』 塩野七生 著 新潮社

『歴史群像アーカイブ4 西洋戦史 ギリシア・ローマ編』 学習研究社

『傭兵の二千年史』 菊池良生 著 講談社

『ガリア戦記』 ユリウス・カエサル 著／近山金次 訳 岩波書店

『歴史群像 2009年6月号（No.95）』（解析 上杉家の軍事システム） 河合秀郎 著 学研パブリッシング

『朝日百科 世界の歴史69』（船乗りの大航海時代） 朝日新聞社

『コーヒーが廻り世界史が廻る：近代市民社会の黒い血液』 臼井隆一郎 著 中央公論社

『ジャガイモの世界史：歴史を動かした「貧者のパン」』 伊藤章治 著 中央公論新社

『歴史群像シリーズ48 ナポレオン』 学習研究社

『三十年戦争における「宿営社会」―『ある傭兵の手記』を中心に』 渋谷聡 著 島根大学法文学部

『空間と移動の社会史：京都大学人文科学研究所報告』 前川和也 編著 ミネルヴァ書房

『食文化入門』 石毛直道、鄭大聲 編 講談社

『からだのはなし』 カルロ・マリア・マルティーニ 著／松本紘一 訳 女子パウロ会

『食の文化を知る事典』 岡田哲 編 東京堂出版

『ジャガイモとインカ帝国：文明を生んだ植物』 山本紀夫 著 東京大学出版会

『じゃがいもが世界を救った：ポテトの文化史』 ラリー・ザッカーマン 著／関口篤 訳 青土社

『世界の食文化 韓国』 朝倉敏夫 著 農山漁村文化協会

『古代オリエント事典』 日本オリエント学会 編 岩波書店

『シュメル：人類最古の文明』 小林登志子 著 中央公論新社

『メソポタミア文明入門』 中田一郎 著 岩波書店

『ハンムラビ「法典」』 中田一郎 訳 リトン

『ギルガメシュ叙事詩』 月本昭男 訳 岩波書店

『現代人のためのユダヤ教入門』 D・プレガー、J・テルシュキン 著／松宮克昌、松江伊佐子 訳 ミルトス

『ユダヤを知る事典』 滝川義人 著 東京堂出版

『修道院にみるヨーロッパの心』 朝倉文市 著 山川出版社

F-Files No.036

図解　食の歴史

2012年5月 5 日　初版発行
2023年9月30日　6刷発行

著者　高平鳴海（たかひら　なるみ）
愛甲えめたろう（あいこう　—）
銅大（あかがね　だい）
草根胡丹（くさね　うに）
天宮華蓮（あまみや　かれん）

カバーイラスト　lynea
本文イラスト　渋谷ちづる
編集　株式会社新紀元社 編集部
須田汎
DTP　株式会社明昌堂
渋谷ちづる

発行者　福本皇祐
発行所　株式会社新紀元社
〒101-0054　東京都千代田区神田錦町1-7
錦町一丁目ビル2F
TEL：03-3219-0921
FAX：03-3219-0922
http://www.shinkigensha.co.jp/
郵便振替　00110-4-27618

印刷・製本　中央精版印刷株式会社

ISBN978-4-7753-1000-7
定価はカバーに表示してあります。
Printed in Japan